数智化驱动新增长

赵旭隆 张 蓬 主编

上海浦江教育出版社

图书在版编目（CIP）数据

数智化驱动新增长 / 赵旭隆，张蓬主编 .—上海：上海
浦江教育出版社有限公司，2023.4

ISBN 978-7-81121-811-4

Ⅰ.①数…　Ⅱ.①赵…②张…　Ⅲ.①企业经营管理—
数字化　Ⅳ.① F272.7

中国版本图书馆 CIP 数据核字（2023）第 083023 号

SHUZHIHUA QUDONG XIN ZENGZHANG
数智化驱动新增长

上海浦江教育出版社出版发行

社址：上海海港大道 1550 号上海海事大学校内　邮政编码：201306
电话：（021）38284910（12）（发行）　38284923（总编室）　38284910（传真）
E-mail: cbs@shmtu.edu.cn　URL: http://www.pujiangpress.com
上海商务联西印刷有限公司印装
幅面尺寸：165 mm × 240 mm　印张：14　字数：207 千字
2023 年 4 月第 1 版　2023 年 5 月第 1 次印刷
责任编辑：王　艳　封面设计：Marketingforce
定价：68.00 元

赞　　誉

　　《数智化驱动新增长》一书阐述了数字化与智能化融合成为"数智化"的趋势，分享了企业数智化转型方法论和实施路径，并提供了消费零售业、汽车出行、泛金融、医美等行业的解决方案值得认真阅读学习。

李海涛

长江商学院院长

长江商学院金融学教授、杰出院长讲席教授

　　与时俱进是对优秀企业的基本要求，而数智化转型就是当下企业必须解决的课题。本书总结了数智营销的创新理论和管理实践，为企业进行数智化转型提供了很好的方法论和操作流程的参考，可以进一步帮助企业实现数字化新增长。

王　高

中欧国际工商学院市场营销学教授

宝钢市场营销学教席教授

　　数智化转型不能只停留在口号和概念上，更需要为企业创造实实在在的新增长，为企业降本增效，为企业带来业务价值及财务价值，从而获得可持续的发展。这本书从理论到实践都做了深度的分享，值得学习。

孙洪庆

中南财经政法大学市场营销学教授

中南财经政法大学新媒体营销研究中心主任

中国高校市场学研究会新媒体营销专委会副主任

　　没有企业的时代，只有时代的企业。在数智化浪潮的冲击下，几乎各行各业都在积极拥抱数智化转型。对于不同行业的企业来说，数智化转型的路径和方法或许有所不同，但是以客户为中心，为客户创造价值、深刻洞察客户，不断提升客户体验这个底层逻辑是不变的。本书以实践为基础，阐述了数智化转型的方法、步骤并辅以行业案例，适合企业中高管学习。

周　颖

上海交通大学安泰经管学院市场营销学副教授、EMBA 项目主任

彼得·德鲁克曾说："企业的本质在于创造顾客，营销和创新是企业的首要职能。"顾客在哪里，营销就在哪里。今天中国网民的规模已是十亿级别，数字化时代扑面而来，不可逆转。本书分析了大量数字化成功案例的规划路径和实施过程，充分证明，数智化转型是驱动企业新增长的重要战略，值得企业界人士参考借鉴。

秦　朔

人文财经观察家

秦朔朋友圈发起人

这本书首先从战略高度分享了数智化转型的必要性和理论模型，进一步阐述了在营销领域的实践方法论，提供了行业解决方案及案例，让企业能够更好地利用 AI 和数据，从各个维度降本增效，是一本非常有价值的指南。

张国华

中国广告协会会长

未来的世界是一个人工智能驱动的世界，工业革命时代最重要的基础资源是能源，智能时代重要的基础资源是我们真实存在的人、事、物产生的各种各样的数据。《数智化驱动新增长》一书，提出"数据 + 智能"最大化释放创新劳动带来的价值，这是这个时代最大的变化，值得企业界的朋友们深思。在新时代来临之际，如何实现客户价值引领、内外资源统筹、科技创新驱动、生态开放合作、智能管控等全面发展的新引擎，提出了思路和指引，是一本值得认真研读的好书。

黄澄清

中国互联网协会副理事长

随着数智化转型的加速，越来越多的集团型企业开始关注"数据驱动"。在这样的背景下，如何从传统的线下管控方式向"线上 + 线下"融合转变，是集团型企业当前亟须解决的问题。集团型企业往往需要建立统一的数据平台，对接下属多个组织与业务单元，为下属各部门提供共享数据源。这本书分享的集团性企业数智化治理的"双基架构"非常值得参考。

丁水波
特步集团董事局主席兼 CEO

《数智化驱动新增长》从企业家视角分享了数智化转型的必要性和战略思路，又从实践者的角度详实介绍了以营销为切入点的方法论和实施案例。数智化转型不止是对新技术的敏捷应用，更是对企业组织和业务组织的重构。本书可读性强，引人深思。

沈月华
西湖大学创校荣誉校董
浙江美好控股集团公司董事长

这本书在大量实践的基础上分享了前沿的企业数智化转型的"道"和"术"，引发了我对数字时代的企业战略更深层的思考，包括数字化转型背后的业务转型、组织重构、管理创新等，希望分享本书给更多的企业家朋友们阅读参考。

陈德军
申通快递股份有限公司董事长

这本书在对于企业数智化的目标阐述和方法论上非常清晰，即驱动业务增长，相信正在实践数智化或者已经成功转型的企业家们都有共识，企业的战略性决策要以客户为中心、为客户创造价值，这既是本书的主要观点，也是我非常建议企业家们正视和思考的问题。本书也分享了许多实践案例，推荐翻阅。

柴琇
妙可蓝多创始人兼董事长

这本书可以给很多企业家开拓数智化转型的思路，打造一个可持续发展的企业是许多企业家肩负的使命。数智化时代，相信大家都意识到了数智化转型的必要性，那么如何切入，如何实践，如何最终为业务和组织赋能，本书的分享可以作为参考。

倪　强
舍得酒业董事长

未来消费品行业的竞争不再是价格竞争和营销策略的竞争，而是消费者体验、产品服务质量和品牌忠诚度的竞争。谁能掌握更多渠道、更敏捷地了解消费者需求、更好地提供商品和服务，谁就能赢得市场。这本书分享的零售数智化平台，集成全渠道数据，深度治理客户数字资产、自动化精准营销策略、直达客户的数据洞察和交易闭环，有效提升会员黏性与复购，能够真正帮助企业可持续增长。

吕义雄
上海上美化妆品股份有限公司创办人、董事长兼 CEO
韩束、一叶子、红色小象等

问路才不会迷路，成功的捷径就是少走弯路。如果您正在数智化转型或者想要数智化转型，那么此书是您必看的一本好书。它系统阐述了企业数智化转型的趋势、方法论、流程和落地执行，并辅之以丰富的实践案例，很适合企业家和管理者阅读和参考。

周富裕
周黑鸭食品股份有限公司董事长

数智化转型既是"一把手"工程，也需要最高决策者和高管团队形成共识，并能够带动整个组织的升级及数据信息的流通重构，上下有着一致的目标，才能将转型之路走通，建议企业的领导者和高管以及中层运营人员都可以阅读，得到启发。

钱群山
江苏吴中医药发展股份有限公司董事长兼 CEO

推荐消费类品牌企业家们都来读一下《数智化驱动新增长》，该书系统地介绍了企业该如何数智化转型，希望企业家们在数智化转型中不怯步，找准方向、找到切入点，坚决把数智化转型坚持到底，相信最终一定会数智化转型成功。

周少雄
七匹狼董事长

数智化大潮浩浩荡荡而来，各家企业都面临着很大的挑战和机遇。转型对于任何一家企业来说都是一项不小的挑战，但企业数智化转型必须是"一把手"工程，企业家和管理层要重视和科学认识数智化转型的重要性，实现业务和管理的重构与创新。本书知行合一、深入浅出、循序渐进，从理论到实践为企业的数智化转型提供了很好的启发。

周志强
永达传媒集团董事长

这本书对于零售企业很有借鉴意义，通过数字中台转变传统商业模式化为数字经营方式，构建消费者 360 度视图，统一全渠道会员信息，实现线上、线下一体化，数据赋能个性化营销和服务等，帮助企业提升消费者满意度和业务效果。

唐先洪
四川省峨眉山竹叶青茶叶有限公司董事长兼总经理

本书从战略上有高度，讲清楚了理论体系，从战术上有方法和案例，讲明白了做法与实践，能让很多企业少走弯路。强烈推荐，值得一读！

田超波
九州通医疗健康科技有限公司董事长

新技术层出不穷，数智化理论日新月异，很多企业以实现股东价值最大化为目的，但是放眼如今处在整个 life cycle 中可以持续上升的企业，最主要还是以客户（消费者）价值为导向，也就是需要企业家思考更长远，目标更坚定。

很赞同这本书以营销和销售为切入点，牵动企业数智化转型升级，以确定性的增长为目标，建议大家阅读和借鉴其中的方法论和实践案例。

方玉友
珀莱雅化妆品股份有限公司联合创始人兼 CEO

数智化这个名词现在很火，很多企业也希望积极加速转型，但面对每天层出不穷的各类新名词，无论从 D2C 还是到 ChatGPT 和近期最热的 AIGC，很多企业已经追逐得无所适从。这本书给大家一个很好的落点，它以企业增长为抓手，以落地实操为目标，相信看完之后会有很多启发。

贺欣浩
金投赏基金会创始人

医美行业传统营销模式下的获客成本过高，不利于形成良性的行业竞争生态。医美行业亟须进行数智化转型，应该从"以渠道为中心"转到"以客户为中心"，通过数智化营销来进行私域流量的精细化运营，更好地进行销售管理、客户管理和提升运营效率，从而提升客户体验和客户终身价值。

陈俊雄
乌鲁木齐华美整形美容医院董事长

对于需要数智化转型的企业，这本书提供了很好的参考，从战略框架层面、以营销为实施切入层面、解决方案和案例应用层面，都给出了可参照的路径，值得企业家和中高管时常读一读。

谢如栋
杭州遥望网络科技有限公司董事长

进入数字经济时代，数据正成为企业的核心资产之一。保险企业的数智化转型已是大势所趋，很多保险企业正在通过数智化转型实现降本增效、业务增长、组织变革及产品服务创新。数字化营销可以超越传统的营销渠道和方式，赋能保险企业更精准地洞察客户需求，进行客户分层运营，为客户提供更个性化的保险产品和服务。本书对如何全面构建保险企业的数智化能力在理论和实践上都做了有益的探索和总结，推荐大家阅读思考。

罗 胜

大家人寿保险股份有限公司副董事长

数智化转型的价值在全球范围内已经成为共识，数智化正在驱动各行各业创造新需求、提供更优用户体验和管理效率的提升起到了重要作用，也成为企业突破可持续性增长和发展瓶颈的钥匙。领先的企业无不以数据为基础，通过战略创新、技术创新、组织创新、模式创新、产品和服务创新为客户持续创造价值。本书理论结合实践，从战略、方法到落地执行，全方位阐述了企业如何实施数智化转型，值得大家参考和借鉴。

陈 科

安踏集团集团首席运营官

数智化转型需要有未来的长远规划，亦需要落地可执行的策略，《数智化驱动新增长》从战略高度和实施举措上，都给出了很好的建议，感谢赵旭隆先生将团队多年的实践理论和案例分享出来，建议大家认真阅读。

赵英明

云南白药首席商务官、高级副总裁

企业的数智化转型并非信息化升级，数智化转型包含了降本增效、客户体验、商业模式创新和组织变革等多个维度。在席卷全球的数字经济浪潮下，数智化转型是企业的核心战略。本书不仅总结提炼了数智化转型的方法论和路径，而且提供了丰富的实践案例，推荐给企业家和管理层阅读。

钱 帆

浙江红蜻蜓鞋业股份有限公司副董事长兼 CEO

当今众多企业都在主动积极推进数字化、智能化转型。善于运营数据资产和高效利用数智化技术的企业在竞争中更易脱颖而出，能有效抵御企业运营过程中遇到的不确定风险，通过不断向消费者提供创新的产品和服务形成企业的核心竞争力。本书理论结合实践，为正在数智化转型中的企业提供了很好的参考借鉴。

母小海
京东科技集团副总裁

《周易·系辞上》有书"形而上者谓之道，形而下者谓之器。化而裁之谓之变，推而行之谓之通，举而错（措）之天下之民谓之事业。"通过科技推进时代车轮的前进是社会发展的"道"；企业的各项元素和发展过程中所遇到的种种事物称之为"器"；发展驱使数智化转型已然是"变"的必由路径；通过数转智改，可让企业从容应对当前复杂多变的市场环境，打"通"企业高质量发展之路；诚然，数智化转型是"民之事业"！《数智化驱动新增长》非常好地阐述了"道器变通"最底层的发展逻辑，为当代企业的数智化转型之路铺垫了理论与实践的支撑。通过研讨本书，可打开思路，辩思力行，科学地进行数智化升级，驱动企业乃至产业的新增长。抓住时代机遇，砥砺前行，与读者共勉！

邓俊杰
湖北天门纺织机械股份有限公司副总裁

《数智化驱动新增长》很值得阅读学习，分享的客户数据中台、自动化营销、私域运营等数智营销方案，可以帮助企业实现对客户全生命周期的管理，从客户获取、留存，到忠诚、复购裂变，进而提升企业的市场竞争力和业务效益。

孙　波
携程集团执行副总裁兼首席市场官

这本书内容非常实用，对数智化转型的背景与挑战、理论与方法、实践和应用等维度做了系统的梳理，强烈推荐！

张　鹏
德勤中国战略客户主管合伙人
香港特别行政区选举委员会会员

本书对企业数智化转型的必要性及战略制定原则，数智化转型的方法与步骤做了深入探讨，也共享了典型的行业数智化转型案例实践，并对未来发展趋势做了总结。

郑　赟

罗兰贝格高级合伙人兼大中华区副总裁

《数智化驱动新增长》一书为企业数智化转型提供了全面且实用的指南。作者凭借丰富的企业管理经验，深入剖析了数字化时代企业所面临的挑战与机遇，以及如何利用数据驱动创新、优化业务流程和提升客户体验。本书既适合初涉数智化领域的企业家，也适合寻求突破的资深管理者，值得一读。

徐　亮

鸿茅药业集团副总经理

本书在业界实践的基础上总结了企业数智化转型的方法论、路径流程和落地步骤，从战略规划、营销技术、实施到运营等方面都做了梳理，对于正在寻求数智化转型的企业来说是一本很好的参考指南。

左丛林

洽洽食品股份有限公司首席信息官

Marketingforce 团队在技术支持上，帮助我们做了很好的数智化升级，结合 CRM、CDP 和 MA 的功能，结合企业微信，构建一个社交化、全域的客户管理和营销自动化平台，对我们这种集团性的企业、涵盖多品牌且交叉多销售渠道、需要治理大量客户数据并进行精准营销方案，为企业持续且快速增长起到了非常重要的作用。

彭　捷

皇氏乳业数字化营销总经理

数字化转型与智能化升级已经成为各行业突破传统运营模式的必由之路。本书以前瞻的视角和准确的洞察，梳理出企业数智化发展的方法论和规划策略。对于正处于数字化转型中的企业，本书提供了非常有益的理论基础和实践探索，值得企业界参考和借鉴。

夏先瑞

琳玛（上海）贸易有限公司（Max Mara 中国）首席市场官

数智化转型的重要性不言而喻，但是如何真正思考一个企业的价值所在是背后特别重要的议题，在于其做数智化转型的目的是什么，如何拆解这个目标与实施步骤，会遇到哪些问题，评估转型的维度有几个方面。希望这本书可以带动大家思考，进而行动。

孙海滨

创维 CIO

新能源汽车行业风起云涌，竞争激烈，甚至内卷；主机厂除了保证产品的竞争优势外，营销智能是给企业带来持续性增长的另一核心能力；用户是企业重要资产，用数字化手段经营好客户，实现用户资产的保值增值，是我们面临的重要课题。建立以用户为核心的数智化平台是企业实现数字化战略目标的基础能力；本书从务实、客观的角度，为行业从业者提供了非常有用的实战指导，具有很强的操作性，值得阅读。

张健姿

奇瑞新能源 CIO

数智化时代给汽车行业，尤其新能源领域带来了新的挑战；如何驾驭更有效的数字化系统工具和运营方法论来促进企业增长，是值得探讨的话题。本书从战略以及方法论，对数字化的核心本质讲得比较透彻，同时也带入了很多实践案例，可读性较强，推荐大家阅读。

孙 浩

凯翼汽车营销数字化项目负责人

数据、AI、算法、5G 等技术快速迭代，会持续对企业（组织）- 管理（人）-社会（生态）产生颠覆性影响，数字技术和智能技术是当下企业保持竞争力的必备能力。本书分享了以营销为切入点、以实现增长为目标，带动企业数智化转型，推荐给大家参阅。

齐 馨

《哈佛商业评论》中文版执行出品人、副主编

《成功营销》出品人

数字化浪潮正席卷而来，企业未来的成败，不再取决于经验，不再取决于资历，而是在于能否快速拥抱新理念和新技术。本书作者在营销数字化领域深耕多年，他们在本书中介绍的营销数智化解决方案，能有效帮助企业升级业务，重塑竞争优势。

颜杰华

《商业评论》主编

挑战与机遇并存的时代，要能敏锐得能抓住数智化转型的先机。营销和销售是最接近客户的触点，是非常好的转型切入点。这本书深入浅出，阐述了系统化、逻辑化的战略视野，也举例了许多落地策略和误区，建议大家阅读，结合自身企业有所感悟。

肖明超

知名趋势与营销专家

知萌咨询机构创始人兼 CEO

先是被《数智化驱动新增长》一书的书名所吸引，然后想到："数智化"的确已经成为全球关注的新趋势之一，必须重视，而瞄准"新增长"则体现了该书的实用与实在之处。

宋 星

纷析咨询创始人

中国数字营销领域著名专家

前 Adobe Omniture Business Unit 大中华区首席商业咨询顾问

前　言

随着人工智能、大数据、物联网、虚拟现实、具身智能等新技术的快速发展及日新月异，基于大模型的百花齐放、Agent 智能体的发展及 AI 驱动的创新应用风靡全球，"数智化"也被带入了一个新的阶段。

然而，问题接踵而来：AI 时代的数智化转型该如何推进？怎样通过开展数智化转型发展新质生产力？企业从哪些角度切入数智化转型效率更高？企业数智化转型的关键步骤及核心要点是怎样的？数智化转型可以为企业带来什么？

面对关于企业数智化转型的这一系列问题，本书编写组开始思考，同时展开了深入的讨论，并在长期实践经验及成功案例实施的基础上，试图给出这些问题的答案，并试图为企业找到数智化转型的路径，为企业找准数智化转型的切入点。

首先，本书分析了企业数智化转型的必要性及战略制定原则。企业推进数智化转型关系到企业的可持续发展，必须彰显其业务价值与财务价值。本书编者认为，可以以营销与销售的数智化作为突破点推进数智化转型，并给出了营销数智化转型的战略制定原则。

其次，本书探讨了企业数智化转型的方法与步骤。探讨了营销数智化全方位驱动新增长的具体方法与步骤。本书认为，大数据、AGI、AI Agent 等各类新技术使得数智化转型中的营销内容生产效率和营销精准度得到大幅度提升，亦为企业数智化转型过程大大降低了成本。Gartner 的 2024 年最新调研数据表明：有 95% 的企业在未来 12 个月内计划提升 AIGC 能力；有 80% 的企业计划购买 AIGC 商业化模型，利用自己的数据进行差异化竞争。

再次，本书通过一些典型的行业数智化转型案例实践，聚焦消费零售、商业连锁、汽车出行、高科技制造与服务等行业的数智化转型解决方案，展现了这些行业中相对成功的数智化转型企业的做法，既可以为这些行业的企业提供参考，也可以为其他相关行业提供借鉴。

最后，本书对于未来企业数智化转型的评估模型及发展趋势做了总结。数智化转型的成败及功过需要有相对科学合理的评估指标，本书侧重于基于全渠道销售的增长因子分析。同时，数智化转型的未来一定是如本书名称那样——驱动企业的新增长。我们认为，不能够驱动企业新增长的数智化转型是无意义的。我们相信，AI未来将极大地赋能企业管理。

本书的写作建立在编写团队对数智化转型的深入思考及长期实践的基础上。特别是，大部分的编写成员所在的企业拥有长期的基于营销及销售的数智化工具平台，并有为众多行业大量企业服务的实战经验及成功案例。这一切为本书的撰写提供了有力的理论及实践支撑。

当然，我们深知，数智化转型始终处于不断进化中，各行各业及各个企业的数智化转型也千差万别，书中所述方法与案例也会随着时间推移而不断变化与升级。不过，我们相信，唯有更多的人深入研究、思考数智化转型的方法，更多的行业优秀案例得以分享，才能让更多的企业更深入地理解数智化转型的方方面面。

本书由赵旭隆策划、制订了全书结构，并提炼了主要思想、重要理念，由张蓬、马进、朱慧轶、尹思源、陈海林、王士义、刘欢、许可参与编写。

我们要感谢国内外所有研究与实践数智化转型的各类组织与研究者，这些行业研究与实践也为本书的出版提供了丰富的参考。

希望本书能为国内正在积极推进或计划布局数智化转型的企业提供帮助，并为数智化转型的方案进化发挥积极的推动作用。希望您的企业能够在数智化转型的潮流中获得更强大的创新引擎，加快发展新质生产力，实现运营效率提升与业务指标增长！

本书编写组

目　　录

第一部分　企业数智化转型已迈入新阶段

第1章　战略大计：数智化转型的核心要义 ················· 3

一、为新质生产力蓄能，企业数智化转型之路至关重要 ················· 3

二、企业数智化的价值创造模式 ················· 8

三、人工智能将数智化转型推至更高的发展水平 ················· 9

四、人工智能促进数智化转型的路径和方向 ················· 11

第2章　纲举目张：企业数智化要从营销入手 ················· 13

一、企业的客户变了：来自客户的营销数智化转型源动力 ················· 13

二、企业的价值创造方式变了：数智时代企业价值创造能力的新契机 ········· 15

三、从营销与销售入手：既是企业活在当下需要，更是转型规律使然 ········· 18

四、打造"三有型"数智化营销团队 ················· 20

第3章　循序渐进：营销数智化转型的基本步骤 ················· 22

一、树立战略层次的决心，形成营销数智化转型的共识与关键举措 ········· 22

二、进行运营层次的优化，实现价值导向的场景化业务优化与数智化实施 ········· 24

第4章　循途守辙：营销数智化转型的战略模型 ················· 26

一、企业营销数智化转型战略模型 ················· 26

二、数智化转型的六个战略环节 ················· 27

三、数智化转型的两条基本路径 ················· 29

第二部分　营销数智化转型的战略与实践框架

第5章　全链赋能：数智化驱动企业营销全链路升级 ················· 35

一、数智化工具实现全网全渠道获客 ····························· 36

二、搭建营销一站式、业务一体化平台 ··························· 39

三、打通前、中、后链路，形成营销数智化闭环 ··············· 42

四、BC 一体化平台 ··· 46

第6章　全域运营：挖掘会员全生命周期价值 ····················· 51

一、数智化转型的整合能力模型 ································· 51

二、定位会员全生命周期，私域运营"闭环 5 步曲"实践模型 ···· 56

三、打造高转化的创新型私域电商 ······························· 64

四、引爆社媒平台增长 ··· 68

第7章　数据资产：AI+CDP，发挥企业数据资产价值 ··············· 71

一、统一管理全渠道客户资产 ··································· 72

二、清晰的客户画像，精准的营销政策 ··························· 76

三、CDP+MA 营销自动化 ··· 79

四、企业如何选择适合自己的 CDP 产品 ························· 85

第8章　销售管理：AI+CRM，增强客情关系，加速成交链路 ········· 90

一、重新认识你的客户，重新定义客户关系 ····················· 90

二、赋能销售团队，为客户提供更好的服务 ····················· 96

三、不同企业如何选择适合自己的 CRM 系统 ····················· 99

四、出海企业在选择 CRM 系统时的关注重点 ···················· 104

第9章　AI 大模型构建企业智能化营销生态 ····················· 108

一、AI 大模型的发展现状及在各行业中的应用 ················· 108

二、数据价值跃迁：大模型重构决策全链条 ………………………… 110

三、用户画像智能构建：大模型赋能精准营销 ………………………… 111

四、AIGC 赋能营销内容生产：效率革命与应用创新 ………………… 114

五、实时反馈与策略调优：大模型驱动的全域营销闭环 ……………… 122

第 10 章　AI Agent 在企业智能化中的未来应用 ……………… 127

一、AI Agent 在企业中的应用 …………………………………… 128

二、AI Agent 在企业智能营销中的作用 ………………………… 132

三、AI Agent 与大模型结合的发展方向 ………………………… 141

第 11 章　双基架构：集团型企业数智化治理 ………………… 146

一、"一维"组织架构 …………………………………………… 147

二、"二维"组织架构 …………………………………………… 147

三、集团企业："客户资产中台 + 业务中台"的"双基架构" …………… 148

第三部分　数智化转型行业解决方案与案例

第 12 章　零售电商数智化转型解决方案 …………………………… 153

一、零售电商行业数智化营销趋势分析 …………………………… 153

二、零售电商行业数智化营销问题分析与解决思路 ……………… 155

三、零售电商行业数智化营销解决方案 …………………………… 158

四、具体解决方案与案例 …………………………………………… 163

第 13 章　商业连锁数智化转型解决方案 ………………………… 174

一、商业连锁行业数智化营销趋势分析 …………………………… 174

二、商业连锁行业数智化营销问题分析与解决思路 ……………… 177

三、商业连锁行业数智化营销解决方案 …………………………… 180

四、数智化平台创造的实际业务价值 ································ 186

第14章　汽车出行数智化转型解决方案 ·················· 194

一、汽车行业数智营销现状分析 ······························· 194

二、汽车行业数智营销痛点及转型趋势 ······················ 195

三、汽车出行数智化转型解决方案 ·························· 196

第15章　泛金融数智化转型解决方案 ·················· 210

一、泛金融营销数智化转型的三大趋势 ······················ 210

二、泛金融数智化转型中面临的问题 ······················ 211

三、泛金融数智化营销解决方案 ·························· 213

四、泛金融数智化转型案例 ····························· 220

第16章　高科技制造与服务企业的数智化转型方案 ········· 225

一、当下制造业数智化转型面临的主要挑战 ·················· 225

二、数智化转型的具体目标拆解 ·························· 227

三、数智化转型方案及实施步骤 ·························· 231

四、高科技制造企业数智化转型案例 ······················ 234

第四部分　数智化转型的评估、趋势与未来

第17章　企业数据资产化 ·························· 243

一、国家层面的数据战略 ····························· 243

二、数据要素市场化三部曲 ···························· 246

三、企业数据资产化路径三步走 ·························· 247

第18章　归因透视：数智化转型的评估模型 ············· 252

一、全渠道营销体系建设 ····························· 252

二、经营指标体系 ·· 254

三、预测判断体系建设 ··· 259

第 19 章　未来可期：新质生产力与数智化增长 ············· 261

一、新质生产力成为企业数智化增长核心动力 ··············· 261

二、新质生产力下的行业营销大模型 ··························· 263

三、以客户为中心、长期主义是企业数智化的核心 ········· 266

四、数智化是一种能力，也是一种思维方式 ··············· 267

五、从卖产品的方式转变为卖体验的方式 ··················· 269

六、企业要拥抱全新商业模式 ····································· 269

第一部分

企业数智化转型已迈入
新阶段

第 1 章 战略大计：数智化转型的核心要义

第 2 章 纲举目张：企业数智化要从营销入手

第 3 章 循序渐进：营销数智化转型的基本步骤

第 4 章 循途守辙：营销数智化转型的战略模型

第1章
战略大计：数智化转型的核心要义

一、为新质生产力蓄能，企业数智化转型之路至关重要

二、企业数智化的价值创造模式

三、人工智能将数智化转型推至更高的发展水平

四、人工智能促进数智化转型的路径和方向

阅读这本书时，你可能首先想到的问题是：当今时代，为什么数智化对于企业如此重要？企业一定要进行数智化转型吗？数智化转型能为企业带来什么好处？数智化转型中如何制定相应的战略？数智化转型如何促进新质生产力的发展？

一、为新质生产力蓄能，企业数智化转型之路至关重要

近两年，在数智化转型的大趋势和背景下，企业正加速布局以适应数字经济的发展。根据国务院国有资产监督管理委员会的报道，数字经济已成为稳定经济增长的关键动力，数字技术正在重塑商业环境，企业通过数智化转型，能够抓住发展新机遇。

1. 新质生产力——中国式现代化进程的关键要素

新质生产力是推进中国式现代化的关键，数智化转型在其中扮演重要角色。为实现"数字中国"，需推动数字治理创新，促进核心技术研发，创新数字人才培养，提高服务效率，对接国际标准，推进开放。

面对国际局势变化，我国数字经济和新质生产力发展面临挑战。新一代信息技术与国际产业链融合，数字技术影响显著，全球数字规则竞争激烈。

国内方面，我国数字经济和新质生产力发展得益于市场优势和信息基础设施建设，但制度、技术、人才、监管和民众数字素养等方面仍需改善。

党中央高度重视新质生产力在高质量发展中的作用，学术界、企业界等都对此展开了热烈讨论，新质生产力与高质量发展、现代化产业体系、创新驱动战略等密切相关。

科技创新引领产业迭代，完善科技体系和人才培养机制，优化产业环境是形成新质生产力的关键。数智化转型作为技术性因素，是当下新经济崛起的创新动力。

本书深入探讨我国数字经济和新质生产力发展的挑战，揭示数智化转型中的薄弱环节和瓶颈问题，为政策制定提供参考。

2. 数智化转型赋能提升新质生产力和数字经济的发展困境

新质生产力以其高附加值和高知识密集度为特征，因此，数智化转型不仅能够推动生产制造环节的智能化升级，还能优化管理业务流程的智能化水平。这种转型在降低成本和费用之余，还增强了技术的外溢效应。特别是通过整合新一代信息技术，数智化转型在提升技术外部性方面的作用尤为显著。

尽管我国在数字经济和新质生产力的发展上取得了显著成就，并为高质量发展奠定了基础，但在追求高质量发展的过程中，数智化转型赋能我国新质生产力发展仍面临以下瓶颈和制约因素，如图 1-1 所示：

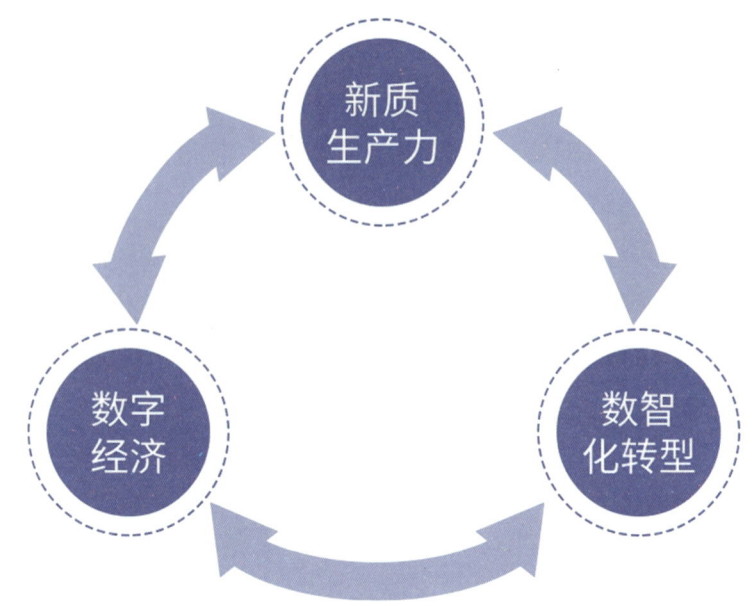

图 1-1　数智化转型与新质生产力、数字经济之间的关系

数字经济体制创新不足，影响新经济激励。"三新"经济——新产业、新业态、新模式——正成为中国数字经济和新质生产力的关键部分。但我国对这些新业态的监管体系不完善，存在数据管理、安全防范不足和数据泄露风险等问题。缺乏容错机制，导致企业对新技术新产品使用谨慎，限制了生产力提升。同时，监管机制和标准体系建设滞后，对创新业态反应迟缓。新经济快速发展中，也面临无序竞争、虚假宣传、隐私泄露等问题，监管治理亟需解决。

技术管理体制落后，核心技术短板明显。我国在专利申请和论文发表数量上领先，但在关键核心技术质量上与发达经济体差距大。尽管在生产制造、经营管理、运维服务等领域取得进步，但在数字底层技术、核心算法、关键软件等高精尖技术领域的创新能力不足，国产替代进展缓慢。特别是在芯片产业，基础能力薄弱，对外依赖度高，国外厂商垄断现象严重。

数字人才培养模式滞后，限制了人才规模和质量。我国数字技能人才的学科培养体系未能跟上新兴职业发展，培养定位和目标不清晰。传统培养体系难以适应跨学科复合型人才培养需求，缺乏高端创新专家和熟练技术人员。

一方面，院校数字人才培养体系与实践存在差距，教师缺乏实践经验，交叉学科师资不足，导致教学内容与产业需求脱节，数智化教学资源和实践项目少，校企合作不紧密。

另一方面，企业对数字人才培训和社会数字素养熏陶需加强。企业自主培养数字人才积极性不高，员工数字技能与职位晋升、薪酬提升关联机制不明确，数字技能人才激励机制不足，职业技能晋升门槛高，晋升通道未完全打通。

数字服务供给与业界需求脱节。数智化转型需要金融服务、现代物流、高技术和商务服务支持。与发达经济体相比，我国生产性服务业发展有差距，内部结构需优化，新兴服务要素供应需提升。综合服务供应商缺乏，需推动服务业向专业化和价值链高端延伸。

数字领域规则与国际标准衔接存在差距。数字经济增长推动了技术标准和国际规则话语权的竞争。数字贸易的快速发展要求国际规则更加严格，但各国数字治理方式不同，导致全球数字治理碎片化。我国在数据安全等国际规则制定方面较弱，对外开放不足，参与国际规则制定话语权低。我国需要加强数字领域的国际标准化工作，提升竞争力。

3. 数智化转型促进新质生产力的发展

数智化转型和新质生产力的"双轮驱动"是一项复杂的系统工程，涉及范围广、难度大、任务重、周期长。为解决我国数智化转型中的瓶颈问题，需要长远规划，坚持"政产学研用"，强化"软硬协同"，集中优势资源，推动制度、技术、人才、服务、开放等方面的协同进步，采取多种措施，精准施策，以促进我国经济社会高质量发展。基于此，本文提出以下对策建议：

第一，推动数字治理创新，释放转型红利。围绕建设开放、健康、安全的数字生态，探索适应新产业、技术、业态的现代化治理体系。形成立法、执法、合规引导的完整体系，为数字经济和新生产力发展提供公平、透明、可预期的制度环境。对以新生产要素支撑的新业态、经济、模式，实施包容审慎监管，为新生产力发展提供足够的容错试错空间。

重视新产业、新业态、新技术法规建设，加速数字要素流动规则和标准体系完善，引领数字经济高质量发展。深化财税激励政策，提升数字政府建设效能，为新经济提供良好营商环境和政策环境。

第二，推动关键核心技术研发，增强新质生产力。自主创新，掌握核心技术，形成竞争力。深化科技体制改革，优化激励政策，集中资源推进技术攻关。遵循产业发展规律，解决核心技术难题。明确技术在产业流程中的应用路径。打造数字赋能场景，优化数据共享机制，加快核心技术研发规则制定，强化知识产权保护，发挥数智化转型对产业发展的赋能作用。

第三，创新数字人才培养模式，提升数字人才规模和质量。构建数智化人才培养与产业发展的协调机制。完善知识能力体系，探索新的人才培养模式。政府支持数字人才培养，高校融入相关技术知识和技能，推进产学研创新，加快成果转化和人才培养。构建产教融合的职业培养体系。企业提供资源支持，优化人才开发机制，营造良好的培养环境。鼓励数字人才自我提升，加强人才体系建设。龙头企业培养高层次数智化人才。

第四，提升数字服务效率，改善服务中间品质量。关注供应链关键环节，推动区域分工体系重构，集聚研发、财会、咨询等专业服务机构，催生新业态，构建智能化、专业化的服务生态系统。吸引优质服务供应商设立总部、研发中心等，鼓励专业化供应商提供服务。坚持"制造服务业"+"服务型制造"+"数字服务业"结合，推动技术创新，利用人工智能、大数据、云计算等技术，创新客户生产和管理流程，提供高效、智能的数智化解决方案。

推进制度型开放，对标国际高标准如 DEPA、CPTPP，对接国际数字经贸规制，提升高附加值服务贸易竞争力。遵循"共商、共建、共享"原则，推动数字经济国际标准规则相通，加入数字经济谈判，推进数据跨境流动合作，解决隐私保护、数据安全等挑战，促进数字体系互操作，建立高标准国际规则，营造开放、合作、高效监管环境，促进数字贸易发展。通过政策宣讲和传播渠道，让企业了解并利用国际数字经济规则和标准，获取全球数字经济红利。

二、企业数智化的价值创造模式

企业数智化的价值在于其对企业业务和财务成果的实际贡献。为了深入理解企业数智化的价值创造，我们需要从两个维度和三个层次进行思考和探索。

1. 企业数智化价值创造模式的两个维度

企业数智化通过提升运营效率、改善客户体验、促进收入增长和商业模式创新来提高业务价值。这包括内部运作和产业链协同效率的提升，以及通过改变客户体验习惯来提升产品或服务的全生命周期体验，进而转化为业务收入增长。同时，也涉及对现有商业模式的重塑。

数智化通过优化成本、增加收入和重构损益表来创造财务价值。成本优化和收入增长直接体现在损益表上，而损益表的重构则反映了商业模式和运营模式的改变。例如，软件业从授权许可转向订阅模式，零售业成本构成从线下转向线上，如图 1-2 所示。

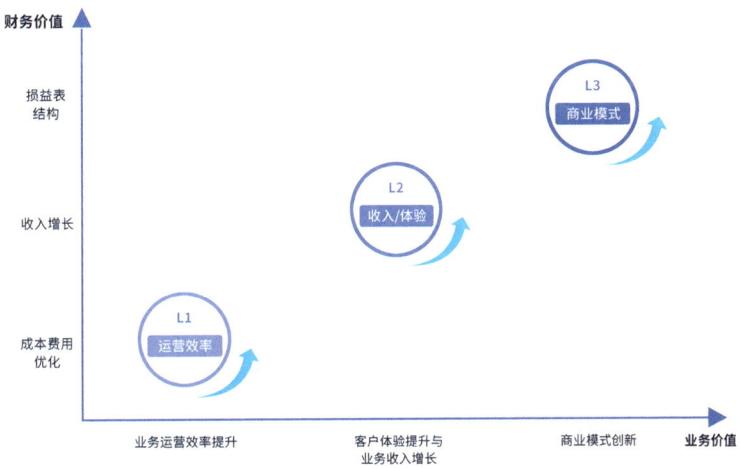

图 1-2　数智化转型价值提升的两个维度及三个层次模式

2. 数智化转型价值提升的三个层次模式

企业数智化价值创造模式体现在综合业务和财务价值评估上。

它包括三个层次：运营效率、收入体验和商业模式提升。这些层次的价值创造方式也相应形成。

运营效率提升依赖于数据采集与处理，运用大数据、5G、人工智能等技术，优化业务运营流程，提升合规性。例如，BMW 和 IBM 通过数智化技术改造，提高了生产效率和费用控制水平。

收入体验提升则通过全面的数智化梳理，实现与用户的及时感知和持续互动优化，以提升用户体验和销售收入。

奔驰汽车通过整合线上线下资源，改造营销模式，打造一体化客户体验，实现收入增长。构建私域成为企业获得业务发展主动权的关键。

商业模式提升价值在于创新，包括技术和产品服务创新以及商业模式创新。阿里巴巴、京东、苹果、特斯拉等企业通过创新重塑了行业商业模式。

企业数智化转型的价值创造模式与业务发展战略紧密相关。短期内，企业应探索运营效率和收入体验提升；中长期内，应布局业务发展第二曲线，探索商业模式创新。

数智化是时代发展的趋势，行业规律，也是企业商业模式创新和核心竞争力的需求。企业数智化转型是必然，关键在于如何实施和启动时机。

三、人工智能将数智化转型推至更高的发展水平

1. 数智化转型中的人工智能应用

数字化转型中，人工智能（AI）成为提升企业竞争力的关键工具。AI 技术进步推动了企业效率提升，带来敏捷性和客户体验改进。AI 是企业发展的驱动力，深刻改变各行业运营和竞争。

2. 技术创新：企业数字化转型的核心动力

人工智能核心技术，如机器学习、深度学习和自然语言处理，改变企业数据处理和分析能力。这些技术使企业能实时解析复杂数据，做出精准预测和决策。AI 技术在能源、金融、医疗、制造等行业提升效率和服务水平。

3. 人工智能提高企业效率：自动化与优化

人工智能通过自动化重复任务释放员工时间，让他们专注于创造性工作。智能流程自动化（RPA）优化业务流程，减少错误，提高运营效率。AI 在物流、人力资源等行业提升效率。

4. 人工智能增强客户体验：个性化服务与洞察

AI 应用使企业提供个性化客户服务，分析客户行为和偏好，更好地理解需求，提供贴心服务。情感分析技术洞察客户情绪，提升互动质量。AI 在零售、旅游等行业提升客户满意度。

5. 人工智能促进企业增长：数据驱动的洞察与创新

AI 技术发展提供深入数据洞察能力，推动产品创新、市场开拓和新业务模式发展。AI 帮助企业识别增长机会，实现可持续业务增长。AI 在互联网、高科技等行业推动增长。

6. 人工智能重塑数字化转型：构建智能企业架构

AI 技术集成需构建整体智能企业架构，包括数据管理、流程优化、决策支持和客户关系管理等，推动企业数字化转型。AI 在能源、交通等行业构建智能行业架构的重要支撑。

7. 未来展望：人工智能的未来趋势与挑战

随着 AI 技术成熟，企业需关注边缘计算、量子计算和增强现实等未来技术趋势，拓宽 AI 应用范围。同时，面临数据隐私、安全性和就业市场变化等挑战，需制定策略应对。AI 引领企业数字化转型进入新阶段。

企业必须不断学习和创新，利用 AI 技术提升效率、敏捷性和客户体验，脱颖而出。

四、人工智能促进数智化转型的路径和方向

人工智能（AI）是企业数字化转型的关键工具，能改变商业环境，提升生产率，重塑企业格局。但许多企业对 AI 认识不足，缺乏应用动力。因此，明确 AI 赋能企业数字化转型的路径和应用场景至关重要。AI 将通过产业升级、管理变革、流程再造、环境优化四条路径加速中小企业数字化转型，如图 1-3 所示。

路径一
人工智能改变行业企业的商业惯例，推动相关行业创新

路径二
人工智能转变企业营销方式，提升管理效率

路径三
人工智能优化企业业务流程，改变价值创造过程

路径四
人工智能在社会经济各领域加速融合，改善企业政务服务体验

图 1-3　人工智能时代数智化转型的路径

1. 人工智能正在改变行业企业的商业惯例，推动相关行业的创新。

人工智能技术推动产业结构升级，催生新营销、新模式和新技术，改变企业商业惯例，助力多个行业发展。例如，在医疗保健服务业，使用高分辨率医疗成像、智能应用程序和物联网设备，可以提供更加个性化的服务，降低中小企业护理成本、延误诊断和错误风险，提高服务质量。

2. 人工智能转变企业营销方式，提升管理效率。

一方面，人工智能通过自动化处理简单任务，释放业务人员时间，提升营销率。同时，人工智能技术提高管理决策的预测准确性，提高资产维护和管理效率。例如，AI 呼叫中心解决方案可以提供 24 小时互动服务，降低预测成本，助力企业进行基于数据驱动的决策，降低不确定性风险，识别潜在商业机会。

3. 人工智能优化企业业务流程，改变价值创造过程。

人工智能影响企业业务流程的多个环节，通过分析已有数据和知识积累，发现新的业务价值点、业务流程或客户需求，改变成本结构和价值创造过程，推动企业业务创新和模式变革。例如，在人力资源管理业务流程中，使用人工智能技术可以进行差异化管理，吸引更优秀员工。

4. 人工智能在社会经济各领域加速融合，改善企业政务服务体验

人工智能技术在电子政务和公共服务中的应用，提升了决策科学性和服务效率，缓解了办事难题。例如，机器学习提高了公共行政、法院和税务的效率，自然语言处理和文本挖掘优化了案件审查，神经网络技术分析信用数据以降低风险和成本，而人工智能在工作场所的应用则帮助做出基于绩效的招聘和解雇决策。

第 2 章

纲举目张：企业数智化要从营销入手

一、企业的客户变了：来自客户的营销数智化转型源动力

二、企业的价值创造方式变了：数智时代企业价值创造能力的新契机

三、从营销与销售入手：既是企业活在当下需要，更是转型规律使然

四、打造"三有型"数智化营销团队

企业数智化是一个顺应时代发展的必然趋势，而营销与销售领域是这一转型的突破点。客户的行为习惯和消费方式正在发生深刻变化，这要求企业必须适应这些变化，以保持竞争力。

一、企业的客户变了：来自客户的营销数智化转型源动力

随着智能手机性能的不断提升，替代电脑的第一位置成为人们日常工作生活的首要电子设备，客户的行为习惯变了，如图 2-1 所示。并且这种变化在过去的 3 年疫情之下变得更加彻底，而且渗透到了最不易改变的老年人群体。C 类客户们对信息的获取、分析、交流与处理的习惯发生了彻底的变化；

B 类客户们由于已有的信息系统所固化的业务运作习惯是常年积累的成果，但同样也在新商业模式、新客户体验要求、新业务运营效率要求的推动下，走上了改变之路，部门协同导向的流程化运作方式不断地向体验效率导向的场景化运营之路。你的客户变了吗？

PC时代　　　　　　移动互联网时代　　　　　　AI时代

图 2-1　客户行为习惯正在发生改变

几乎所有企业的客户都发生了变化。特别是客户行为习惯和消费方式正在发生变化。任何一个企业的营销销售数智化转型必须根据客户的变化而改变。

当前客户的行为习惯和消费方式的变化，主要表现在以下几个方面：

1. 精细化消费的兴起：消费者更加注重生活品质，倾向于购买高品质、专业性强的产品，以解决生活中的具体问题。特别是 85、90 和 00 后人群，他们希望通过消费来提升生活的品质感，如内衣洗衣机和"0 糖"饮料的出现正是对这一需求的响应。消费者对产品配料表与成分表的关注也日益增加，这推动了产品的精细化和专业化发展。

2. 消费观念的转变：随着技术更迭、人口变化和新消费行为的出现，中国消费者展现出新的趋势。例如，Z 世代和 00 后成为消费主力军，他们更强调参与感和个性化，注重内在体验。消费渐进式复苏，消费升级与消费降级并存，人们更倾向于实用和性价比，同时注重健康和安全问题。

3. 线上线下消费的融合：疫情后，线下消费逐渐回暖，但疫情期间形成的线上消费习惯仍将持续。线上购物、直播带货、手游等在线消费模式在疫情过后继续巩固，品牌也通过提升线上服务和体验来吸引消费者。

4. 注重社交与情感需求：消费者更加渴望社交和情感的满足，愿意为能提供这些元素的品牌和产品买单。线下互动体验类消费，如旅游、体育赛事等，再次受到欢迎。同时，互联网时代的年轻消费者更注重个性化内在体验。

5. 用户行为分析的重要性： 在产品运营过程中，对用户行为数据的收集和分析对于推动产品迭代、实现精准营销、提供定制服务和驱动产品决策至关重要。通过用户行为分析，可以构建用户行为模型和用户画像，实现精细化运营。

6. 消费行为的构成： 消费者行为由购买决策过程和消费者行动过程共同构成。了解消费者的决策行为及其影响因素，如需要与动机、知觉、学习与记忆等，对企业制定有效的营销策略至关重要。

7. 消费决策过程： 消费者购买决策过程一般包括认识需求、收集信息、选择判断等阶段。了解这一过程有助于企业采取相应的措施，实现营销目标。

8. 消费观念的转变： 随着环境的转变，消费者的消费观念也在发生变化。例如，消费者的需求更加明确和具象，不再满足于笼统的产品分类，而是对产品有更具体的细分需求。

这些变化不仅反映了消费者当前的生活方式和消费态度，而且也体现了社会经济、文化趋势以及科技发展对消费领域的深远影响。品牌和商家需要紧跟这些趋势，以更好地满足消费者的新需求和期望。

二、企业的价值创造方式变了：数智时代企业价值创造能力的新契机

由于客户行为习惯和数智化触达能力的上述变化，企业正面临着一个客观而现实的状况：传统的线性化研、产、销的价值链活动（或者也说成"微笑曲线"）已经转变为更为扁平甚至并行的价值链活动。这种变化使得所有的业务价值创造活动都从客户侧开始，这实际上也是企业努力缩短与客户距离的体现。

数字时代端到端的业务工作流可以用图 2-2 来表示，其中体现了从客户互动、营销销售、供应链及研发等环节端到端的价值链协作。

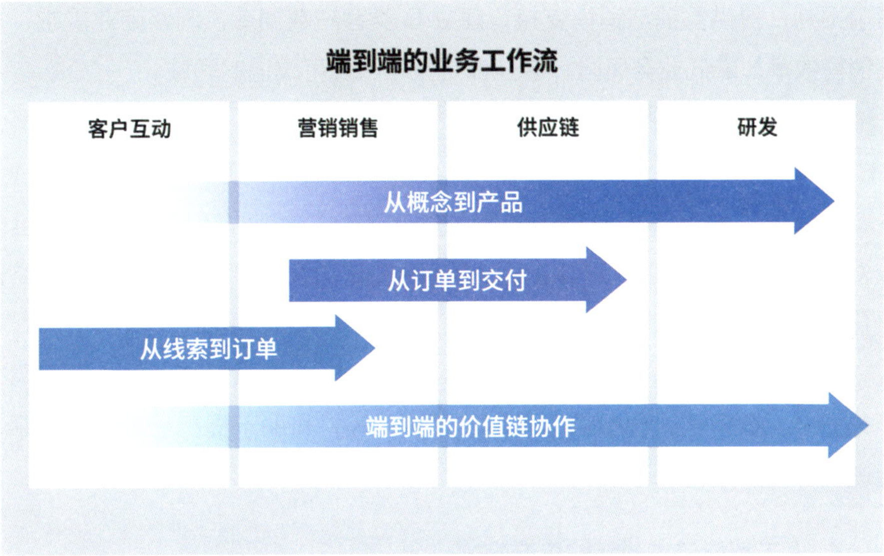

端到端的业务工作流

| 客户互动 | 营销销售 | 供应链 | 研发 |

从概念到产品

从订单到交付

从线索到订单

端到端的价值链协作

图 2-2　数字时代端到端的业务工作流

1. "从概念到产品"的产品研发活动

产品研发过程漫长，从市场调研到产品上市管理。但成果常不如预期，因过程冗长、信息衰减，客户需求变化。因此，研发效率和计划管理至关重要。

数智化手段便利化企业研发，需及时与用户互动，保持研发成果与需求同步，进行必要迭代。研发管理理念和方法需创新以适应数智化。有效触达并互动客户，是重塑研发流程的关键。

2. "从线索到订单"的市场营销与销售活动

在 toC 行业中，客户购买过程变得非线性，他们可以在任何环节返回并获取更多信息。消费者在决策过程中获取信息的渠道和方式前所未有地丰富。因此，企业需调整营销和销售方式及流程，以提升数智化时代的营销和销售生产力。

在在 toB 行业中，客户信息管理、商务活动跟进、客户需求变化及内部业务协同等方面，需优化一线业务流程，使业务人员能更专注于客户。通过提前预判，提供营销与销售支持，建立 B 类客户数据库，洞察商业需求，提高销售效率，降低业务风险，这些都是数字时代可改进的领域。

3."从订单到交付"的产销平衡与供应链活动

企业效率提升不仅依赖于各职能领域的精益管理，也需关注整体运作效益。这是经营核心，防止业务职能仅关注自身 KPI 而忽略整体效益最大化。

在产销平衡协同中，精确的需方计划信息对挖掘供应链潜力、满足需求至关重要。数智化时代提供了丰富的预测手段，有助于提高需求计划水平，促进供应链高效运作。

4. 人工智能带来的新的生产方式

人工智能正成为企业发展的新引擎和国家竞争的新优势，对经济社会产生深远影响。

企业通过智能化改造和数智化转型，实现与数字经济的深度融合，推动制造业高质量发展。中小企业在转型中面临挑战，但通过构建服务生态和良好环境，综合运用政策，可解决转型难点和痛点。

AI 技术显著应用于工业智能化，如制造业通过大模型技术优化生产计划、市场策略和资源配置，提高市场资源配置效率和企业管理效能。AI 还能通过预测市场需求、监控生产流程提升资源配置和管理效能。

数智化转型是技术升级和企业运营模式、思维方式的全面革新。企业需考虑内外部因素，制定个性化转型策略以实现可持续发展。通过智能化信息基础设施建设，整合算力资源，降低成本，满足 AI 技术突破和产业应用需求。

在数字时代，企业价值创造活动的变化趋势显示，高效触达、互动、掌握、引导和反馈客户需求是数智化转型的必然起点，特别是从营销与销售端出发。

三、从营销与销售入手：既是企业活在当下需要，更是转型规律使然

多数企业的数智化转型可以将营销与销售当作切入点，不仅是为了企业的生存之必需，也是为了使企业数智化转型能够助力企业可持续经营及关键业务转型。

1. 从营销与销售入手，开启数智化转型之旅，是企业活在当下的需要

全球经济周期性低潮阶段，预示着行业内部的优胜劣汰。企业若想提升业务量、市场份额，或成为领先企业、巩固利基市场，必须重视营销与销售的关键作用。

稳定的市场份额为企业提升效率提供了可能。没有市场份额，效率提升无从谈起。因此，营销与销售的数智化转型是必然选择，适应当前经济和竞争环境。

2. 企业的可持续经营，关键在于实现有现金流的利润

"开源"和"节流"是企业盈利的两大策略，其中"开源"是关键，尤其在营销和销售方面，它们直接关系到企业创造现金流的能力。

通过营销和销售的数智化转型，企业可以实现核心目标，这不仅有助于业务的可持续发展，也对财务有积极影响。有远见的企业追求持续发展和长期繁荣，而数智化转型是实现这一目标的有效途径之一。

3. 企业为了推进业务转型，从营销与销售入手是成功转型的规律使然

人不能自己举起自己，即便你是世界冠军。同样，业务变革需对接外部需求，施加压力以促使内部改变。这使企业直接感受到市场和客户需求的压力，是推动转型的有效方式。

实际上，优秀的企业拥有与时代同步的营销和销售体系。在数字时代，变革的关键在于缩短与客户的距离，及时感知需求变化和市场动态，确保企

业竞争力。

4. 营销领域是 AI 最先影响的领域，具有智能化优势

AI 在营销领域的应用不仅提高了效率和效果，还为企业提供了深入洞察消费者和市场的能力，使营销更加智能化和个性化。随着技术的不断进步，AI 在营销领域的应用将更加广泛和深入，如图 2-3 所示。

图 2-3   AI 如何影响营销领域

具体表现如下：

客户洞察和行为分析： 可以分析大量的客户数据，包括购买历史、在线行为和社交媒体活动，以识别消费者行为模式和偏好，帮助企业更好地理解目标市场。

个性化营销： 利用机器学习算法，AI 能够为每个用户提供定制化的内容和推荐，提高营销活动的针对性和转化率。

预测分析： AI 技术可以预测市场趋势和消费者需求，帮助企业制定更有效的营销策略和产品开发计划。

自动化营销： AI 可以自动化执行许多营销任务，如邮件营销、社交媒体发布和广告投放，提高效率并减少人为错误。

客户服务： 通过聊天机器人和虚拟助手，AI 能够提供 24/7 的客户服务，快速响应客户需求，提升客户满意度。

内容创作： AI 可以辅助或独立生成营销内容，如广告文案、社交媒体帖

子和新闻稿，节省时间和资源。

图像和视频分析： AI 技术可以分析图像和视频内容，以更好地理解消费者对视觉元素的反应，优化创意策略。

风险管理： AI 可以帮助识别和预测营销活动中的潜在风险，如品牌安全问题或广告欺诈。

ROI 评估： 通过跟踪和分析营销活动的表现，AI 可以评估投资回报率（ROI），指导企业优化预算分配。

跨渠道协同： AI 能够整合不同营销渠道的数据，提供统一的客户视图，实现跨渠道的协同营销。

语音搜索优化： 随着智能助手和语音搜索的普及，AI 可以帮助企业优化其内容以适应语音搜索的趋势。

市场细分： AI 可以识别不同的消费者群体，并为每个细分市场定制营销信息，提高营销活动的精准度。

在数字时代客户变了，企业的价值创造活动也变了，而在全球经济趋势低潮的总体环境下，抓住营销与销售的"开源"作用，顺应企业业务转型规律，实现在数智化时代的积极转型，从营销与销售入手是必然的选择。

四、打造"三有型"数智化营销团队

在数字时代的大潮下，技术与应用日新月异，客户的需求快速变化，市场竞争瞬息万变，营销的数智化发展突飞猛进，企业进行营销数智化转型的关键短板往往体现在营销团队与生态建设方面上。

在数智化时代，我们需要一个什么样的数智化营销团队与生态呢？归纳起来，就是必须"三有"：

一是有客户同理心： 任何产品与服务的增量或颠覆性创新，源自在不同环境与技术条件下直达人心的体验、感受上的提升及革命性突破，回归客户体验与价值诉求的本源，在符合商业逻辑可持续发展的基础上最大化客户体验与价值，创造真正的消费者声誉，让客户喜欢你，客户就会助你获得更大的成功。

二是有业务经营思维： 数智化营销团队应具备扎实的业务经营思维，理解产品和服务体验提升背后的运营和管理成本。团队需要将企业投入的成本有效地转化为客户可感知的体验和价值，确保价值创造的同时，也能够带来业务利润，实现客户与企业双赢的可持续营销数智化转型。

三是有数智化运营能力： 与传统营销运营相比，数智化营销团队需要具备快速地掌握现代数智化技术、理念、工具并且能够快速地与客户的数智化交互方式保持同步的演进。团队成员还能够综合运用企业内部数据、合作伙伴数据以及第三方数据，结合先进的数智化模型工具，进行高效的营销数智化运营

企业开展营销数智化转型是一项系统工程，需要建立自上而下的转型决心，又需要在具体的业务场景下开展业务优化与数智化实施来实现转型价值，更需要通过建立"三有型"数智化团队形成可持续的转型动力，并在营销转型 PMO 的保障下长足稳健地推进营销数智化工作向纵深发展。

第3章

循序渐进：营销数智化转型的基本步骤

一、树立战略层次的决心，形成营销数智化转型的共识与关键举措

二、进行运营层次的优化，实现价值导向的场景化业务优化与数智化实施

在认识到企业营销数智化转型（注：营销数智化转型涵盖营销与销售，即 Marketing&Sales）必要性的基础上，许多企业可能立即会问：企业的营销数智化转型需要哪些基本步骤？答案是需要树立战略层次的决心，以及进行运营层次的优化。

一、树立战略层次的决心，形成营销数智化转型的共识与关键举措

开展营销数智化是一场必须打赢的战役，而形成战略层次的决心，凝聚开展营销数智化转型共识并就亟待开展的关键举措达成一致是首要的工作。为此，企业需要在内部率先形成《营销数智化转型规划》，以树立营销数智化战略层次的决心，如图 3-1 所示。

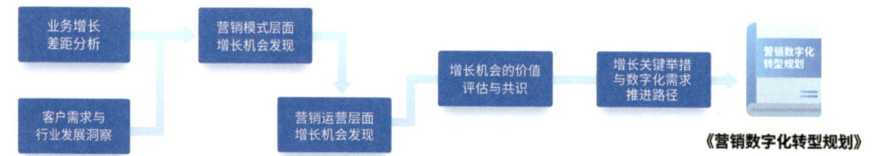

图 3-1　营销数智化战略层的主要步骤

1.业务增长差距分析： 与行业增速、主要对标友商以及自身增速进行比较，找到主要的业务增长不足之处，并对相应的差距进行根因分析。

2.客户需求与行业发展洞察： 进行对客户需求变化以及行业发展趋势的研究，形成洞察，尤其在客户的体验、产品服务创新等方面进行相应的分析，形成相应的启示。

3.营销模式层面增长机会发现： 结合上述的核心差距与原因分析、客户需求与行业发展层面的启示，研讨在公司的营销模式层面的增长机会，即在数智化时代如何加速进行直达客户能力的建设与发展，是在营销模式层面增长机会的主要议题。

4.营销运营层面增长机会发现： 在数智化时代，如何提升营销与销售生产力是业务运营层面不变的话题。在这个过程中，我们需关注以下几个关键运营环节：营销推广、销售管道与过程管理、销售渠道管理、客户资源建设与运营、营销团队的能力发展、营销运营与监控、营销策略与计划管理。在每个环节中，通过数智化手段赋能加持，以寻找增长机会，这是一个持续性的命题。我们需要对这些环节进行合理地整理和优化，以实现营销与销售的全面提升。

5.增长机会的价值评估与共识： 在模式和运营两个层面，对识别出的增长机会进行深入评估，这包括评估每个机会的业务价值、所需的转型时间以及资源投入。同时，分析不同机会之间的相互依赖关系，从而确定营销转型的关键工作事项和其他推进事项，并确保团队对这些事项达成充分的共识。

6.增长关键举措与数智化需求推进路径： 基于已达成的共识，针对增长机会制定关键举措，包括明确每个举措的目标、具体内容、预期成果以及工作之间的依赖关系。同时，确定实现这些举措所需的数智化工具和数据支持，并指派主责团队和配合支持的职能部门。这些增长关键举措与数智化需求推进路径将共同构成《营销数智化转型规划》。

对营销模式与运营层面的机会进行认知并形成共识，是确立营销数智化转型决心的基础。《营销数智化转型规划》作为这一决心的具体体现，将成为企业实施营销数智化转型的总体路线图。

二、进行运营层次的优化，实现价值导向的场景化业务优化与数智化实施

在《营销数智化转型规划》的统筹指导下，围绕相应的营销业务场景开展运营层次的优化与数智化实施，积营销数智化转型的跬步，致业务长足增长的千里，如图 3-2 所示。

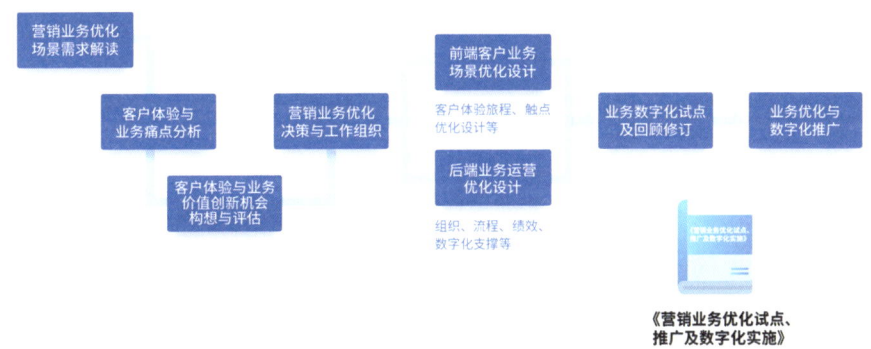

图 3-2　营销数智化运营层次优化的主要步骤

进行营销数智化运营层次优化的主要步骤如下：

（1）**营销业务优化场景需求解读：**根据营销数智化转型关键举措中描述的待优化业务场景，进行系统的理解，形成对业务场景中客户体验需求、业务操作规范与运作流程、业务相关的数据与工具情况，以及待提升优化的主要目标，进行完整的理解。

（2）**客户体验与业务痛点需求分析：**在完成解读的基础上，将客户体验

与业务痛点的需求进行分析，并通过同类场景优秀实践的借鉴，明确对相关客户体验与业务运作环节差距的认识，从而找到相应的优化提升点。

（3）**客户体验与业务价值创新机会构想与评估：**结合确定的优化提升点，进行创新机会构想，开展不同方案的对比评估，形成优化方案推荐建议。

（4）**营销业务优化决策与工作组织：**综合客户需求代表、营销业务职能专业代表、营销业务管理代表、数智化架构师等多方意见的基础上，对营销业务优化方案进行决策，并根据决策结果，制定详细的下一步行动计划并组建相应的业务优化与数智化实施项目组。

（5）**前端客户业务场景优化设计：**根据优化方案要求，对前端客户业务场景进行精细化的优化设计。这一设计旨在创造新的、提升后的客户体验，确保客户在与企业互动的每一个触点都能感受到改进和提升。

（6）**后端业务运营优化设计：**为了支撑前端提升后的客户体验，进行后端业务运营部分的规范、业务流程、组织职能、数智化工具以及数据支持的优化设计，进行相应的数智化系统开发，以实现运营效率的提升和业务流程的自动化。

（7）**业务数智化试点及回顾修订：**制定业务数智化的试点方案，将前端与后端优化设计以及数智化工具进行试点，并就相应的业务提升改进和数智化工具进行回顾与修订迭代，形成可以进一步推广的可用的解决方案。

（8）**业务优化与数智化推广：**进行业务优化与数智化推广的计划制定，并进行必要的性能、安全性等测试，按照推广计划进行更大组织范围内的推广，实现该场景下的业务优化提升，并监控业务成果和数智化系统的运作，持续调优，直至达成优化目标。

对于营销在运营层次的具体业务场景下的优化与数智化实施，需要不断突破营销体系的业务瓶颈，积极拥抱外部营销环境的变化以及技术带来的更好的客户触达与转化能力，持续地推进企业营销数智化转型向纵深发展。

第4章
循途守辙：营销数智化转型的战略模型

一、企业营销数智化转型战略模型

二、数智化转型的六个战略环节

三、数智化转型的两条基本路径

营销数智化时代，企业既遭遇着挑战，也蕴藏着机会。此时，任何一个想进行营销数智化转型的企业，必须首先制定一套科学合理的战略。

营销数智化时代，以数智化驱动业务增长成为企业未来很长一段时间的发展目标，同时企业也会困惑，存量市场博弈，用户资产、客户触达、分析技术均存在着颠覆性的变革，企业应该如何做好业务及收益增长？在存量市场竞争中，如何来保持自己的竞争力或弯道超车呢？此时，营销数智化的战略模型制定则显得非常重要。

一、企业营销数智化转型战略模型

在进行营销数智化转型战略制定时，需要有相应的数智化转型基本的路径及战略模型，如图 4-1 所示。

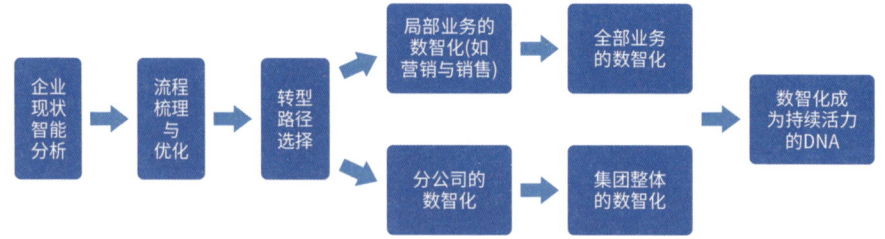

图 4-1　企业数智化转型路径及战略模型

二、数智化转型的六个战略环节

1. 业务数据化环节

在信息化时代，也逐步搭建了业务经营需要的不同的业务系统，IT 系统围绕业务服务，在服务的过程中沉淀了众多数据，再在数据的基础上做一些分析，如 ERP、CRM、供应链、线上商城、线下 POS、主数据等系统。

2. 数据资产化环节

首先，基于移动互联、物联网、云计算、大数据技术，通过数智化手段采集消费者信息（粉丝、潜客、新客、老客、忠诚客户等），给客户打上各种标签，如人口属性标签、行为属性标签、交易属性标签、偏好属性标签、消费趋势标签，建立数据资产目录，形成群体画像（如高购买力、中购买力、低购买力）。

其次，孤岛式分散以及没有清洗和整合的数据没有太多价值，只有具备完整性、唯一性、一致性、准确性、合法性、及时性的数据才是数据资产，才能真正创造业务价值。

因此，数据资产化需要把分散在企业内部和外部、线上和线下的各个平台中碎片化的数据聚集起来，互相打通和增强，推动企业变得更加智能，企业都在尝试利用各种技术来处理超大数据量级、不同类型、不同格式的海量数据，以积累和提升企业数据资产的价值。

3. 资产价值化环节

数据必须结合业务场景、人工智能和数据运营，才能真正呈现价值，改变过去系统辅助决策的方式，逐步以数据决策作为核心驱动力，通过数据复用、安全共享来达到沉淀经验、提效减负、业务赋能和创新的目的。在建立和完善数据资产化的基础上，对消费者做精细化运营，通过数据驱动场景应用，场景应用带来价值。

数据的积累和人工智能（AI）的发展，互相促进，相辅相成。企业通过智能化的手段进行预测、预警、推荐，实现千人千面、千店千面运营、更精准更高效的触达和营销，如最优人群推荐、最优 SKU 推荐、关联商品购买预测，并最终实现业务增长的目标。

4. 价值服务化环节

企业需要梳理内部和外部的服务能力，将业务能力标准化，封装成服务，通过平台化思维来规划和搭建可复用的价值服务平台，打通企业内部前后台、对接外部生态平台。数智化时代需要以数据驱动为出发点，把数据资产作为企业的战略资产来经营，让数据资产增值和变成业务价值。

价值输出平台也是最近几年比较火热的中台，如业务中台、数据中台、技术中台、组织中台等。企业通过中台赋能，互相调用、互相赋能，调用别人的长板来弥补自身的短板的同时，也要开放自身的长板供别人调用，并依据新的价值链条获取相应的价值回报。

5. 服务生态化环节

未来企业要转型升级就要开放，与产业形成链接，需要有共生、共存、共建、共赢的思维，纵向服务企业内部前端和后端，横向服务各业务单元和整个产业链的上下游。

对于产业中的龙头企业或拥有核心数据的企业，除了对企业内部各业态进行服务和赋能外，还可以将服务体系延伸到产业生态，将内部平台延伸为 C2S2B2C（或 C2B2b2C），S 是指供应平台，B 借助供应平台 S 的赋能对 C 进行服务。

6. 生态产业化环节

数智化核心要点就是产业链上下游企业借助同一个数智化平台、为企业赋能各自的核心能力和资源，来实现高效的分工和更合理的价值分配，改变过去"麻雀虽小、五脏俱全"的企业组织形式，把企业的边界和组织扩展到产业链层面，同时也规避了企业各自的短板。

企业边界模糊、产业边界模糊，将会直接导致垂直分工则更加明显，由于产业间横向整合使得横向链条变宽，产业内链条网状化使得产业内纵向链条平缩。这些都将会加剧产业间重新融合，并进化和演变成新的产业生态或产业联盟，甚至有可能，未来的产业形态，可能跟我们当前的产业形态完全不同。

三、数智化转型的两条基本路径

在数智化转型路径选择时，有两条基本路径。通常而言，企业可以根据自己的具体情况选择适合的路径。

路径 1：从营销与销售的数智化到全部业务的数智化。

这是多数企业的普遍选择。这是因为，从营销与销售业务切入数智化转型，可以更加直接地带动企业的客户及业务增长，较为容易显现出数智化转型的直接效果。

路径 2：从分公司的数智化到集团整体的数智化。

这是集团型企业的通常选择。对于集团型企业而言，由于规模及结构相对复杂，它们往往需要在部分分公司进行数智化转型的试点和验证，待模式及效果得到认可后，再将其推广至整个集团。

当然，不排除某些企业选择两种路径的混合或其他路径方式，这个需要针对不同的行业与企业，具体问题具体分析。

在构建营销数智化转型战略模型时，企业需要制订科学合理并适合企业的路径，以数据为驱动，用数智化生态赋能企业，打造数智化、一体化、生态化及敏捷化的企业，进而驱动企业的新增长。

1. 营销数智化转型的业务优化战略目标

落地数智化的业务优化目标，需要进行运营层次优化。在业务运营层，结合以下模型进行梳理。企业在推进营销数智化转型时，需要持续优化 DTC（Direct To Customer 直达客户）业务场景，不懈地以 with Empathy 为策略创新客户价值和体验，以"更直接、更闭环、更智能"的战略目标，落地营销数智化转型，实现业务增长目标，如图 4-2 所示。

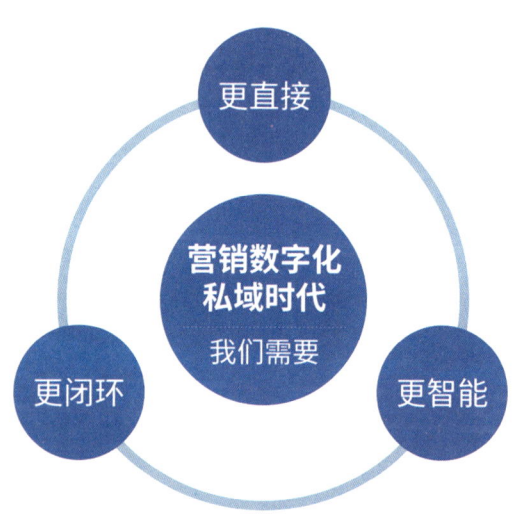

图 4-2　营销数智化三大目标

（1）与用户的联系变得更直接、高效（DTC 统一品牌形象）

品牌应建立与用户直接而高效的同理心连接，以培养用户对品牌的良好情感，避免造成用户的反感或被骚扰的感觉。这样的连接应赋予用户身份的认同，让用户感受到被尊重和贴心服务。只有通过更直接的联系，品牌才能更有效地与用户沟通，提升互动的效率。

（2）营销场景变得更闭环（品/效/销一体化）

在营销数智化转型过程中，营销场景需要更加闭环。品牌用户心智培育、用户数增长、流量变现、裂变增长一体化（拉新—促活—留存—转化变现—复购裂变），可以实现闭环一体化。所谓的"闭环"，指的是这一系列过程中的每个环节都是紧密相连的，任何一个环节都不允许出现断裂。

（3）营销平台与工具未来变得更智能

营销数智化平台能够预测并满足用户的需求。品牌能根据积累用户数据、特征，实现精准化、自动化地将合适的信息内容推给合适的潜在购买者，使其产生喜爱，满足其需求，赢得其认可，并最终培养其对企业品牌的忠诚度，从而使业务增长、归因分析、目标拆解等方面更具方向性和智能化。

在智能化时代最终实现，利用数据分析技术深入理解客户的需求、偏好和行为，根据客户数据定制个性化的营销信息和产品推荐，实时响应客户需求和市场变化，识别和管理营销活动中的潜在风险，通过智能化工具和平台提高客户参与度和品牌忠诚度，合作伙伴共同构建智能营销生态系统，实现资源共享和协同效应。

第二部分

营销数智化转型的战略与实践框架

第 5 章　全链赋能：数智化驱动企业营销全链路升级

第 6 章　全域运营：挖掘会员全生命周期价值

第 7 章　数据资产：AI+CDP，发挥企业数据资产价值

第 8 章　销售管理：AI+CRM，增强客情关系，加速成交链路

第 9 章　AI 大模型构建企业智能化营销生态

第 10 章　AI Agent 在企业智能化中的应用

第 11 章　双基架构：集团型企业数智化治理

第 5 章

全链赋能：数智化驱动企业营销全链路升级

一、数智化工具实现全网全渠道获客

二、搭建营销一站式、业务一体化平台

三、打通前、中、后链路，形成营销数智化闭环

四、BC 一体化平台

数智化营销能提升客户生命周期价值。随着AI、互联网和数字技术的发展，网络营销正向全景数智化发展。企业面临市场竞争，实现商业回报价值成为关键。数智化技术为企业带来新机遇，企业需积极推进数智化转型，以最大化商业价值。

全景数智化营销涉及全渠道获客、营销智能化、管理规范化、数据可视化和决策数据化。这些方面全面解决企业运营痛点。企业还需进行用户池治理，全渠道收集用户数据，建立统一用户账户体系，确保数据完整性和一致性。

企业通过这些措施能更深入理解客户需求，提供定制化服务，提升客户满意度与忠诚度。数智化技术助力企业优化资源分配，提升运营效率，减少成本。利用数据分析和智能化决策，企业能精准掌握市场趋势，制定高效营

销策略，在竞争中脱颖而出。

营销数智化为企业提供了一个全新的发展路径，帮助企业实现客户生命周期价值的增长，提升企业的核心竞争力。在这个过程中，企业需要不断探索和创新，充分利用数智化技术，以实现商业价值的最大化。

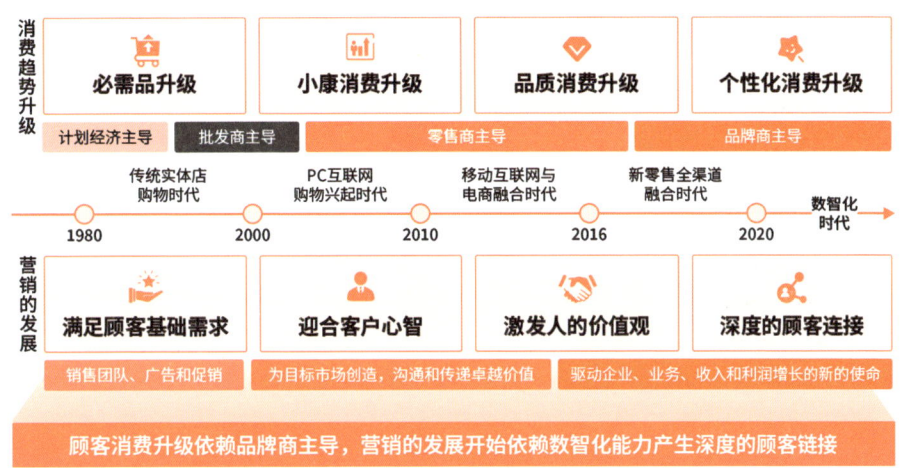

图 5-1　消费趋势和营销发展示意图

一、数智化工具实现全网全渠道获客

随着移动互联网的发展，人们获取信息和交流的方式越来越多样化。但是，不管是企业还是个人，都想通过互联网精准获客。

那么，企业在推广营销过程中遇到哪些问题呢？企业在这方面有哪些痛点呢？

多数企业给出的问题及痛点主要包括：获客难、获客成本高、推广效果难预测、人群定位难、转化率低、用户流失快等。面对海量客户数据时，企业要从中筛选出真正有价值的客户变得越来越困难，导致很多企业宁愿花大量时间成本去维护老客户也不愿开发新客户。如今各大平台都在降低广告投放成本和费用，获客难度变得更大了。

针对这些问题与痛点，数智化工具的使用给企业带来了新的机遇。现今，越来越多的企业选择借助数智化工具来实现互联网全渠道获客。传统的营销方式已经无法满足企业在互联网时代的营销需求，数智化营销工具能让企业真正实现全渠道获客，可以有效降低企业互联网营销成本，帮助企业提高效率。新型的数智化工具正是实现传统企业向现代企业转型的关键，如图 5-2 所示。

图 5-2　多渠道获客和全渠道获客对比

1. 获客来源多样

当我们的客户在浏览网站时，并不是所有的流量都是有效流量。有些流量可能并不是企业真正想要的，流量并不会来找你。

因为传统企业营销方式中，一是通过线下广告等方式来进行获客，二是通过搜索推广方式来进行获客。但是，随着互联网时代的到来，对于企业来说，这两种获客渠道已经显得有点落后了。这是因为，传统企业在互联网时代使用的营销方式已经无法满足他们在互联网时代的营销需求，因而很多企业会选择借助数智化工具来实现全渠道获客。

数智化工具通过帮助企业打通各个渠道、应用更多智能营销方法、用户行为分析等方式为企业带来更多用户转化，也为企业提供了一个数字营销解决方案。并且，这种服务性价比更高，所以更受青睐。

2. 获客方式全域

对于企业来说，如果想要通过各种渠道获取客户，首先需要了解客户的来源和用户画像。在了解了这些之后，就可以利用数智化工具来帮助企业拓展多渠道的获客方式，以获取更多客户。现今，相关的工具集微信公众号营销、小程序推广、自媒体引流、短视频推广等于一体，以丰富的营销玩法帮助企业精准获客。

以公众号营销为例：企业可以通过公众号后台管理系统添加用户并设置好自动回复等功能，轻松实现微信公众号引流，将流量引入私域。

如果是通过公众号自带的功能添加客户，企业可以使用自动回复来吸引用户关注。在添加完客户之后，企业可以通过设置自动回复来引导用户点击"跳转"。这样就能实现自动回复在微信公众号内向客户展示企业品牌、产品信息等内容，实现客户引流。

例如"某品牌客服"可以实现对客户的自动回复功能，当用户点击"跳转"按钮后，就能看到企业的微信公众号了。这时候，企业就可以在公众号内向客户展示企业的官网，并且在公众号内引导客户点击"跳转"按钮。企业利用这一系统进行营销拓客，不仅可以将公域流量引入私域，还能通过微信公众号来增加品牌影响力和"粉丝"黏性。

裂变海报也是一种快速获得大量客户的方法。它可以帮助企业快速让新用户注册并在短时间内获取大量"粉丝"。裂变海报的活动范围广，活动设计简单，吸引大量用户参加等。

以自媒体引流为例，企业可以通过自媒体平台发布与企业相关的文章进行引流，并引导用户关注。当然，这个方法也有其缺点：一是这些文章会有大量无效用户浏览；二是容易导致低质量内容泛滥等问题。

门店的获客能力与客流量、导购转化能力、商品陈列的价值转化率等因素都息息相关，大型连锁零售机构的门店获客能力指数决定了连锁机构的商业生命力。

图 5-3　获客导向阶段特征

二、搭建营销一站式、业务一体化平台

在当今数字化时代，企业的营销和业务运营面临前所未有的挑战。市场竞争加剧、客户需求不断变化、业务流程日益复杂，这些因素使得企业越来越需要建立一个一站式、业务一体化的平台，以提升整体效率、优化客户体验、增强市场竞争力。本文将深入分析搭建这样的平台的背景、重要性与必要性，并探讨一站式一体化平台的核心目标及其对企业的深远影响。

1. 复杂市场环境下的营销挑战

随着社交媒体、电商平台、移动端等多种渠道的兴起，企业在营销过程中需要应对的客户接触点变得越来越多。这种多渠道并行的模式尽管能够覆盖更多的潜在客户，但也给营销管理带来了前所未有的复杂性。企业往往面临以下问题：

数据割裂： 各渠道产生的数据无法互通，导致客户画像不完整。

资源浪费： 重复性投入和沟通成本增加，降低了整体营销效率。

难以提供一致的客户体验： 客户在不同接触点上可能获得不同的服务和信息，导致客户满意度下降。

企业的业务流程（如销售、客服、供应链管理等）通常由不同的部门独立管理。这种分散管理方式导致信息流和工作流程的割裂，具体表现为：

信息孤岛： 不同部门之间的信息无法顺畅流动，影响了决策效率。

流程冗余： 冗长的沟通和审批流程降低了业务的响应速度，增加了运营成本。

客户服务不连续： 当销售和售后部门信息不对称时，客户服务的质量会大打折扣，客户忠诚度随之下降。

2. 营销一站式、业务一体化平台的定义

所谓"一站式、业务一体化平台"，是指将企业的营销、销售、客户服务、供应链等各项业务环节统一整合到一个平台上，通过数据共享和业务协同，提供从客户获取到产品交付、售后服务的全流程管理能力。

一站式平台的核心目标是通过打破各个业务部门的孤立状态，形成数据的统一管理、分析和应用，从而实现更高效的营销策略执行与业务流程优化。业务一体化平台则通过整合各个业务环节，确保信息流、资金流、物流的协调统一，为企业的高效运营提供支持。

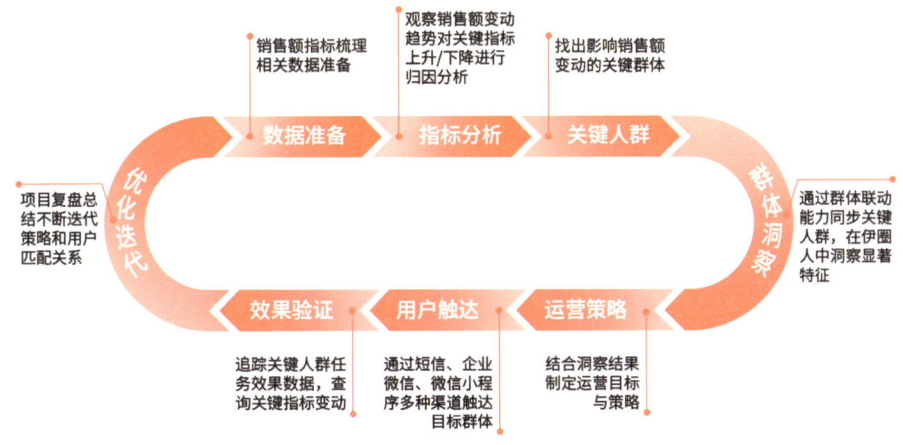

图 5-4　营销销售一站式流程

3. 搭建一站式、一体化平台的重要性

全球市场环境正在快速变化，消费者的购买行为和需求也更加多元化。企业需要灵活应对这些变化，而一站式、业务一体化平台能够让企业在复杂的市场环境中保持敏捷，迅速调整业务和营销策略，抓住市场机遇。

平台的完善性综合性不仅仅是技术上的进步，更是企业管理理念上的革新，它在以下几个具体的场景中具有关键意义：

（1）数据打通与实时分析

在传统模式中，营销、销售、客户服务等业务部门各自为政，数据不能互通，导致营销策略的执行无法及时反馈。通过一站式、业务一体化平台，企业可以实现各业务环节的数据打通，所有业务数据汇集在同一平台进行分析，企业可以实时掌握市场变化、客户需求和业务执行情况，从而做出更加科学、快速的决策。

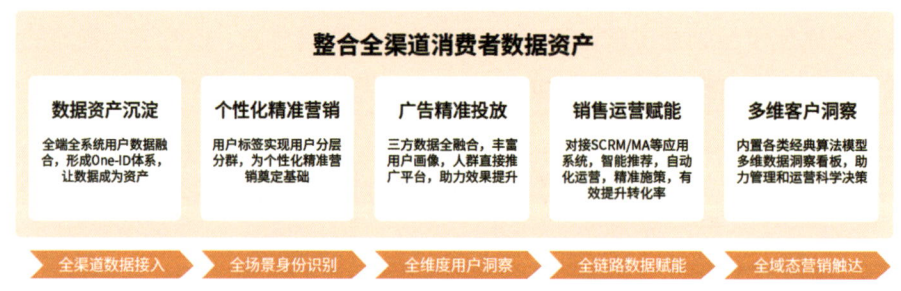

图 5-5　整合全渠道消费者数据资产

（2）提高运营效率

一体化平台可以通过自动化和智能化工具，提高企业的运营效率。例如，客户订单信息可以自动传递至生产、物流等部门，减少人工干预环节；营销活动的效果也可以通过实时数据反馈，及时调整策略。这种平台不仅简化了复杂的业务流程，还大幅降低了企业的运营成本。

（3）提升客户体验

现代客户对企业的期望越来越高，他们希望能通过多种渠道与企业互动，

并且享受无缝的服务体验。一站式平台能够整合线上、线下的客户接触点，为客户提供一致的品牌体验。同时，业务一体化使得客户的订单、需求等信息能够被快速响应，从而提高客户满意度和忠诚度。

（4）满足全渠道需求

企业的营销渠道不再局限于单一的线下或线上，而是通过多渠道与客户进行互动。例如，社交媒体、电商平台、线下门店和客户服务中心等渠道都是企业与客户互动的重要场所。只有通过一站式平台，才能确保各个渠道的营销活动统一协调，客户在不同渠道中获得一致的体验。

三、打通前、中、后链路，形成营销数智化闭环

企业在与客户的互动中，不再局限于某一环节，而是需要贯通营销的前链、中链和后链，以形成完整的数智化营销闭环。在这个闭环中，营销的各个阶段（客户获取、客户互动、客户转化）得到了无缝地连接，通过数据驱动和智能技术的加持，实现了从获客到售后服务的全流程智能化升级。

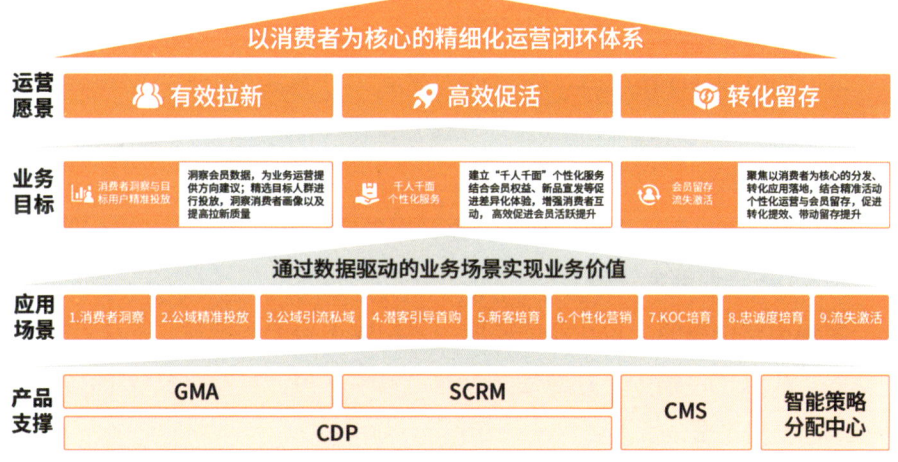

图 5-6　以消费者为核心的精细化运营闭环体系示意图

1. 前链：数字化获客与精准营销

（1）用户画像与大数据分析

数据驱动的用户画像： 通过大数据技术对潜在客户进行精准分析，包括他们的行为数据、兴趣爱好、消费习惯等，帮助企业构建精细的用户画像。

AI 算法推荐： 利用机器学习和深度学习的推荐算法，能够基于用户画像为潜在客户推送个性化内容和广告，实现更加高效地触达。

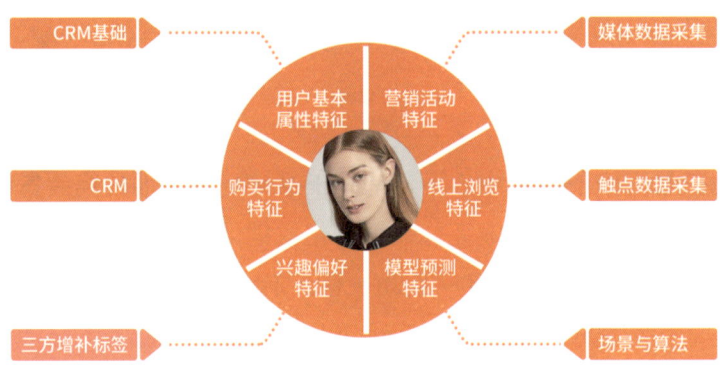

图 5-7　多渠道来源生成 360 度用户画像示意图

（2）精准广告投放与程序化购买

实时竞价与程序化广告： 借助 AI 驱动的程序化广告系统，企业能够在最合适的时间、最适合的渠道中进行广告的实时竞价和投放。

动态创意优化（DCO）： 通过动态创意优化技术，广告内容可以根据不同的用户群体特征进行实时个性化调整，提高广告效果。

（3）多渠道整合营销

全渠道营销策略： 企业需要通过线上和线下渠道的整合，实现无缝的用户体验。在这个过程中，打通社交媒体、电商平台、官网以及线下门店的客户接触点至关重要。

CRM 系统的应用： 通过 CRM（客户关系管理）系统，将多渠道产生的用户数据进行整合，统一管理客户资源，实现对潜在客户的精细化运营。

2. 中链：客户转化与运营优化

（1）营销自动化工具的使用

营销自动化工具概述：营销自动化工具如 HubSpot、Marketo 等，已经成为现代营销不可或缺的一部分，能够实现邮件营销、社交媒体管理、客户培育等自动化。

客户旅程自动化管理：通过对客户旅程的实时跟踪和数据分析，企业能够自动化调整营销策略，确保每个潜在客户在其独特的旅程中得到个性化的引导。

（2）营销漏斗与数据监控

营销漏斗优化：通过数据分析，企业可以实时监控营销漏斗中的每个环节，从而优化从潜在客户到实际客户的转化过程。

A/B 测试与迭代：利用 A/B 测试对不同的营销策略和创意进行验证，不断优化用户体验和转化路径。

（3）以客户为中心的个性化体验

客户体验设计：现代营销越来越注重个性化体验设计，从网站 UI 到个性化推送消息，处处体现着以客户为中心的理念。

多触点互动：通过多种触点（如电子邮件、短信、社交媒体）与客户保持互动，及时回应客户需求，增加品牌黏性。

3. 后链：客户维系与长期价值提升

（1）通过数据分析实现客户维护

数据驱动的客户生命周期管理：利用大数据技术，企业可以持续跟踪客户的消费行为和偏好，从而优化客户维护策略。

预测性分析与客户流失预警：通过机器学习和数据分析技术，企业能够预测客户的未来行为，并提前采取措施防止客户流失。

（2）客户忠诚度计划与积分系统

忠诚度计划的设计与管理：通过设计合理的客户忠诚度计划，激励客户的重复购买行为，同时提高客户的终身价值（CLV）。

积分系统与奖励机制：积分系统可以有效提升客户的参与感，通过积分兑换礼品、优惠券等方式维系客户关系。

图 5-8　客户忠诚度计划与积分系统示意图

（3）社交媒体与口碑营销

UGC 内容的激发：用户生成内容（UGC）在口碑营销中发挥着越来越重要的作用，企业可以通过社交媒体平台激发用户创作内容，从而增加品牌曝光度和公信力。

社交媒体监控与互动：通过社交媒体的监控和实时互动，企业能够更好地倾听客户的声音，及时回应客户问题，提升客户满意度。

4. 打通闭环：数据集成与智能化决策

（1）全流程数据集成

数据孤岛问题的解决：通过数据集成平台，企业可以打破各个业务系统和数据源之间的壁垒，形成一套完整的客户数据体系。

CDP（客户数据平台）的应用：CDP 能够将客户的行为数据、交易数据、社交数据等进行整合，形成 360 度的客户视图，帮助企业实现智能化决策。

（2）AI 与 BI 驱动的智能决策

AI 驱动的自动化决策：通过 AI 算法，企业可以实现营销策略的自动优化，如根据市场动态和客户行为，自动调整广告投放和内容推荐。

商业智能（BI）系统的应用： BI 系统可以将企业的各类数据进行可视化和分析，帮助决策者更好地理解市场趋势和客户需求，从而做出精准的业务决策。

图 5-9　AI 与 BI 驱动的智能决策示意图

在数智化转型的背景下，企业需要从全链路的角度出发，打通营销的前链、中链和后链，形成完整的数智化闭环。这不仅需要技术上的革新，也需要组织和流程的优化。通过数据驱动的精准营销、智能化的客户运营以及以客户为中心的个性化体验，企业能够提升客户忠诚度，优化转化率，并在竞争激烈的市场中占据有利位置。

未来，随着人工智能和大数据技术的进一步发展，营销闭环将更加智能化和自动化，为企业带来更多的商业机会和增长潜力。

四、BC 一体化平台

无论是面向企业客户的 B2B 模式，还是面向消费者的 B2C 模式，企业都需要一个能够全面覆盖的数字化平台来满足日益复杂的业务需求。BC 一体化平台应运而生，成为连接 B2B 与 B2C 业务的桥梁。它不仅能够覆盖两种业务模式，还能够根据不同市场的特定需求进行深度优化。本文将深入探讨 BC 一体化平台如何在 B2B 和 B2C 领域发挥作用，并分析其在不同业务方向上的针对性设计。

1. 什么是 BC 一体化平台？

BC 一体化平台指的是一个能够同时支持 B2B（企业对企业）和 B2C（企业对消费者）两种业务模式的数字化平台。它通过数据的统一管理和流程的自动化，打破了传统业务的界限，使得企业可以在一个平台上管理两个不同的市场渠道。该平台能够整合销售、营销、供应链、客户关系管理等多种功能，为企业提供从客户获取到售后服务的全方位解决方案。

B2B 业务侧重于企业间的长期合作与大规模交易，通常需要复杂的定价机制、合同管理、供应链集成等功能。

B2C 业务则更加注重消费者体验、个性化服务以及高效的订单处理，通常面临着更高的客户期望和市场竞争。

BC 一体化平台的核心在于其可以同时满足 B2B 和 B2C 业务需求的灵活性。平台的设计不仅要覆盖两种业务模式的基本功能，还需要根据它们各自的特性进行定制化优化。其核心功能包括：

多渠道整合： 支持线上与线下、B2B 与 B2C 的多渠道运营，确保业务统一管理。

数据统一管理： 将企业所有客户数据、交易数据和市场数据集中管理，实现数据的互通和共享。

智能化推荐与营销： 利用 AI 驱动的推荐系统和个性化营销方案，在 B2C 端提高客户转化率，在 B2B 端提升客户满意度。

自动化业务流程： 无论是 B2B 复杂的采购流程，还是 B2C 快速的订单履行，平台都能通过自动化手段提升效率。

2. B2B 业务赋能

在 B2B 业务中，企业的需求通常集中于长周期交易、定制化服务以及强

大的供应链集成能力。BC 一体化平台通过整合这些需求，能够为 B2B 业务
提供以下几个方面的支持：

（1）复杂定价与合同管理

B2B 交易通常涉及定制化的价格体系和合同管理，尤其是大宗订单和长
期合作伙伴关系。BC 一体化平台能够灵活配置定价规则，并支持多层次的
合同管理系统，以适应不同企业客户的需求。

灵活的定价策略： 平台允许企业根据客户的采购量、长期合作关系等因
素定制定价模型，从而提升客户的满意度和忠诚度。

合同生命周期管理： 从合同的生成、审核到履行，平台提供了全流程的
管理工具，确保合同的有效执行。

（2）供应链与订单管理

B2B 企业的供应链通常较为复杂，涉及多个供应商、分销商和物流伙伴。
BC 一体化平台通过统一的订单管理系统和供应链集成工具，帮助企业优化
供应链效率。

订单追踪与履行： 企业可以实时追踪订单的处理状态，确保每个订单都
能及时交付。

供应链协同： 平台整合了供应商和物流伙伴的数据，提供端到端的供应
链管理，提高了供应链的透明度和效率。

（3）客户关系管理（CRM）

B2B 客户通常需要定制化的售前售后服务。BC 一体化平台通过统一的
CRM 系统，帮助企业更好地管理与客户的长期关系。

客户生命周期管理： 平台记录了客户从首次接触到长期合作的整个生命
周期，并通过分析客户行为数据，为销售和市场团队提供决策支持。

个性化服务与支持： 基于客户的历史数据，企业能够提供更加精准的定
制化服务，提高客户忠诚度。

3. B2C 业务赋能

在 B2C 领域，消费者的需求更加注重个性化和即时性。BC 一体化平台

通过智能化营销、客户数据分析和全渠道体验优化，帮助企业在 B2C 市场中赢得更多客户。

（1）个性化推荐与智能营销

消费者期望获得个性化的购物体验和高度相关的产品推荐。BC 一体化平台通过 AI 驱动的个性化推荐系统，能够根据消费者的历史购买行为、兴趣爱好等数据进行精准推荐，提升客户转化率。

智能化推荐引擎： 平台能够实时分析消费者的浏览和购买数据，提供动态的产品推荐，提高购买率。

多触点营销： 通过电子邮件、短信、社交媒体等多渠道与消费者互动，平台可以在合适的时间推送最相关的内容，提升营销效果。

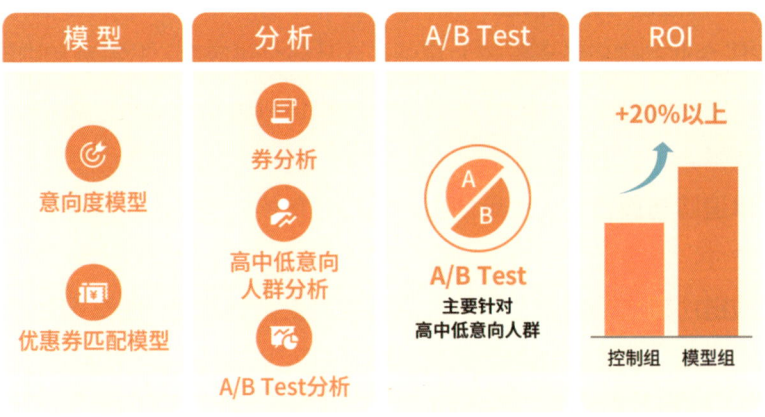

图 5-10　智能化推荐示意图

（2）高效的订单处理与物流管理

B2C 业务的订单量大且处理速度要求高。BC 一体化平台通过自动化的订单处理流程和物流管理，确保订单的高效履行。

订单自动化处理： 平台能够自动处理大批量订单，减少人工干预，提高效率。

物流跟踪与配送优化： 平台集成了物流服务，消费者可以实时跟踪订单的配送状态，增强了消费体验。

（3）全渠道体验优化

B2C 企业需要通过多个渠道（如电商平台、线下门店、社交媒体）为客户提供一致的购物体验。BC 一体化平台通过整合线上和线下的客户接触点，确保客户在所有渠道中获得统一的体验。

线上线下无缝对接： 客户在线上购买商品可以选择线下自提，或者在线上查看门店的实时库存信息，实现无缝的购物体验。

客户服务集成： 无论客户通过哪个渠道进行咨询或投诉，平台都能够快速响应并处理，提升客户满意度。

尽管 BC 一体化平台能够同时覆盖 B2B 和 B2C 业务，但其设计并非"一刀切"，而是根据不同业务模式的需求进行针对性优化。平台在满足广泛业务需求的同时，还具备定制化功能，为不同类型的客户群体提供个性化服务。

（1）面向 B2B 的定制化功能

深度合作关系管理： 针对 B2B 客户的长期合作关系，平台提供了强大的 CRM 系统，帮助企业建立稳固的客户关系。

多方协作与项目管理： B2B 交易常涉及多个参与方，平台通过项目管理工具，帮助企业协调多方的合作，确保项目顺利执行。

（2）面向 B2C 的个性化优化

智能推荐与快速响应： 平台通过 AI 技术对 B2C 客户进行精准画像，快速响应其需求并提供个性化推荐。

即时互动与反馈： B2C 客户期望即时获得反馈，平台通过多渠道支持（如聊天机器人、24/7 客户服务）提高了客户响应速度。

BC 一体化平台是现代企业数字化转型的重要工具，它能够同时覆盖 B2B 和 B2C 业务，帮助企业在两个不同市场中获得竞争优势。通过提供数据统一管理、智能化运营和个性化服务，平台不仅提升了业务效率，还优化了客户体验。

未来随着技术的不断发展，BC 一体化平台将会成为更多企业的首选解决方案，助力企业实现全面数字化转型。

第6章
全域运营：挖掘会员全生命周期价值

一、数智化转型的整合能力模型

二、定位会员全生命周期，私域运营"闭环 5 步曲"实践模型

三、打造高转化的创新型私域电商

四、引爆社媒平台增长

一、数智化转型的整合能力模型

企业投入做营销数智化转型的根本目标，是为企业营销经营降本增效，那么运营如何将营销数智化工具特色与实际营销各场景实现有机整合？

1. 集合"三位一体"数智化整合能力，助力品牌营销增长

所谓的"三位一体"，是指集"数据中台层 + 应用工具层 + 体系化运营服务层"于一体的有机组合，并驾齐驱，形成合力，进而实现品牌营销业务增长赋能。其中，数据中台层主要指 CDP（Customer Data Platform，客户数据平台）；应用工具层主要包括：MA（Marketing Automation，营销自动化）、BI（Business Intelligence System，商业智能系统）、SCRM（Social

CRM，社会化客户关系管理）、商城小程序等；体系化运营服务层主要包括：公域、私域、促活方式、销售支持体系等，如图6-1所示。

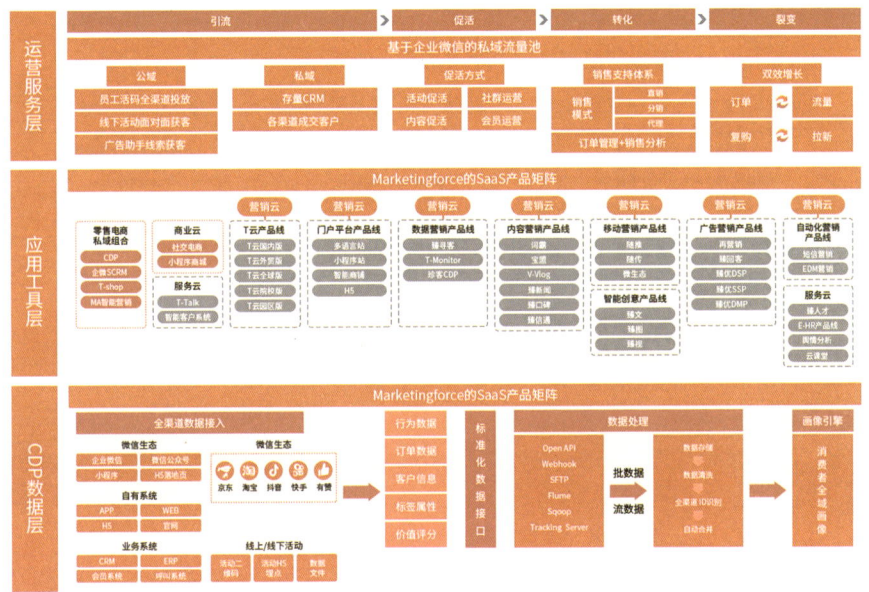

图6-1 "三位一体"数智化整合能力业务增长模型

2. 营销数智化运营落地：现状分析、阶段目标及策略

营销数智化-私域运营执行总导图见图6-2。其中主要包括五个层面：

（1）**运营场景：**主要是指私域用户运营、私域内容运营、用户权益运营及私域活动运营等。

（2）**引流获客：**主要包含线下引流获客、线上引流获客及其他渠道获客。

（3）**运营三大阶段内容：**其主要包括三个阶段，分别是：私域1.0启动期（搭建）、私域2.0成长期（转化）、私域3.0增长期（裂变）。

（4）**阶段运营成果：**上述运营三大阶段分别有不同的运营成果。

（5）**运营工具：**主要是指"SaaS+定制化"的营销数智化私域运营常用工具，如CDP系统、MA（营销自动化）、BI系统、SCRM、商城小程序及舆情系统等。

图 6-2 营销数智化 - 私域运营执行总导图

以某零售消费集团公司启动营销数智化私域运营为例，其营销背景是，某零售消费集团公司启动营销数智化运营，计划 5 年内实现 100 亿营收增长中，未来非传统渠道私域营销占比需从个位占比达到 40%，那么该如何制定私域运营的执行策略？基于品牌业务增长目标、线上线下用户画像特征、私域会员的现状分析，可以反推得到该集团的整年私域运营规划、目标及实施路径：

第 1 步：基于营销数智化转型三大目标阶段梳理分析：以数智化转型的更直接、更闭环、更智能为基本目标，找准所处阶段；进行业务目标增长拆解（GMV= 用户数 * 客单价 * 转化率 * 复购频次），找到现状数据及目标增长机会点，制定该项目运营规划策略：如该品牌处于更直接与更闭环接力棒阶段，短期增长机会点在用户数据整合，以及数智化基座搭建完成、试跑打造标杆业务、再规模化复制；

第 2 步：制定标杆业务线 - 商业闭环策略、链路规划：基于企业微信，整合全域资源，形成"全域、全链路、闭环化"管理，集"引流 - 加企微好友 - 进私域阵地（社群 & 小程序） - 留存（价值'种草'）及场景变现复购 - 用户收购"等循环商业闭环模型；

第 3 步：标杆业务线 1.0、2.0、3.0 分阶段落地实施路径；需要确定每个阶段所需运营内容及成果对应（实现）的推进规划。

3. 私域运营规划

增量时代下品牌想做好用户增长，需要全方位提升用户体验，通过私域运营的方式来实现企业自留地的业务增长，私域运营更偏重多次消费复购，重心在对品牌心智培育、引导，提升体验、复购频次；私域首批用户将散在公域渠道或阵地用户，集中通过运营引流策略，整合全域全渠道流量进私域阵地，通过"1V1"小助手和私域阵地等各类工具 + 活动进行内容"种草"留存及转化，如图 6-3 所示。

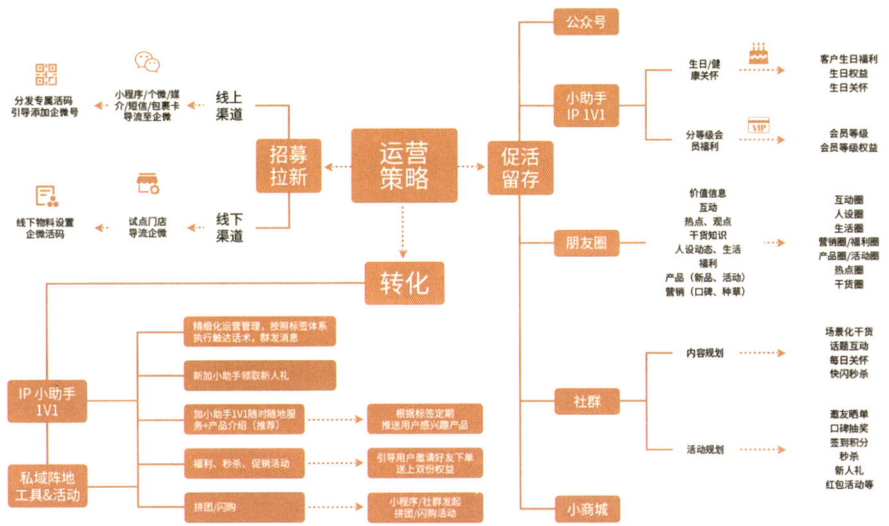

图 6-3　私域流量运营 SOP 路径

社群运营阵地为营销数智化 – 私域运营常用阵地之一，常用于用户多次触达、价值"种草"、心智培育等，与小程序变现阵地互补应用。社群定位分为几种：低频 + 高客单，高频 + 低客单，低频 + 中客单，高频 + 高客单。各种组合运营交互方式、内容及实用性不一，视各行业产品特性及品类价格决定。如零售乳业、饮料、食品行业即属于"高频 + 低客单"方式，而家居、汽车行业则属于"低频 + 高客单"方式。定位差异决定运营方式方法内容差异，如图 6-4 所示。

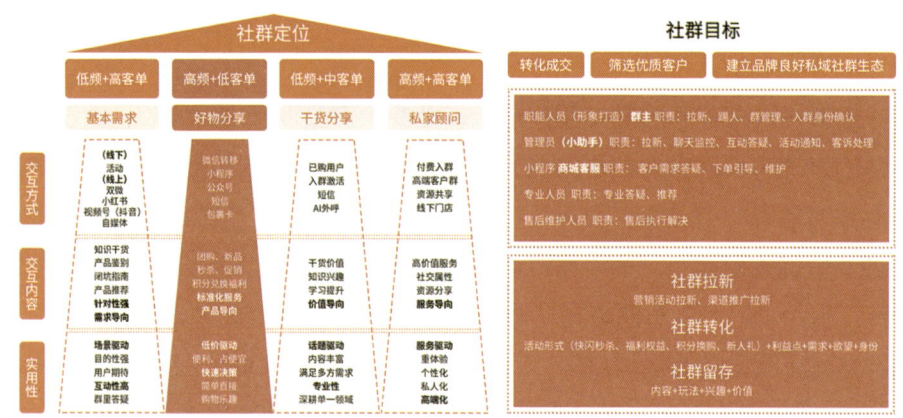

图 6-4　私域社群运营 SOP

私域商城作为私域运营、变现、复购必不可少的阵地，常常承载的功能价值包括拉新、促活、留存、转化、复购、裂变一体化等，并形成循环。这些功能需要商城小程序，它可使用自开发方式，也可购买成品使用二次迭代开发。无论是何种，均需基于业务定位来规划此阵地的店铺功能定位（常用定位包括：官网定位、清仓定位、电商定位、品宣定位等）、引流获客、选品（定位）、视觉、运营规划、活动策划、售后、数据复盘等，如图 6-5 所示。

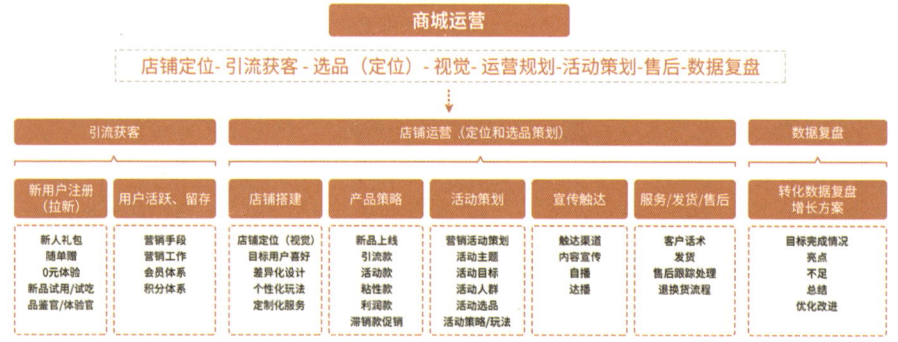

图 6-5　私域商城运营 SOP

4. 全域运营布局

全域运营（Omni-Channel Operation）是一种以用户为中心的运营模式，（见图 6-6）它通过整合企业内外部的各类营销渠道与运营资源，形成一套高效、无缝的运营体系。其核心在于打破线上与线下、内部与外部渠道的壁垒，确保每个环节的互联互通，提升客户体验的同时实现更高效的资源利用和业务增长。

为了在全域运营中获得成功，企业必须充分整合所有渠道的数据资源。通过将客户的行为数据、购买数据、互动数据等进行统一管理，企业能够更加全面地了解客户的需求和偏好，进而制定出更为精准的营销策略。数据的打通不仅可以优化客户体验，还能够提高企业内部的决策效率。

图 6-6　全域运营布局图

二、定位会员全生命周期，私域运营"闭环 5 步曲"实践模型

私域运营落地"闭环 5 步曲"为：①场景闭环搭建；②内容中台；③数据体系；④优化迭代；⑤增长沉淀。实施"闭环 5 步曲"可以实现品牌用户价值"种草"、植入营销，赋能用户品牌心智培育和复购，持续数智化业务增长。

1.“闭环 5 步曲”实践模型之 1——场景搭建

场景搭建是第一步。常用场景搭建分为：引流场景、留存场景、订单转化场景、用户生命周期管理运营场景、触达场景、商品场景等，如图 6-7 所示。

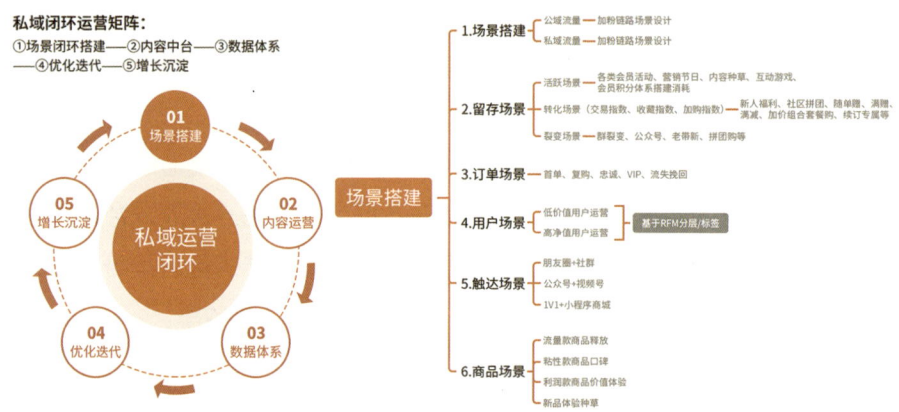

图 6-7 “闭环 5 步曲”实践模型之 1——场景搭建

场景案例 1 – 营销背景 / 目标：

（1）某快消品牌，在上了 CDP+BI+MA 系统后，运用 CDP+MA 工具基于 RFM 模型（RFM 模型是衡量客户价值和客户创造利益能力的重要工具和手段，Recency 是指最近一次消费时间，Frequency 是指一定时间内消费频率，Monetary 是指一定时间内累计消费金额）分析圈出品牌高净值用户群体，需对此类客群重点进行精细化私域闭环运营，提高此类客群人数占比及 GMV 贡献。

（2）根据 BI 分析还看出，2022 年的高净值用户中，重要唤回会员占比 4.4%，但贡献了 20.3% 的会员消费金额，具体而言，共 2416 名重要唤回会员，贡献了 1258 万的 GMV，在 2023 年里近一个季度流失较严重，那么这些重要唤回会员在 2023 则需要重点关注唤回。

唤回策略: 通过人员筛选，“CDP+MA”组合自动营销，导购 1 对 1 关怀，提升客户活跃度，如图 6-8 所示，重点流失用户召回场景下，结合数智化工具运营的示例路径。

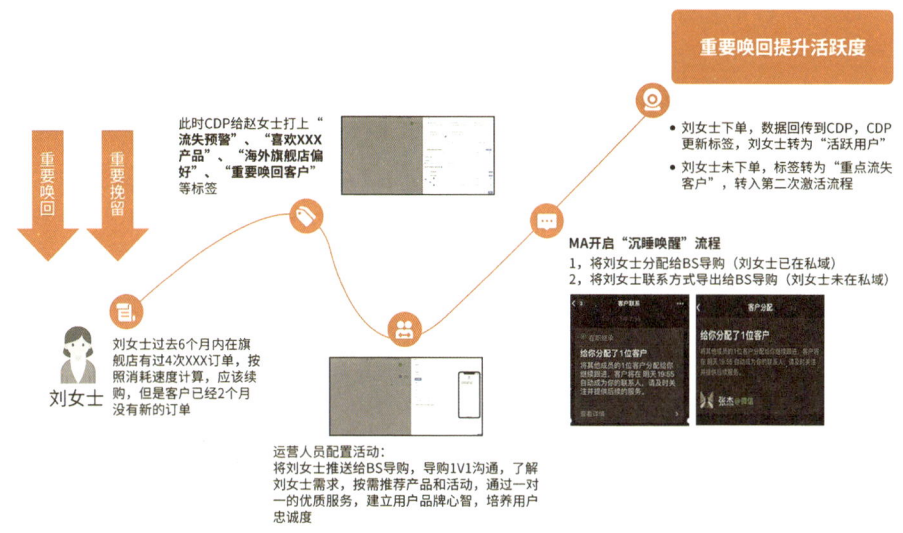

图 6-8　重点流失用户召回场景——工具 + 运营示例路径

2. "闭环 5 步曲"实践模型之 2——内容运营

内容运营主要是指建立品牌自己内容中台：根据品牌及行业特色进行内容规划，在不同场景下根据行业产品价值推荐"种草"内容、促销方案、互动游戏等。如：社群内容 SOP、视频号直播内容 SOP、公众号推文内容库、"1V1"接待话术内容 SOP、视频号内容 SOP、朋友圈内容 SOP 等，见图 6-9 所示。

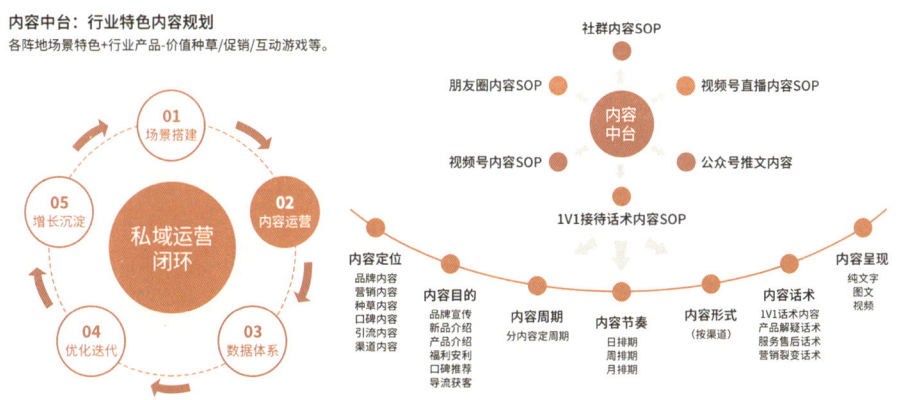

图 6-9　"闭环 5 步曲"实践模型之 2——内容运营 SOP

示例：某品牌乳业社群 SOP，如图 6-10 所示。

	周一	周二	周三	周四	周五	周六	周日
8:20 常规内容	【早间分享】热点内容、日常内容 鲜奶知识、早餐DIY专栏、生活妙招、早安问候、热点资讯等						
12:00 福利活动信息	【福利直通车】活跃高峰期，推送产品/优惠信息/福利活动 如今日折扣、续订优惠、抽奖活动、裂变活动、有奖嘛图等						
17-18点 不定期	【趣味互动】推送互动话题/好玩有趣的/产品口碑反馈 如开学必备好物分享、养牛攻略、儿童节取奶惊喜等						
20:00 福利活动信息	【福利预告】晚间高峰期，重点活动推荐 如XX活动预告、小程序活动、社群福利活动预告						

根据社群内容阶段性调研与复盘，持续迭代优化社群内容发布时间及发布频次。

图 6-10　某品牌乳业社群 SOP

3.“闭环 5 步曲”实践模型之 3——数据体系

数据体系是指，业务场景线上数据化，主要包括用户数据、商城数据、商品数据、内容数据、员工数据分析，可用于迭代私域精细化运营，如图 6-11 所示。

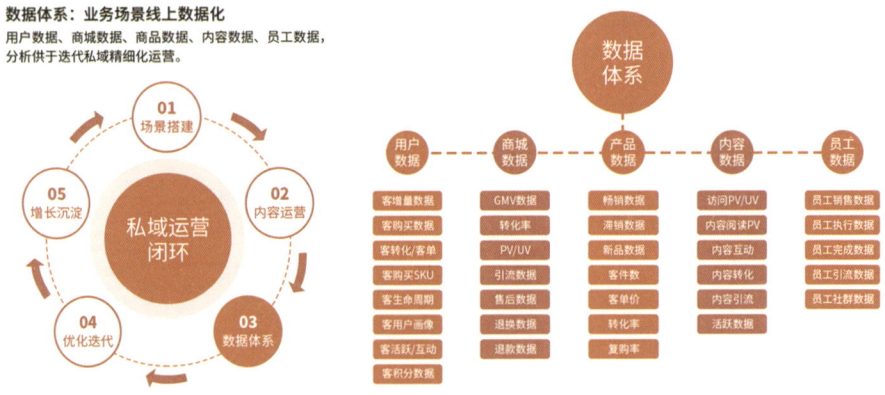

图 6-11　“闭环 5 步曲”实践模型之 3——数据体系 SOP

例如，某品牌将小程序数据埋点与 CDP+BI 系统打通后，可根据小程序上用户数据，分析出某个时间段内，用户消费购买力及登录 / 下单时间喜好，如图 6-12 和 6-13 所示。

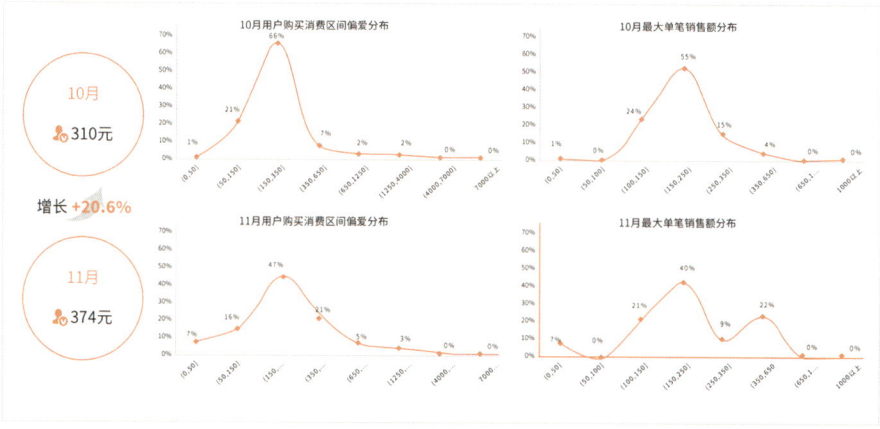

图 6-12　用户客单价、消费区间与最大单笔销售额分布情况

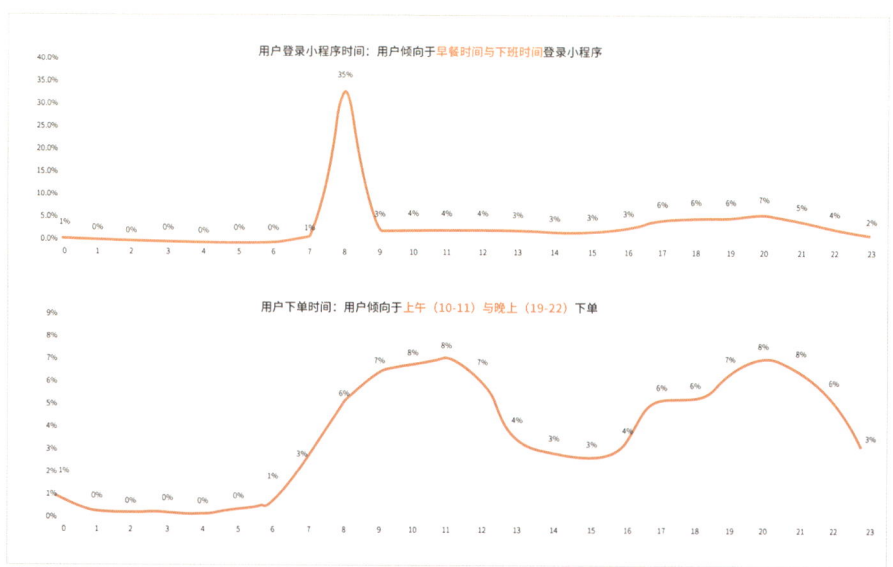

图 6-13　会员登录与下单时间分布

4.“闭环 5 步曲”实践模型之 4——优化迭代

优化迭代是指，执行路径、数据逻辑、运营模式或内容、管理模式等的迭代优化。私域有效运营关键在于可复制化（标准化复制、系统化管理复制、品牌私域 IP 模型复制），每个闭环执行动作，追踪数据结果后迭代成模型，80% 形成可复制的标准，20% 继续迭代优化，如图 6-14 所示。

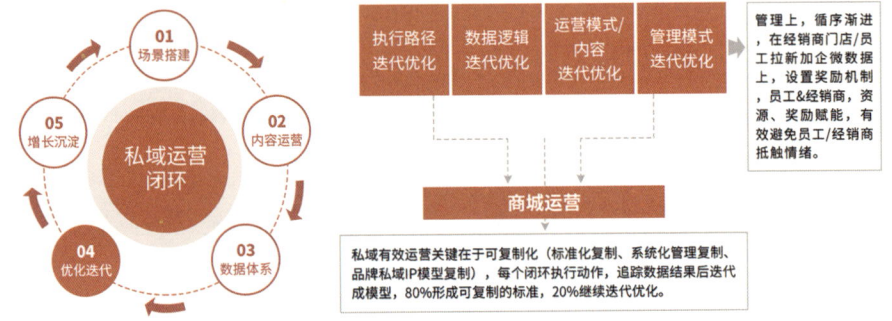

图 6-14 “闭环 5 步曲”实践模型之 4——优化迭代 SOP

例如，某品牌想基于数智引擎产品进行深度数据洞察，发现潜在问题，通过归因分析等产品能力找出关键人群，同步到 CDP 中针对该群体进行洞察与精细化运营，最后基于 CDP+BI 追踪并分析关键指标变化，验证效果，不断迭代运营策略，真正实现智能洞察直达决策与执行的闭环。场景需求：分析某门店，发现这个月的销售额下降严重，在此场景下将如何通过智能分析与运营来解决问题？分析此类问题及解决方案如图 6-15 所示。

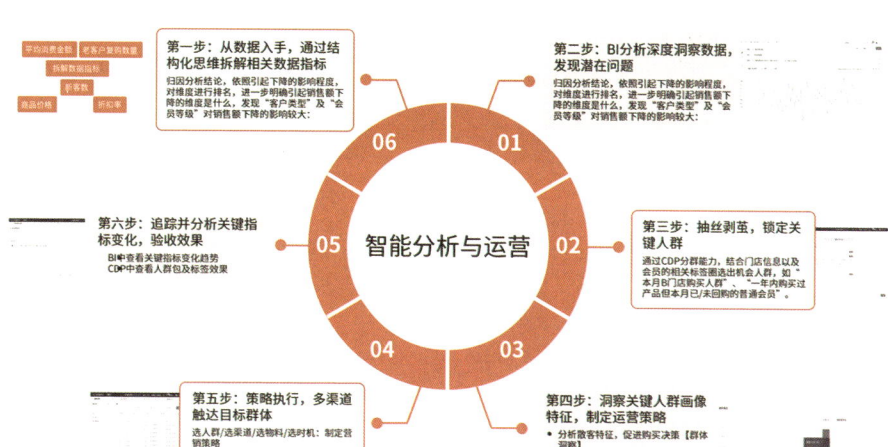

图 6-15　某门店业绩下滑原因分析及运营解决方案示例

5."闭环 5 步曲"实践模型之 5——增长沉淀

增长沉淀是私域运营的最后一步。转化增长沉淀的具体步骤包括：

（1）**完善的产品矩阵：** 私域提升增长时，短期靠链路，中期靠内容，长期靠产品，分别需要不同完善程度的产品矩阵；

（2）**体系化的社群管理与小程序联动互补：** 主要包括体系化社群活跃、高频价值内容、清晰定位、活动、直播、福利、互动、利益点 + 小程序场景化变现复购；

（3）**规模化流量导入：** 既需要存量促活，也需要渠道增量，然后有办法去留存，并促进裂变；

（4）**KOC、"粉丝"赋能体系：** 这些赋能主要包括企业相关信息的裂变、分销、转介绍、分享、"种草"；

（5）增长模型与系统管理：主要指持续复盘归因分析赋能营销决策增长，包括用户沉淀、内外部数智化系统、内外考核机制等，具体步骤如图 6-16 所示。

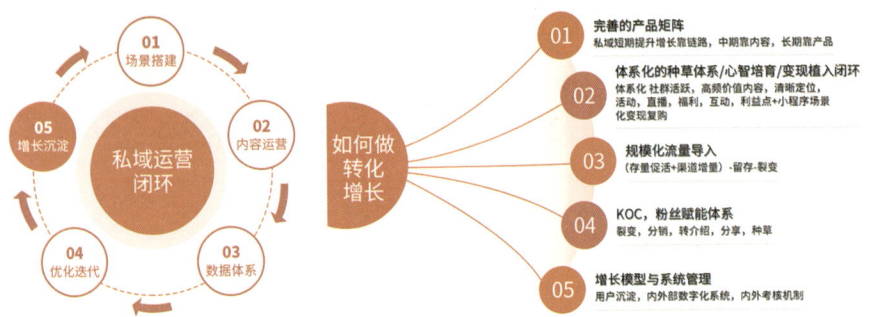

增长沉淀：如何做转化增长沉淀？
- 完善的产品矩阵：私域短期提升增长靠链路，中期靠内容，长期靠产品；
- 体系化的种草体系/心智培育/变现植入闭环：内容管理&社群管理&小程序联动互补；
- 规模化流量导入：（存量促活+渠道增量）-留存-裂变；
- KOC，粉丝赋能体系：裂变，分销，转介绍，分享，种草；
- 增长模型与系统管理，持续复盘归因分析赋能营销决策增长。

图 6-16　"闭环 5 步曲"实践模型之 5——增长沉淀 SOP

营销数智化时代运营赋能业务增长，事前有规划，执行过程／结果有数智化工具追踪复盘，基于工具采集追踪数据模型和业务场景中发现闪光点，归因定位问题所在，找到对的解决方案，加持 PDCA 工具管理（Plan 计划，Do 实施，Check 检查，Act 处理的首字母组合）。无论哪一项工作都离不开 PDCA 的循环，这是一个有效控制管理过程和工作质量的工具助力追踪增长沉淀。

某零售品牌的月度规划依次循环迭代增长案例如表 6-17 所示。

表 6-1　某零售品牌的月度规划依次循环迭代增长案例

分类	编号	报告内容	闪光点	问题点	改善方案
固定内容	1	企业微信运营	1.1　1月天猫添加转化率 14.8%，同比增长▲5.6% 1.2.企微净增××名，达成率165.9%	1.1　抖音同样内容，添加转化率 1.8% 环比▼7.7%	1.1　TP 反馈包裹卡按条码扫码出库，监测 2月转化数据，如异常做数据大盘点 1.2　月度做常规拉新
	2	社群运营	2.1　1月群成员总数××名，发过消息的群成员数××名，群互动率46.4%	2.1　红包裂变导流用户不进群	2.1　需另外规划社群增长路径，测试活动预热导流

3	GMV	3.1 1月GMV总额×××元，同比增长▲220.1%	3.1 客单价环比下降▼19.6%（×××*4盒特价50元拉低客单）	3.1 更换礼盒组合价格，品类高频带低频
4	消费者反馈VOC-产品侧	4.1 ×××产品心跳加快，身体异常4.2 服用××300g精神比之前好		4.1 暂无（定向问题已及时反馈跟进处理）
非固定内容 1	小年纳福活动	1.1 "小年纳福抢红包"，参与人数××名，新增进群××名，中奖人数××名，兑换××名	1.1 活动统计手气最佳，人数不变	1.1 入群抢红包：1. 进群参与活动，测试形式有效，后期加宣发次数，带上群活码
2	福兔迎新，开箱有礼	2.1 参与人数××名，登记兑换××名	2.1 素材沉淀	2.1 素材沉淀，用于朋友圈内容栏目#来自参宝的反馈2.2 开箱有礼测试形式有效，用户参与度较高，可复用

三、打造高转化的创新型私域电商

随着电商行业的不断演变，私域电商正逐步成为企业的重要营销战略之一。相较于公域电商，私域电商在用户管理、营销效果、成本控制等方面展现了独特的优势。下面将详细分析私域电商与公域电商的差异性、优势，并探讨如何构建和创新高效的私域电商模式。

公域电商是指企业通过外部流量平台（如淘宝、京东、拼多多等）获取用户，并进行产品销售。这种模式依赖于第三方平台的流量资源，企业需要通过广告投放、促销等方式获取用户，并按照平台规则运营和推广。

私域电商是指企业通过自有渠道（如微信公众号、企业 App、社交媒体群、用户社群等）管理用户并进行销售。私域流量是企业可以重复利用的用户资源，企业可以通过精细化运营提高用户价值，不再完全依赖于外部平台的流量供给。

公域电商的主要特征在于平台导向，即企业通过第三方平台获取流量和用户。其优势在于平台本身的流量基础庞大，企业可以快速获得曝光机会，特别是在大型促销活动期间，可以短期内实现高销量。然而，这种模式也存在一定的局限性：

流量成本高：企业需要不断购买平台流量或广告位来获取用户，长期依赖外部流量，导致获客成本逐年攀升。

用户不归属企业：公域平台的用户数据归属于平台，企业无法对用户进行长期运营和精细化管理，一旦停止广告投入，流量来源也会断裂。

竞争激烈：公域平台上有大量商家竞争，同类产品之间的价格战非常激烈，导致利润空间不断被压缩。

私域电商则通过企业自有渠道进行用户管理和运营，逐渐成为更具可持续性的模式。相比公域电商，私域电商在以下方面具备明显优势：

流量可沉淀、成本可控：在私域电商中，企业可以通过社交媒体、社群、独立 App 等自有平台，将用户引入"自有流量池"。这些用户是企业的沉淀资产，不需要重复购买流量，企业可以通过精细化运营持续转化，降低了长期的流量成本。

用户数据掌握在企业手中：私域电商的一个显著优势是，企业掌握了用户的详细数据，包括用户行为、购买习惯、兴趣偏好等。通过对这些数据的分析，企业能够制定更加精准的营销策略，实施个性化推荐，提升客户体验和转化率。

长期互动与用户忠诚度提升：私域电商强调与用户的长期互动，通过定期的推送、社群互动、个性化服务等方式，企业可以不断增强用户的黏性和忠诚度。这种长期关系可以提高客户的复购率，并通过口碑效应扩展用户群体。

精细化运营与转化效率更高：企业在私域电商中可以通过更精细的用户分层运营（如会员体系、积分体系、社群运营等）进行精准营销，从而提高整体的转化效率。相较于公域电商的粗放式营销，私域电商能更加个性化地满足用户需求，提升用户满意度。

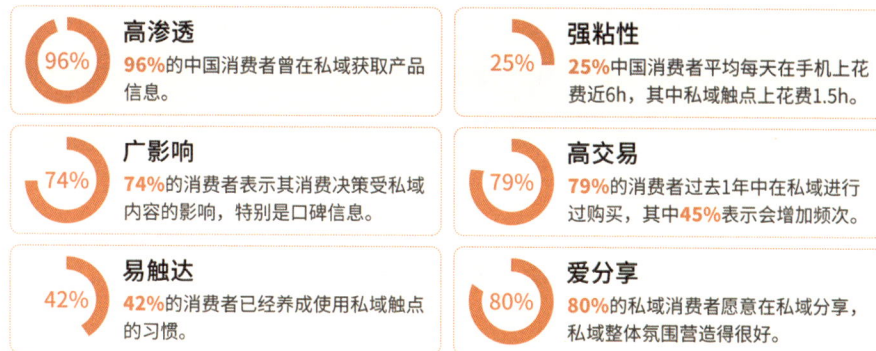

图 6-17　私域电商优势

1. 数据驱动的私域用户运营

私域电商的成功依赖于对用户数据的充分挖掘和精细化管理。通过收集用户的行为数据（如浏览、购买、互动等），企业可以构建详细的用户画像，进行个性化营销。

数据采集与整合：企业可以通过微信公众号、小程序、社群、企业 App 等渠道获取用户数据，并将数据整合到一个统一的平台，进行用户分层、标签化管理。

用户分群与精准推送：根据用户的生命周期、消费习惯等特征，将用户划分为不同群体，进行定制化的营销推送。精准的用户分群和个性化推荐能够显著提高转化率。

2. 多渠道触达与用户沉淀

企业可以通过多渠道引导用户进入私域流量池，从而进行持续的运营和维护。

社群运营：社群是私域电商的重要载体之一。企业可以通过微信、钉钉等社交工具建立品牌社群，定期发布活动信息、新品推送、优惠活动等，与用户保持持续互动。

直播与短视频：直播带货和短视频营销是当下私域电商中的高效转化工具。企业可以通过直播与用户互动，实时解答疑问，并引导用户购买产品。

短视频则可以生动展示产品特性，吸引用户的兴趣。

会员体系： 建立完善的会员体系，给予用户特定的会员权益，如专属折扣、积分兑换等，能够提高用户的黏性和复购率。

3. 内容营销与持续互动

私域电商的一个重要特点是与用户的持续互动和高频次的触达，这可以通过内容营销来实现。

优质内容创造： 内容营销是私域电商中的关键策略之一。企业需要根据用户的兴趣和需求，创造与产品相关的优质内容，保持用户的关注度。比如，定期发布新品评测、使用教程、品牌故事等内容，能够让用户在日常生活中持续与品牌保持联系。

社交互动与裂变： 私域电商中的裂变机制能够帮助企业快速扩展用户群体。例如，企业可以设计裂变优惠券、分享有礼等活动，激励用户分享商品或活动链接，吸引新的用户进入私域流量池。

4. 自动化工具的应用

随着用户数据量的增加，企业可以通过引入自动化工具实现精细化管理和高效运营。

营销自动化工具： 借助 CRM 系统和营销自动化工具，企业可以自动化地进行用户分层管理、信息推送、活动跟进等。自动化工具还能帮助企业进行 A/B 测试，优化营销活动的效果。

客户管理与售后服务： 在私域电商中，客户关系管理（CRM）系统至关重要。通过 CRM 系统，企业可以记录用户的历史购买数据、反馈信息等，提供个性化的售后服务，提升用户体验。

5. 社交 + 电商的深度融合

未来，私域电商将更多地依赖于社交平台的深度融合。通过整合社交平台（如微信、抖音等）的社交属性与电商属性，企业能够在社交互动中引导用户进行购买，实现社交＋电商的双重效应。企业可以通过用户生成内容（UGC）和关键意见领袖（KOL）推动产品的社交传播和口碑营销。

人工智能（AI）将在私域电商的创新中扮演重要角色。企业可以通过 AI 技术，进一步提升用户的个性化体验。例如，AI 可以根据用户的浏览和购买行为，进行智能推荐，推动转化。同时，AI 技术还可以应用于客户服务，通过智能客服、聊天机器人等方式，提升用户体验并降低运营成本。

随着短视频和直播的流行，企业可以通过创新的直播形式来增强用户互动。例如，企业可以通过沉浸式的直播体验（如虚拟试穿、AR 展示等），让用户在观看直播时直接感受产品的特点，激发购买欲望。短视频方面，企业可以通过创意视频内容，吸引用户参与讨论和分享，促进品牌的快速传播。

四、引爆社媒平台增长

在当前的数字化时代，社交媒体平台已成为企业营销战略的重要组成部分。随着用户日益依赖社交平台获取信息、互动以及消费决策，如何有效利用社媒平台推动品牌和业务的增长，成为营销数智化转型中的核心课题。通过对社媒平台的深度运营，企业可以实现用户的精准获取、互动提升以及品牌的广泛传播，进而引爆社媒平台的增长。

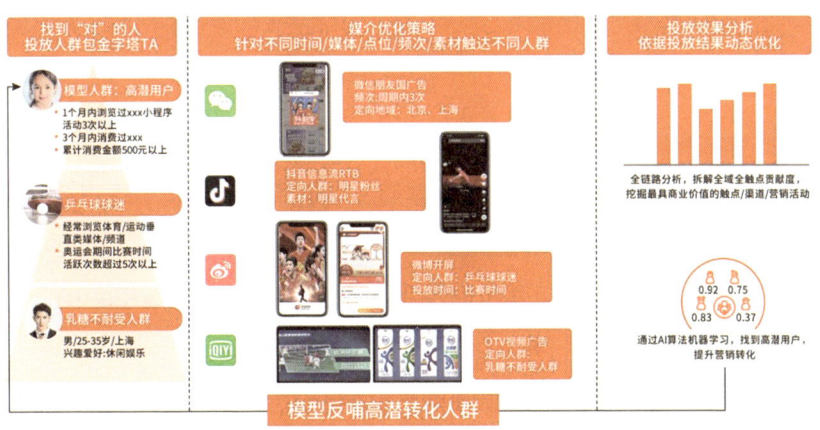

图 6-18　社媒平台增长策略

1. 内容驱动的社媒增长

在社交媒体平台中，内容是吸引用户、保持活跃度的关键因素。优质内容不仅能激发用户的兴趣，还能带动用户的互动和分享，形成自发传播的效果。企业应结合平台的内容形式（如短视频、图文、直播等）进行内容创新，并通过与用户需求的紧密结合，打造具有吸引力和共鸣感的内容体系。

UGC（用户生成内容）的利用： 用户生成内容是企业提升社交媒体影响力的重要方式之一。通过激励用户自发创作并分享与品牌相关的内容，企业能够大幅提升社交平台的用户参与度和忠诚度。此类内容不仅能够增强品牌的可信度和亲和力，还能有效扩展品牌的传播范围。

2. 数据驱动的增长策略

数据是推动社媒平台增长的关键资源。在营销数智化转型中，企业可以通过对社媒平台数据的实时分析，优化运营策略。借助社交媒体分析工具，企业能够了解用户画像的行为、兴趣偏好、互动模式等关键信息，从而调整内容、推广渠道和广告策略，确保营销资源的最佳配置。

社媒 ROI 优化： 通过数据分析，企业可以精确计算每一笔投入的回报，进一步优化广告投放、内容发布频率以及用户互动方式。针对社交媒体的增长目标，企业能够实时调整各项运营指标，确保增长策略的可持续性和高效性。

3. 社交媒体与全域运营的融合

社媒平台的成功运营并非独立存在，而是与全域运营密切相关。在全域运营的框架下，社交媒体与其他营销渠道（如电商平台、线下门店、官网等）形成紧密的联动，构建起从用户触达、转化到留存的完整闭环。例如，企业可以通过社交媒体引流至自有电商平台，并通过个性化推送和会员系统进行后续转化与留存。

多渠道协同效应： 全域运营强调各渠道的协同作战。社媒平台的内容推广可以通过与其他渠道的数据共享和策略对接，形成更广泛的品牌传播和更深层次的用户触达。例如，社媒内容可以与电商平台的产品推荐、促销活动进行联动，实现流量的最大化转化。

4. 借助 KOL 与社媒红利引爆增长

在社媒平台上，KOL（关键意见领袖）和红人经济是企业快速引爆增长的重要手段。通过与具有影响力的社媒达人合作，企业可以在短时间内吸引大量关注，并通过 KOL 的信任度和影响力，带动用户对品牌的认知和认同。尤其是在抖音、快手等短视频平台上，KOL 带货模式已经成为驱动销量和品牌增长的有效方式，如图 6-19 所示。

精准的 KOL 选择与合作： 企业在选择 KOL 时，需要根据品牌定位、目标市场以及 KOL 的粉丝群体特征，进行精准匹配。通过选择与品牌调性契合、粉丝参与度高的 KOL 合作，企业可以最大化地发挥社媒红利的作用。

图 6-19　KOL 与社媒红利引爆增长示意图

引爆社媒平台的增长，既需要内容创新和用户参与，也离不开数据驱动的精准策略和多渠道协同作战。通过整合社交媒体与企业的全域运营，企业可以建立起稳固的社媒生态系统，实现营销数智化转型中的可持续增长。

第 7 章

数据资产：AI+CDP，发挥企业数据资产价值

一、统一管理全渠道客户资产

二、清晰的客户画像，精准的营销政策

三、CDP+MA 营销自动化

四、企业如何选择适合自己的 CDP 产品

营销数智化转型中，全面而有效地管理好用户资源，对于积累优势用户资源，提升用户体验，增加用户黏性，扩大用户复购等起着重要作用。其中，主要包括客户池治理、多渠道用户信息收集及统一用户账户体系的管理等。

近几年，随着人工智能技术的飞速发展，AI+ 在推动各行各业的变革。在这一背景下，"AI+" 模式逐渐成为企业技术战略中的关键组成，同时也在深刻影响着企业如何管理和利用数据资产。

其中，人工智能与客户数据平台（CDP）的结合，即"AI+CDP"模式，尤其引人瞩目。这种结合为企业带来了前所未有的机会，使得企业能够更好地管理和利用数据资产。通过 AI 的强大分析能力，企业可以深入挖掘 CDP 中的海量数据，实现个性化的用户体验，优化市场营销策略，从而大幅提升数据资产的价值。

"AI+CDP"模式不仅仅是技术的简单叠加，更是通过 AI 技术对 CDP 数据的智能分析，帮助企业快速响应市场变化，精准预测用户需求。这种模式的广泛应用，将在未来的企业竞争中发挥重要作用，成为推动企业数字化转型的核心驱动力。

一、统一管理全渠道客户资产

客户资产是企业在维护和发展长期客户关系的过程中积累起来的一个包含现有及潜在客户的各种有价值的资源，同时对每一类客户的基础信息、消费行为、客户偏好、忠诚度等进行收集、整理、分析和加工的数据集合。其目的是帮助企业更好地理解客户需求，还能帮助企业制定更有效的营销策略，提升客户满意度和忠诚度，进而推动企业的长期增长。所以，在现在的商业环境中，客户资产是一种资源，也是企业赖以生存和发展的根本。

同时企业客户数据作为开展营销工作和销售活动的重要数据来源，扮演着核心角色。通过收集和整合来自不同渠道的客户信息，企业可以方便地通过企业管理软件建立"客户档案"，对其进行信息管理和分析，及时掌握客户动态，以便更好地进行市场开发、市场维护、产品服务等工作。所以多渠道用户数据收集对于现代企业的市场营销和销售活动至关重要，它为企业提供了深入了解客户、提升竞争力的关键工具。

随着 AI 赋能的深入，营销重心逐渐从单纯的流量转移到了留量上。我们越来越意识到，流量不再是评估产品成功与否的唯一标准。那么，如何通过 AI 技术获取更多优质用户？如何借助 AI 深度挖掘出对营销真正有价值的用户？这些问题逐渐成为营销人员关注的焦点。

如何分析企业的现状，以及找到企业的业务目标和业务特点，并与 AI 相结合，从而找到最有效的途径来获取用户的数据信息，也是企业关注的核心问题，基于客户数据分布在多渠道、多生态、多类型、多终端的场景，Marketingforce'AI+CDP'提供多类型数据源对接方案，规范的数据清洗模型以及数据处理模型，详见图 7-1：

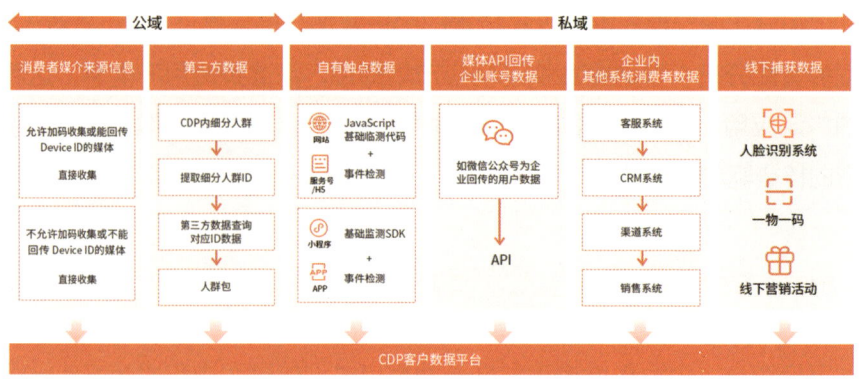

图 7-1　全渠道用户数据收集

1. 活动用户数据收集

在当今数字化时代，人工智能（AI）在活动数据收集与管理中的应用正日益成为提升营销效率和精准度的关键因素。通过运用先进的 AI 技术，活动组织者能够从用户在不同社交平台上的行为数据中提取深层次的洞察。

例如，当参与者在观看活动相关视频时，他们与内容的互动——如点击视频角落的分享或订阅等按钮——该行为可以被 AI 系统捕获并分析，以量化用户参与度和内容的吸引力。AI 算法能够识别这些行为模式，从而为组织者提供关于用户偏好和行为趋势的实时反馈。此外，通过情感分析和用户行为预测模型，AI 能够进一步预测用户对特定内容的反应，为活动策略的调整提供数据支持。

2. 线下门店用户数据收集

线下门店可以为你提供更多有价值的数据，因为线下用户更可能在门店中消费，并且他们在店内停留的时间也较长。例如，如果你在当地购物中心开设了一家咖啡店，那么就可以通过一系列的方式收集到一些用户信息，以了解他们喝咖啡时的选择、对咖啡的喜好以及他们对哪些产品更加满意。

通过门店导购的互动与消费者的门店动线分析，结合 AI 技术的应用，我们可以进一步挖掘用户喜好以及购物心理等相关的数据。例如，使用智能摄像头和传感器来追踪顾客在店内的移动路径，分析哪些区域吸引了最多的注意力，或者哪些产品受到了更多关注。

3. 自媒体渠道用户数据收集

自媒体渠道用户数据是一种新兴的用户互动和数据收集渠道，它不仅仅是一种新的用户获取途径，更是一种全新的运营模式，旨在提高用户参与度和产品转化率。通过自媒体渠道，企业可以与用户建立更为紧密的联系，更好地了解并解决用户在日常生活中遇到的问题，同时也能够收集用户的反馈和建议。

这种模式可以将自媒体渠道转化为一个双向沟通的平台，让用户感到自己的声音被重视，同时也为企业提供了一个获取用户相关信息或产品相关信息并与之互动交流的渠道。例如，通过社交媒体、博客、论坛等自媒体平台，企业不仅可以发布内容来吸引用户，还可以通过评论、私信等方式收集用户的反馈和建议，进一步优化产品和服务，提升用户体验。

4. 社交媒体用户数据收集

社交媒体作为现代生活的一个重要组成部分，不仅改变了人们的交流方式，也成了数据收集和分析的宝库。在举办活动或进行市场营销时，社交平台上用户的行为数据尤其具有价值。通过运用先进的数据处理技术和人工智能（AI）能力，我们可以从这些数据中提取出宝贵的洞察。

社交媒体平台有着丰富的用户行为数据，包括用户的互动（如点赞、评论、分享）和内容发布习惯。这些数据可以通过 AI 技术进行深入分析，以识别用户的兴趣、偏好和潜在需求。例如，通过分析工具，我们可以了解用户对某个活动或品牌的情感倾向，从而调整营销策略以更好地吸引目标受众。

5. 三方店铺用户数据收集

随着数字经济的快速发展，越来越多的企业开始在第三方电商平台上构建店铺矩阵。通过这些不同渠道的多个店铺，企业能够收集和整合大量会员数据，深入了解用户在店铺中的行为轨迹以及他们购买的产品和服务。然而，数据的真正价值在于通过 AI 的深度分析，企业能够挖掘出消费者购买行为和态度背后的更多信息，从而获得更全面的用户洞察。

同时第三方电商平台数据也可以助力精准营销。现在的数智化技术在营销环节已经能够非常通畅地实现多方数据回流，第三方电商的用户数据（会员、订单、积分）以及交易用户标签（CID 通路）数据能够为企业的精准营销策略设定提供完整的数智化资产支撑。

通过 AI 赋能的精准营销，企业不仅可以更精确地定位潜在客户，还能够实时调整营销策略，提升营销效率和投资回报率。AI+ 电商数据的结合，使得企业在竞争激烈的市场中，不再只是依赖单一的营销手段，而是通过数据驱动的智能化营销，赢得更多客户的信赖与忠诚。

6. 私域流量平台用户数据收集

在这个私域流量平台上，您可以进行深入的用户数据收集和分析，如图 7-2 所示，从而洞察用户行为和偏好。通过这些数据，您可以及时地获得市场反馈，并将这些宝贵的信息直接应用于产品迭代和服务优化。这种敏捷的反应机制，确保了您的产品或服务能够快速适应市场变化，满足用户需求。

更进一步，私域流量平台的数据分析功能还能帮助您制定更加精准的营销策略。AI 技术的应用，如自然语言处理和机器学习，可以对用户的反馈和互动进行智能分析，预测市场趋势，从而指导您的营销活动更加高效地触达目标受众。

此外，私域流量平台的另一个优势在于数据的自主控制和持续增长。您的数据资产将在这个平台上不断积累和更新，形成丰富的用户画像和行为数据库。这不仅有助于提升营销活动的个性化水平，还能为产品创新提供数据支持，推动企业持续发展和竞争力提升。

数据源	重要等级	获取难度	获取方式	接入方法
消费者媒介来源数据	★★☆	—容易—	需要媒体回传或自己收集	允许加码收集或回传deviceID的媒体直接收集到CDP	不允许的媒体,利用link tag在各个触点内收集相关数据
第三方数据	★☆☆	—适中—	提供数据的供应商,以人群包画像的方式提供	CDP输出分人群ID至第三方DMP做Mapping,然后以人群包画像的方式传回CDP
自有触点数据	★★★	—容易—	通过运营,设置激发消费者互动的有效触点	加入基础监测的JavaScript代码或SDK,并与事件监测相配合
媒体API回传企业触点数据	★★★	—适中—	只有微信公众号等部分媒体开放提供	通过API回传
平台大数据消费者数据	★★★	—容易—	企需要内部系统的协同,需要数据打通	通过FTP、API等上传
线下消费者数据	★★☆	—适中—	需要设置线下触点或传感器收集数据	通过FTP、API等上传

公域　私域

图 7-2　渠道用户数据分析

二、清晰的客户画像，精准的营销政策

1. 客户画像的定义

客户画像是指通过对客户的基本信息、行为路径、偏好、需求以及其他相关信息的收集和分析，形成的一个详细的、代表性的客户形象或档案（见图 7-3）。它是市场营销和客户服务领域常用的一种工具，用于帮助企业更好地理解目标客户群体，从而制定更为精准有效的营销策略和服务方案。

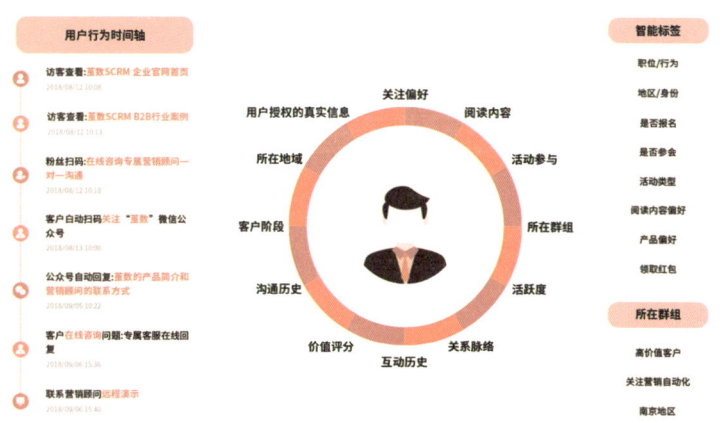

图 7-3　完善的客户画像体系

2. 客户画像的作用

客户画像是连接企业与客户的桥梁，通过它企业可以更好地理解客户，进而提供更加符合客户需求的产品和服务，最终实现业务增长和客户满意度的双重提升，主要体现在以下几个方面：

精准营销： 通过了解目标客户的特征和需求，企业可以设计更具针对性的营销活动，提高广告和推广信息的相关性和吸引力。减少对不感兴趣或不符合目标市场的潜在客户的打扰，提高营销效率和 ROI（投资回报率）。

产品和服务优化： 明确客户的具体需求和痛点，有助于企业改进现有产品或服务，并开发新的解决方案来满足市场需求，提升用户体验。甚至还可以帮助企业预测客户的未来需求，提前布局产品设计战略，以在变化发生之时做出响应。

提升客户体验： 了解客户的偏好和行为模式，可以帮助企业提供更个性化的服务和支持，从而增强客户满意度和忠诚度。

市场细分： 通过识别不同的客户群体及其独特属性，企业可以更有效地进行市场细分，针对每个细分市场制定专门的战略，从而更好地定位自己在市场中的位置，并找到最具潜力的目标客户。

销售策略调整： 销售团队可以根据客户画像的信息调整其销售方法和技术，更好地与不同类型的客户沟通，更有效地与潜在客户建立联系并促成交易。

品牌形象建设： 对目标受众有深刻的理解，可以帮助企业塑造更加相关、吸引人且清晰的品牌形象，进而助于品牌在客户心中建立信任和认同感，形成定位。

内部协作： 客户画像作为一种共享资源，可以促进跨部门之间的沟通和协作，确保所有团队都朝着相同的目标努力，有助于确保营销、产品开发、销售和服务团队之间的一致性。

决策支持： 基于客户画像的数据分析可以为企业提供有价值的洞察，帮助高层管理者做出基于事实的决策，以更好地制定长期战略规划至关重要。

3. 客户画像的分类

（1）个体画像

个体画像是指针对单个用户或客户的详细描述，它包含了这个用户的个人属性、行为模式、偏好、需求以及其他相关信息。个体画像通常用于更深入地理解和满足特定用户的需求，尤其是在个性化服务、精准营销以及产品定制化等领域。

构建个体画像的主要目的是帮助企业更好地定位和服务于每个独立的用户。这有助于提升用户体验，增加用户满意度和忠诚度。下面是构建个体画像的一些关键组成部分：

基本信息： 包括姓名、年龄、性别、职业等基本信息。地理位置、教育背景、婚姻状况等。

行为数据： 用户的行为习惯，比如使用产品的频率、偏好设置、购物历史等。在线行为，例如浏览记录、搜索历史、社交媒体活动等。

兴趣和偏好： 用户的兴趣爱好、生活方式、价值观等。对特定类型的产品或服务的偏好。

（2）群体画像

群体画像是指对一组具有相似特征的人群进行概括性地描述和分析。这种描述通常基于该群体共有的属性、行为、偏好等特征。群体画像可以帮助组织或企业在市场营销、产品开发、客户服务等方面做出更加有针对性的决策。

群体画像的价值在于它们能够帮助组织理解不同群体的需求和偏好，从而更好地定位市场、制定营销策略并优化产品或服务。例如，在市场营销领域，通过群体画像，企业可以识别哪些特定群体对某种产品或服务最感兴趣，并针对这些群体开展更具针对性的广告活动。

下面是构建群体画像的一些关键组成部分：

基础属性数据： 包括用户属性，用户标签和用户分群的数据

行为数据： 基于用户的行为的事件，比如使用产品的频率、偏好设置、购物历史等。在线行为，例如浏览记录、搜索历史、社交媒体活动等。

交叉分析数据： 基于用户属性之间的交叉对比，来找到特殊的用户特征，比如城市和购买品类的对比分析可以找到品类和城市的契合度。

三、CDP+MA 营销自动化

随着数字技术的飞速发展，大型企业纷纷踏上了数字化转型的征程。这一转型不仅仅是技术的升级，更是企业经营理念和运营模式的全面革新。在这一过程中，如何全域触达用户，实现与用户的全方位互动，成为企业关注的焦点。全域营销的必要性日益凸显，而 CDP+MA 营销自动化框架的构建，也逐渐成为行业追寻的方案。

在这样的背景下，营销自动化（MA）平台顺应成为企业数字化转型的重要支点之一。本章我们将深入探讨 MA 平台的工作原理、关键特性以及如何与 CDP 相结合，实现营销自动化的全过程。通过对 MA 的深入理解，企业将能够更好地把握数字化转型的脉搏，赢得市场竞争的先机。

1. MA 营销自动化平台概述

营销自动化（Marketing Automation，简称 MA）如图 7-4 所示，是借助软件来完成重复性营销任务的技术与过程。其核心功能涵盖创建、管理及自动化定向营销活动，还包括对潜在客户进行评分与细分。

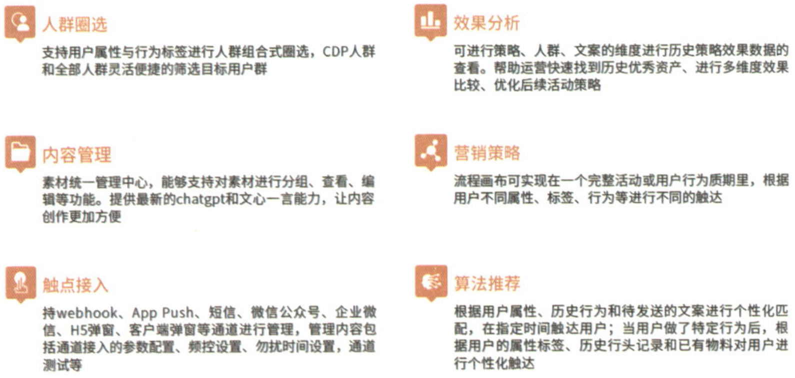

人群圈选
支持用户属性与行为标签进行人群组合式圈选，CDP人群和全部人群灵活便捷的筛选目标用户群

效果分析
可进行策略、人群、文案的维度进行历史策略效果数据的查看。帮助运营快速找到历史优秀资产、进行多维度效果比较、优化后续活动策略

内容管理
素材统一管理中心，能够支持对素材进行分组、查看、编辑等功能。提供最新的chatgpt和文心一言能力，让内容创作更加方便

营销策略
流程画布可实现在一个完整活动或用户行为周期里，根据用户不同属性、标签、行为等进行不同的触达

触点接入
持webhook、App Push、短信、微信公众号、企业微信、H5弹窗、客户端弹窗等通道进行管理，管理内容包括通道接入的参数配置、频控设置、勿扰时间设置，通道测试等

算法推荐
根据用户属性、历史行为和待发送的文案进行个性化匹配，在指定时间触达用户；当用户做了特定行为后，根据用户的属性标签、历史行为记录和已有物料对用户进行个性化触达

图 7-4　MA 核心功能介绍

在数字化转型进程中，MA 营销自动化起着举足轻重的作用。一方面，通过精准的营销策略与自动化执行方式，可为客户提供更高品质、便捷且贴心的服务，进而大幅提升客户满意度与忠诚度。另一方面，它能自动化处理繁琐的营销任务，加速销售周期，提高销售效率，同时减轻营销人员负担，使其专注于更具价值的工作。此外，自动化的营销任务能帮企业节省大量人力和财力成本，优化营销预算与运营效果，实现更高效的营销投入与产出。

2. CDP+MA 的整合优势

营销自动化平台堪称时间管理大师。它能自动完成重复性任务，有效减少人为错误，大幅提升营销成效。有了它，企业无需再亲力亲为地处理所有繁琐工作，从而能够将更多精力投入到更具战略意义的事务中，例如精心规划和设计营销活动、明确目标、深入市场研究、确保品牌高度一致以及精准衡量关键绩效指标（KPI）等。

CDP 犹如一座数据宝库，能够为企业提供完整且精准的客户档案，助力企业深度洞察客户需求与兴趣点。而 MA 则可充分借助这些宝贵数据，制定出极具个性化的营销策略。

当 CDP 与 MA 携手合作，企业便能更敏锐地捕捉市场机遇。从千篇一律的推送，华丽转身为"千人千面"的自动化、多渠道触达，进而显著提升投资回报率（ROI），在竞争激烈的市场中牢牢占据优势地位（见图 7-5）。

图 7-5　CDP 与 MA 联动示意图

以下是 CDP 和 MA 协同作战的关键步骤：

（1）数据采集与整合： CDP 勇挑重担，从众多渠道（如网站、APP、CRM、社交媒体等）广泛收集客户数据，其中包括用户行为数据、交易信息以及互动数据等。这些数据经过整合与清洗后，形成清晰统一的视图，为后续的深入分析与广泛应用筑牢根基。

（2）用户画像构建： CDP 利用整合后的丰富数据，精心构建全面细致的客户画像，涵盖用户的基本属性、行为习惯、独特偏好等多维度信息。这为企业深入了解客户需求与行为模式提供了有力依据。

（3）数据应用与营销策略制定： MA 借助 CDP 提供的海量客户数据与精准画像，因地制宜地制定个性化营销策略。MA 工具能够依据客户的不同特征与行为表现，巧妙设计出定制化的营销活动。

（4）营销活动执行： MA 按照既定的营销策略，有条不紊地自动执行营销活动，如发送极具个性化的邮件、及时推送通知、精准投放社交媒体广告等。这些活动旨在全力提升客户参与度与转化率。

（5）数据反馈与优化： MA 在执行营销活动后，迅速收集反馈数据，如打开率、点击率、转化率等关键指标。这些数据再次反馈给 CDP，用于进一步充实客户画像并持续优化营销策略。

（6）闭环优化： CDP 与 MA 的紧密结合构建起一个高效的闭环系统。企业通过数据分析敏锐发现问题，精心制定策略，果断执行营销，准确评估效果，并不断优化运营。

在整个流程中，CDP 主要负责数据的整合、管理以及提供全景式视图，而 MA 则专注于基于这些数据执行精准的营销活动与策略。两者的完美融合，能够助力企业实现更加高效的营销自动化，全面提升客户体验，最终成功提高营销 ROI。

CDP 与 MA 的组合是企业在数字化营销时代的强大武器，能够帮助企业更好地理解客户、优化营销决策、提高营销效果，实现可持续的业务增长。

3. 营销自动化的应用场景

营销自动化不仅仅是一种技术进步，它是解决现代营销挑战的一把钥匙。它通过自动化重复性任务、提供深入的客户洞察，以及实现个性化的营销策略，帮助企业克服资源限制，提高营销效率，同时增强与客户的连接。

（1）客户细分与个性化营销

企业可以通过营销自动化工具对客户进行细分，根据客户的行为、偏好和历史互动记录来设计个性化的营销活动。例如，电商平台可能会对浏览过某一商品类别但未购买的用户自动发送相关商品的优惠券和推荐，以提高转化率，如图 7-6 所示。

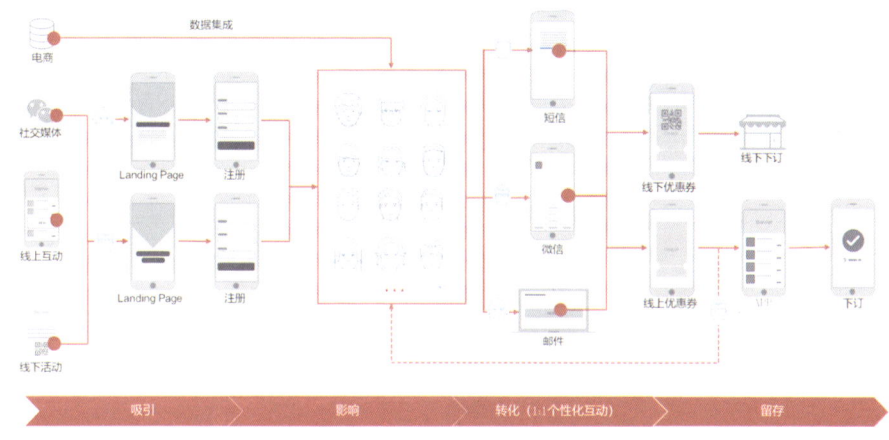

图 7-6　个性化营销路径

（2）基于用户触发行为的及时响应

用户在平台上的特定行为（如搜索、浏览、加入购物车等）会触发 MA 工具，及时响应和推进流程，给予用户更好的使用体验，如图 7-7 所示。

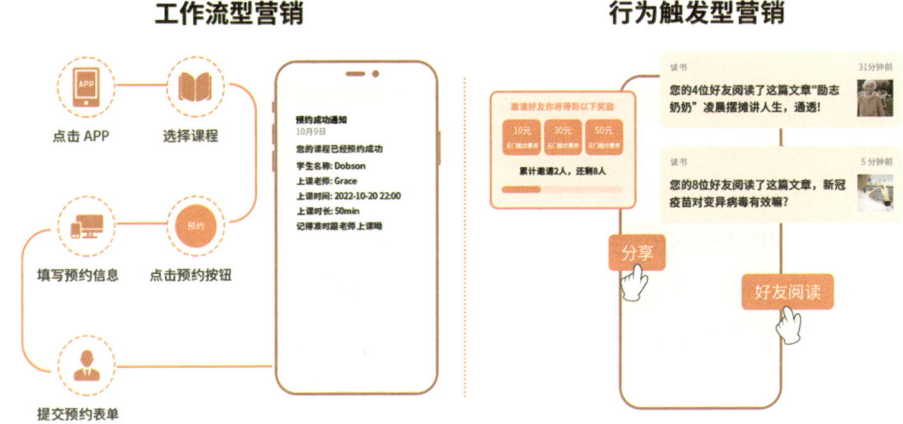

图 7-7　基于用户触发行为的及时响应

（3）流失客户挽回

对于一段时间内未与企业互动的客户，营销自动化可以触发自动发送挽回邮件或短信，提供特别优惠或关怀信息，以尝试重新激活这些客户，如图 7-8 所示。

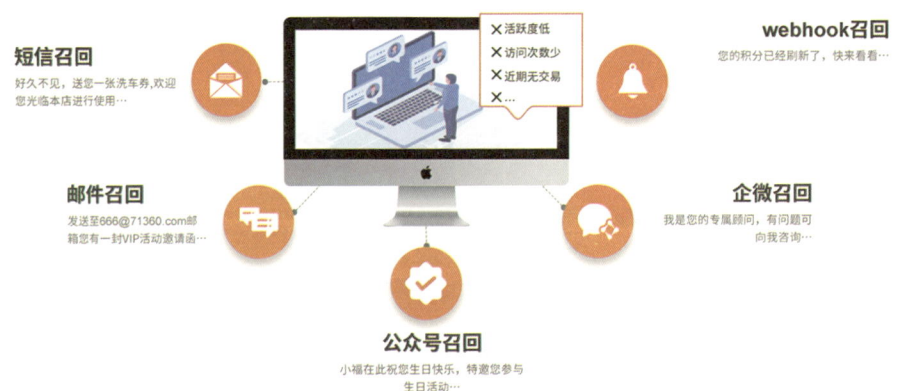

图 7-8　流失客户挽回策略和动作

4. 成功案例分析

案例一： 某公司为本土老牌大型连锁超市，在全国范围内拥有上千家门店。在营销自动化的应用进程中，该公司高度重视数据的真实性与完整性，成功打通线下门店与线上 app/ 小程序等多场景，大力增强技术团队的实力以及协同性，进而实现了全链路数字化的转型升级，重塑业务增长态势，如图 7-9 所示。

图 7-9 某大型连锁超市的数智化转型

案例二： 某品牌作为新锐美妆品牌，客单价相对较低，面临着激烈的同质化竞争，消费者的注意力极易被分散和转移。因此，通过行为触发营销来提升营销的精准性，对于提升消费者粘性和复购率而言至关重要，如图 7-10 所示。

图 7-10 某美妆新锐品牌的数智化流程

在消费者需求日益多元化的今天，客户更加渴望获得与自身需求高度匹配的定制化内容和服务。未来的营销自动化将更加注重客户体验和服务，通过深入了解客户的行为、兴趣、偏好等信息，为客户提供高度个性化的营销内容和服务。

同时，个性化的客户服务也将成为营销自动化的重要组成部分。通过智能客服系统和自动化的客户服务流程，为客户提供快速、准确、个性化的服务响应将成为企业决胜市场的杀手锏。

四、企业如何选择适合自己的 CDP 产品

1. CDP 产品选择

CDP（Customer Data Platform，客户数据平台）作为一种新兴的数据管理和营销技术正在逐渐受到企业的重视和青睐。该平台可以帮助企业更好地了解和管理客户数据，从而实现更精准、有效地营销活动。

在我们选择购买产品前需要评估一下我们的企业真的是否需要，可以从以下几个点来进行对比：

● 您的企业是否拥有 2 个及以上的数字平台（例如微信、官网、APP、小程序等），且这些平台是您重要的营销方式？

● 您是否难以全面监测各渠道的客户动向，且无法形成完整的客户画像？

● 您是否频繁通过营销平台触达客户，并且希望针对不同细分类型的客户设计个性化营销方案？

● 对于客户运营情况，您是否缺乏完善的报表体系来反映运营状况？您是否知道运营过程中有哪些薄弱环节需要改善？

● 您的市场运营团队是否需要 IT 部门支持营销活动？

● 您是否希望有更精准的效果数据来支持广告投放的优化？

针对以上的问题结合企业自身现状比对后，下定决心企业真的需要该平

台。但是市场上对应的产品数量在不断地增加，企业在选择产品时也面临着诸多挑战，需要注意以下基本问题。

（1）明确企业需求

当企业在考虑选择 CDP 产品时，确保明确自身需求是非常重要的。在市场中，有许多不同类型的产品，涵盖了各种不同的功能和特点。因此，企业需要在选择产品之前，认真思考并明确自身的需求，以便选择最适合自己的产品。

企业在选择 CDP 产品之前，企业需要认真思考并明确自身的需求，以便选择最适合自己的产品。这将有助于企业在使用该产品时，更好地满足自身需求，并提高业务效率和客户满意度。

（2）评估 CDP 产品功能

在选择 CDP 产品时，除了明确企业需求之外，评估对应产品的功能也是非常重要的一点，如图 7-11 所示。该产品通常具有多种功能，这些功能可以帮助企业更好地整合、管理和分析客户数据。

图 7-11　CDP 产品功能

（3）评估 CDP 产品的数据处理能力

在选择 CDP 产品时，数据处理能力是非常重要的因素之一。因为该产品需要能够处理大量的数据，并确保数据的质量和可靠性。企业在选择 CDP 产品时，需要综合考虑产品的数据处理能力，包括数据质量、数据可靠性和数据安全等因素。只有选购到数据处理能力强大的产品，才能为企业提供高质量的数据，提高数据的应用价值，从而提升企业的业务水平和竞争力。

（4）考虑 CDP 产品的扩展性和可定制性

产品的扩展性和可定制性对于企业数智化转型非常重要。这是因为，随着企业业务的不断发展和变化，产品也需要不断适应和升级，以满足新的需求和挑战。因此，企业在选择该产品时，需要考虑产品的扩展性、可定制性和易集成性等因素，以确保该产品能够满足企业的未来业务需求，并为企业的数智化转型提供更好的支持。

（5）评估 CDP 产品的技术支持和服务

该产品的技术支持和服务对于企业的数智化转型过程至关重要。一旦企业采用了该产品，就需要依赖产品进行数据整合、分析和管理，因此需要确保该产品的稳定性和可靠性。如果产品出现问题，需要得到及时的技术支持和服务，以避免影响企业的业务运营和数据分析。

在选择 CDP 产品时，企业需要考虑产品提供的技术支持和服务是否满足自己的需求。一些产品提供 24 小时全天候技术支持和服务，而另一些则提供较为有限的技术支持和服务。企业需要确定自己需要的技术支持和服务水平，并选择一款产品能够满足自己的需求。

（6）评估 CDP 产品人工智能 AI 应用能力

随着人工智能技术的发展，在越来越多的领域运用该技术取得了很大的突破，CDP 作为用户数据承载的平台，在用户精细化运营方向越来越重要，那该技术在产品内的运用就越发体现平台的能力。AI 在 CDP 中的应用通常包括但不限于多维特征分析、用户预测模型等方面。

2. CDP 产品赋能

以大数据产品及解决方案提供商 Marketingforce 为例，其 CDP 产品打通全链路客户数据，建立统一的客户视图，构建从"查看数据看板、构建分析模型、创建用户分群、自定义画像和标签、精准运营触达、投放效果跟踪"

的闭环验证，以数据驱动企业营销闭环效果评估、用户运营留存转化、产品精益迭代优化，赋能企业业务增长，如图 7-12 所示。

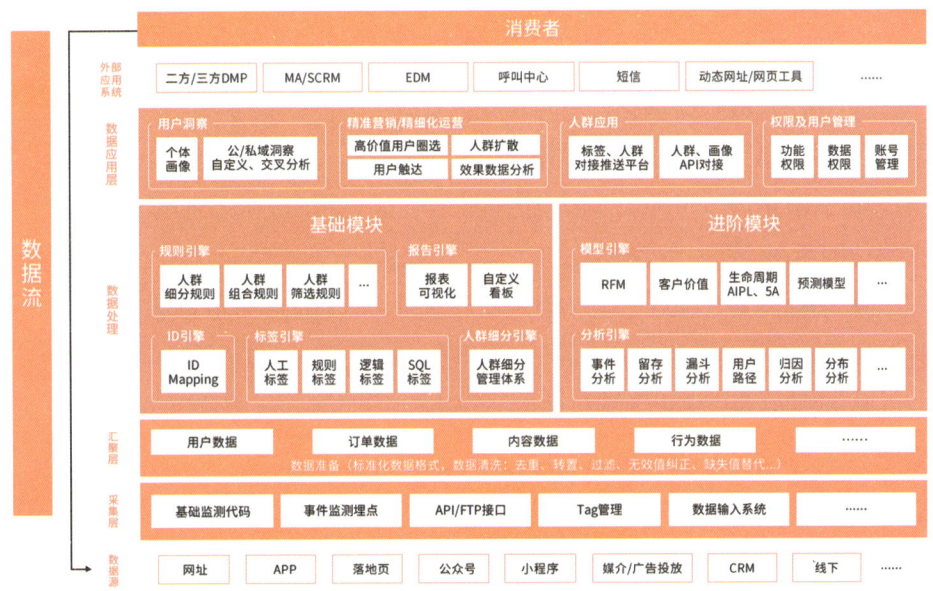

图 7-12　Marketingforce 的 CDP 产品赋能

（1）全渠道数据身份统一

● **跨渠道数据融合：** 消费支持 MySQL、ClickHouse、Hive 等多种数据源类型，支持第三方数据，集成分散在不同地方的客户数据，建立完整的数据资产。

● **ID-Mapping：** 通过可视化拖拉拽的方式配置多主体的 ID-Mapping 逻辑，自动生成 One-ID，打通不同渠道的唯一标识。

● **多主体图谱关联：** 构建多主体关系图谱，通过主体转化轻松实现人物匹配，提升购买转化率，实现精准营销。

（2）全方位数据智能洞察

● **标签体系：** 提供多维标签的一站式构建方式，通过可视化界面、自助创建和管理、人机协同等高效完成 360° 标签搭建。

● **特征分析：** 基于模型与算法，洞察人群的显性与隐性特征，并挖掘出最符合该人群的标签组合，助力营销策略的优化。

● **数据建模：**基于 AIPL、5A 等模型标签对用户生命周期进行洞察，分析用户阶段特征，打造营销策略，提高用户认知与兴趣。

（3）全视野客户洞察分群

● **用户分群：**提供多种自助式用户分群方式，可以精准、快捷地圈出人群包，满足多样化的分析与运营需求。

● **人群拓展：**将种子人群包进行扩样，通过用户的特征相似度，寻找更多类似的用户，助力有效推荐。

● **群体洞察：**深度分析和自定义洞察目标群体的多维度画像，发掘群体显著特征，着眼业务增长点。

● **标签体系：**多维度标签体系，洞察客户真实需求，为精准个性化营销提供支持。

（4）全链路智能营销应用

● **联动营销任务触达：**联动营销平台 MA，将人群包通过任务推送给目标群体，实现精细化运营。

● **联动可视化 BI 分析：**联动可视化智能分析 BI，实现标签及群体的联动，助力用户进行深度的分析及群体洞察。

● **联动广告智能投放：**联动广告平台，支持在 CDP 中圈选目标人群包，并轻松进行广告投放，带来更高的业务价值。

● **人群包效果分析：**从分群的维度分析人群包及标签，不同触达渠道来源、任务中的转化效果，改善圈人逻辑并优化运营路径。

● **数据接入及分析：**实时数据接入及分析能力，帮助营销人员更及时作出业务反馈及调整。

第 8 章

销售管理：AI+CRM，增强客情关系，加速成交链路

一、重新认识你的客户，重新定义客户关系
二、赋能销售团队，为客户提供更好的服务
三、不同企业如何选择适合自己的 CRM 系统
四、出海企业在选择 CRM 系统时的关注重点

企业的成功离不开卓越的销售管理，而客户关系管理 CRM（Customer Relationship Management）作为一种强大的工具，可以帮助企业提升销售效率，实现销售业绩的突破。本章节将从 AI 与 CRM 结合的角度介绍应该如何充分利用客户关系管理 CRM 工具，助力企业可复制、可规模、可持续的业绩增长。

一、重新认识你的客户，重新定义客户关系

CRM 的核心在于通过数字化手段管理客户关系的整个生命周期，从吸引新客户到保留老客户，再到将已有客户转化为忠实客户，从而增加市场份额。这一过程涉及多个方面，包括客户信的收分以及及与客户的有效互动，旨在提高客户满意度和忠诚度，进而提升企业的竞争力和盈利能力。

首先，CRM 通过全流程数字化闭环，包括管理和运营的数字化，实现对客户的全面了解。这包括客户的购买历史、偏好、需求等信息，帮助企业更好地理解客户需求和行为模式。

其次，通过客户数据分析，企业可以识别出最有价值的客户群体，了解哪些客户最有可能为企业带来利润，哪些客户可能流失，从而采取相应的策略。

然后，CRM 通过提供个性化服务，强化企业与客户的联系。通过客户模型、用户画像、RFM 模型等工具，企业可以更精准地满足客户需求，提高客户满意度和忠诚度。

最后，通过数字化营销策略，CRM 帮助企业吸引潜在客户，并有效地互动和维护，建立长期的客户关系。这包括通过 CRM 软件进行售前阶段的客户吸引、售中阶段的客户管理与维护，以及售后阶段的客户满意度提升。

CRM 通过数字化手段和策略，帮助企业重新认识客户，深入了解客户需求和行为模式，从而重新定义客户关系，提高客户满意度和忠诚度，最终实现企业增长和盈利，如图 8-1 所示。

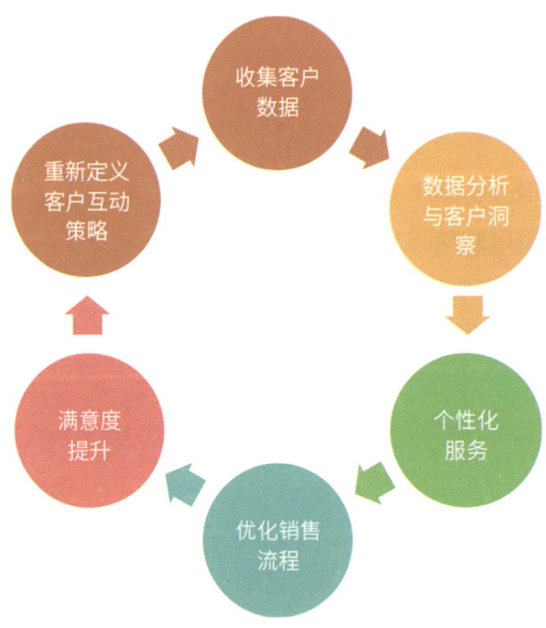

图 8-1　以客户为中心的战略

当下，CRM 有了 AI 的加持，使企业在如何理解和管理客户关系等方面达到了一个更新的高度。具体体现在以下几个方面：

（1）深入的数据分析与客户洞察

AI 通过机器学习和大数据分析技术，可以挖掘客户数据，识别购买习惯、喜好及需求，进而预测客户的未来行为。这种洞察力使企业能够理解客户的真实需求，制定更加精准的营销策略，从而提升销售效果。

（2）全客户旅程的数据整合

AI 能够提取整个客户旅程中的数据，并利用机器学习分析客户与品牌的每一次互动。这些数据可以帮助企业洞察客户习惯和倾向，使其能够提供更加个性化的服务，例如定制推荐和个性化广告。

（3）客户旅程的自动化

AICRM 系统能自动化多个客户旅程环节，如潜在客户识别和个性化营销。通过分析客户与公司的互动，系统提供客户洞察，帮助企业识别客户反馈和需求。这种自动化不仅提高了效率，还增强了客户体验。

（4）实时支持与服务

AI 驱动的客户服务可以实时为客户提供支持，帮助减少客服代表的工作量并加快响应时间。例如，通过智能客服系统，企业可提供 24/7 的支持，并通过拟人化回复改进自动聊天对话，增强客户互动体验。

（5）客户 360 度视图

AI 通过 CRM 系统提供的综合客户视图，帮助销售管理者全面理解客户行为与偏好。整合来自不同渠道的数据形成全面客户画像，使企业能够制定更加有效的营销和服务策略，提升客户满意度。

（6）提升整体运营效率

AI+CRM 整合了分析、成功计划、协作工具和自动化功能，企业可以自动化市场营销、销售和服务活动。这种整合能够提升整体运营效率，减少人为错误，优化资源配置。

CRM 系统通过集中管理客户信息、数据分析与客户洞察、个性化服务、优化销售流程、提升客户满意度、重新定义客户互动策略以及支持以客户为中心的战略等多种方式，帮助企业重新认识自己的客户，并重新定义客户关系。这些功能和策略共同作用，使企业能够更好地满足客户需求，提升客户满意度和忠诚度，从而实现业务增长和竞争优势，如图 8-2 所示。

以具备丰富服务经验的 Marketingforce 为例，沉淀了一套面向大中型企业销售管理的专业解决方案，有效支撑企业数字化销售运营管理体系从结果管理向过程管理转型。

图 8-2　面向中大型客户的专业解决方案架构

其中客户分类分级是重新认知客户和定义客户关系极为重要的一环，能够帮助企业更清晰地了解客户群体，从而制定更具针对性的营销和服务策略。以下是几种常见的客户分类分级的方法：

（1）按客户价值和周期细分

高 / 中 / 低价值客户：根据客户对企业的财务贡献和影响力进行分类，如忠诚客户、重要客户、基础客户等。

保留周期：评估客户与企业的关系持续时间和价值。例如长期客户可能会享受的特定待遇或服务。

（2）按客户利益细分

侧重于识别客户购买行为背后的动机，例如客户追求的价格优势、产品质量、售后服务等。可以通过调查问卷或数据分析了解客户的核心利益。

（3）按产品和服务要素细分

了解客户对不同服务或产品要素的看法。考虑以下问题：

- 目标群体是否有相同的需求？
- 企业是否能够通过产品差异化满足这些需求？
- 各种产品是否需要相同水平的服务？

（4）按人口和社会经济因素细分

传统方法，通过分析年龄、性别、收入、教育等因素进行分类。这些信息能帮助企业制定符合目标客户群的产品和营销策略。

（5）按心理因素细分

分析客户的购买习惯、生活方式、个性特征等心理因素，能够更深入地理解客户的实际需求，制定更有针对性的市场策略。

（6）按促销反应细分

不同客户对广告、促销活动的反应不同。通过分析客户的反馈和行为，调整促销策略以提升效果。

（7）基于某一细分要素的交叉细分

在锁定某种特征（如年龄或行业）后，再进一步分析其他特征的变化。这种细分能够提供更加个性化的服务和产品。

而 B2B 企业在进行客户分类分级业务操作过程中，通常会综合上面几种方法，从客户市场匹配度和客户综合价值来进行客户分类分级。

其中客户价值包括现有价值、未来价值及影响价值，而市场匹配度则包括入围级别、客户匹配、行业经验及产品渗透等，同时可对各细分指标进行赋值，并最终将客户细分为战略客户、重点客户、发展客户和一般客户 4 大类，如图 8-3 所示。

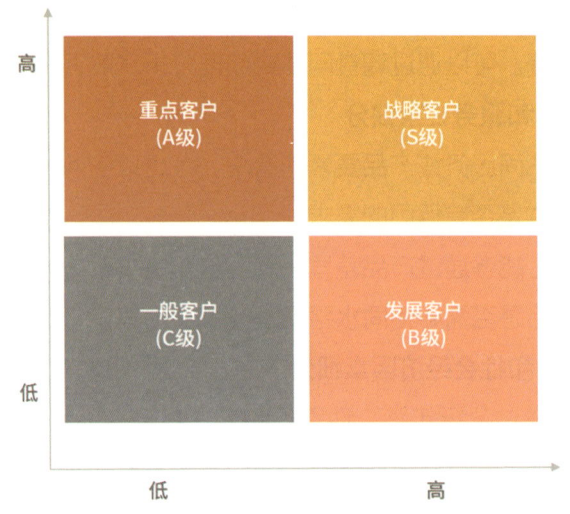

图 8-3　基于客户价值和市场匹配度的划分

　　具体来讲战略级客户价值高，产品匹配度高，市场份额处于头部，类似案例丰富，客户深度信任。重点客户价值高，但产品匹配度较低，类似案例少，客户关系弱。发展客户价值较低，但产品匹配度高，有一定的案例，客户关系一般。一般客户则无论客户价值、产品匹配度、案例及客户关系均较低。

　　在完成了客户分类分级以后，就可以从客户发展策略、产品策略和销售策略 3 个方面进一步制定差异化客户策略。

　　以战略客户为例，通常需要由集团大客户部来对接，在产品策略上不仅可以进行个性化定制，还可以进行在新产品、新业务方面进行创新，在销售策略方面，除了价格优惠政策外，还可以享有试用、免费体验及转介绍激励；对应到一般客户可由渠道伙伴来开展销售及提供服务，产品策略方面以标准产品或服务为主，销售策略上也主要是公司标准的价格策略。

二、赋能销售团队，为客户提供更好的服务

赋能销售团队，为客户提供更好的服务不仅是提升客户满意度和忠诚度的重要手段，也是增强市场竞争力、提升品牌形象和运营效率的关键策略。下面将以 MTL（营销到线索）及 LTC（线索到现金）2 个角度进行展开。

具体到 MTL（市场到线索）流程是一种先进的市场管理和营销策略，通过引导潜在客户主动提供联系方式和需求信息，从而形成一定量和一定质量的销售线索，促进企业的销售业绩提升。这一流程在 CRM 系统中得到了广泛应用，帮助企业实现客户全生命周期管理，从营销获客开始，运用 MTL 流程，从全渠道获客、线索培育与转化、ROI 分析三个方面，提供以 CRM 为基础的营销策略。

面对不断变化的市场环境，企业需要灵活调整和优化其从市场到线索（MTL）流程，以保持竞争力。

首先，MTL 流程的成功关键在于数据的实时对接和线索的有效流转。企业需要与客户管理部门紧密合作，确保数据能够实时传递给销售团队，从而提高决策效率和响应速度。

MTL 体系应根据企业的具体实际进行适度调整，以契合企业的发展阶段、业务特征和商业目标。例如，业界领先的 MTL 体系就是基于企业成功经验，针对不同行业和企业规模的客户进行调整，从而更好地适应市场需求。

企业应构建差异化战略，突出品牌特色，提升品牌影响力。这不仅能增强市场竞争力，还能提升产品质量和降低成本。

管理者应密切关注市场变化，了解客户需求，并根据市场和客户的反馈，灵活调整和优化服务差异化策略。这将帮助企业保持竞争力，并在不断变化的市场中获得成功。

仍以 B2B 企业 MTL 业务开展为例，大体可以分为 4 个阶段，即线索收集、线索预处理、线索分配回收、线索跟进，如图 8-4 所示。

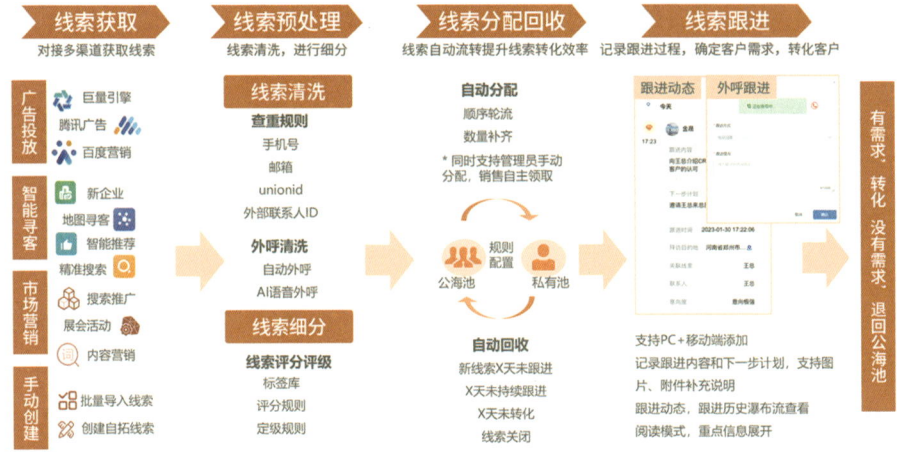

图 8-4　B2B 企业的客户线索管理

其中线索评分主要从线索来源渠道、公司信息、潜在规模及竞争态势等 4 个维度设置评分模型，实现线索评分与分组，筛选高价值线索，让销售更具有针对性。

最终能够实现市场计划、活动管理、资源申请、活动执行到 ROI 评估市场活动管理端到端的效果分析，如图 8-5 所示。

图 8-5　实现市场活动端到端管理

同时，LTC（从线索到现金）也是现代企业运营管理中的一个重要概念，涵盖了从获取销售线索到提供解决方案、签署商业合同、进行项目交付、合同供货和付款的全过程。这一流程不仅体现了公司销售和服务的完整周期，还反映了企业如何通过 CRM 系统实现这一流程的优化和管理。

首先，可以自动化许多销售任务，减少人工操作，提高销售效率。例如，通过自动化阶段推进器功能，可以使销售过程进行透明化监控，实现过程规范化及管理可视化，从而显著提升整体销售业绩。

其次，可以从需求和预算变化状态、客户 KP（Key Person）状态、采购决策流程状态及竞争态势 4 个方面开展商机健康度评估，如图 8-6 所示。

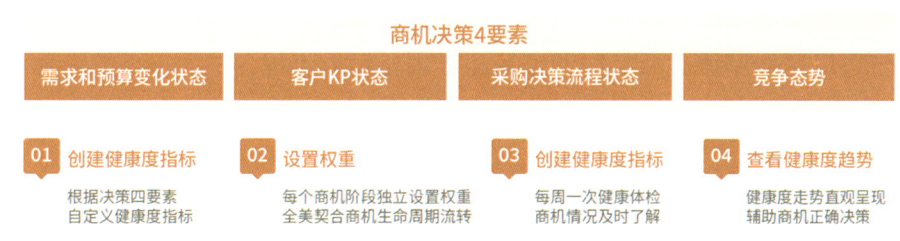

图 8-6　商机决策四要素

其中客户 KP 状态又可以通过商机沙盘工具，进一步进行细化梳理。方面可以使各 KP 关键信息集中呈现，如具体人员在项目角色、对我方态度、影响程度及个人性格等情况；另外一方面也可使 KP 之间的关系一目了然。

同时还可帮助销售多类型内容自由组合，一键快捷生成工作日报、周报、月报，并为管理层提供快速点评或回复相关信息的能力，提升日常办公效率。

此外，还可以提供销售流程的自动化，如图 8-7 所示。销售流程的规范化和自动化可以节省销售人员的时间和精力，使他们能够更专注地与客户互动。举个例子，销售管理 CRM 可以自动发送电子邮件或短信提醒销售人员跟进客户，确保没有任何销售机会被遗漏。

图 8-7　CRM 支持的商机跟进全流程

基于业务数字化的基础，还能够提供销售数据的实时分析和报告，实现数字业务化，为业务提供量化的决策支持。销售人员可以随时了解销售业绩、销售目标的完成情况以及潜在销售机会的状态。这样的数据分析和报告可以帮助销售团队及时调整策略，优化销售流程，并为未来的销售计划提供参考。

三、不同企业如何选择适合自己的 CRM 系统

企业在选择适合自己的 CRM 系统时，应综合考虑功能需求、易用性、可扩展性、数据安全性、成本效益、供应商支持和集成能力等多个因素，以确保所选系统能够满足其特定的业务需求和运营目标，如图 8-8 所示。

图 8-8　CRM 选择考虑因素

1. 业务需求

在选择 CRM 系统之前，企业需要首先明确自身的业务需求，这包括企业的规模、行业特点、发展阶段等因素。例如，初创企业可能更注重客户关系的建立和维护，而大型企业则可能需要更多的销售管理和数据分析功能。此外，不同行业的企业在选择 CRM 系统时，需求也会有所不同。

2. 功能需求

功能需求也是选择 CRM 系统的核心，企业应确保所选系统能够满足其业务需求，如自动生成销售报告、客户数据分析、客户互动管理等。例如，销售团队需要一个能够自动生成销售报告的功能，客户服务团队则需要一个高效的客户支持工具。

3. 易用性

易用性是衡量 CRM 系统是否适合企业的重要标准之一。企业应选择用户界面友好、操作简便的系统，以确保员工能够快速上手并有效使用。例如，可以要求 CRM 厂商展示完成特定任务所需的点击次数，以评估其用户体验。

一个易于使用的 CRM 系统能够显著提升员工的工作效率和满意度。具体来说，系统界面的美观度、易用性、响应速度和学习曲线都是需要考虑的因素。如果员工能够快速上手并熟练使用系统，那么他们可以更高效地完成工作，从而提高整体生产力。

易用性评估可以通过确定评估指标，例如学习曲线、操作流程和界面设计来进行。如果系统的学习曲线较低，操作流程简洁明了，员工可以更快地掌握系统，减少培训时间和成本，从而提高生产力。

4. 可扩展性

可扩展性是指 CRM 系统是否能够随着企业的发展而进行扩展和升级。企业应选择能够适应未来业务变化的系统，以避免因系统限制而需要重新选择。

CRM 系统的可扩展性对企业长期发展具有重要影响。首先，随着企业规模的扩大和市场竞争的激烈，CRM 系统的可扩展性和可移植性变得越来越重要。可扩展性指的是系统在处理更多数据和用户时能够保持稳定和高效的性能。这意味着企业可以在不显著降低性能或增加复杂性的情况下，支持更多的用户和数据量。

CRM 系统的可扩展性可以通过模块化设计、开放 API、数据集成能力、云端部署、可自定义工作流、支持多设备访问、持续更新与技术支持等关键因素来实现。这些因素不仅提高了系统的灵活性，还能根据业务需求不断变化和添加新的数据字段和对象。例如，微服务架构可以使 CRM 系统更加灵活，每个服务都可以独立地运行和更新。

此外，CRM 系统的可扩展性还可以通过自动化流程、嵌入式流程、智能表单、业务开关配置和报表等功能来实现。这些功能可以帮助企业随时匹配多变的需求，从而提高客户满意度和忠诚度。

5. 数据安全

数据安全性是企业在选择 CRM 系统时必须考虑的重要因素。企业应确保所选系统能够提供强大的数据保护措施，防止数据泄露和丢失。

在不同行业中选择 CRM 系统时，数据安全性是一个关键考虑因素。不同行业对数据安全性的要求和标准可能有所不同，这主要取决于行业特定的法律法规、合规性要求以及数据的重要性和敏感性。

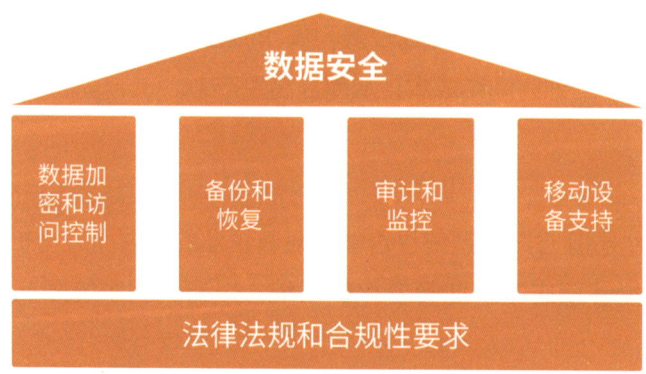

图 8-9　CRM 系统法律法规合规性框架

6. 成本效益

成本效益是指 CRM 系统的投入与产出比。企业应综合考虑系统的购买成本、实施成本和维护成本，并评估其带来的经济效益，它可以帮助企业全面评估 CRM 系统的成本和效益，从而做出最合适的决策。例如，可以考虑性价比高的系统，以花更少的钱获得更多的功能和服务。

中小企业在选择 CRM 系统时，由于预算有限，成本效益更是首要考虑因素。因此，寻找价格合理、功能全面的 CRM 解决方案是关键。成本效益分析包括初始成本、运行成本、投资回报率、业务效益、长期价值和灵敏度分析，如图 8-10 所示。

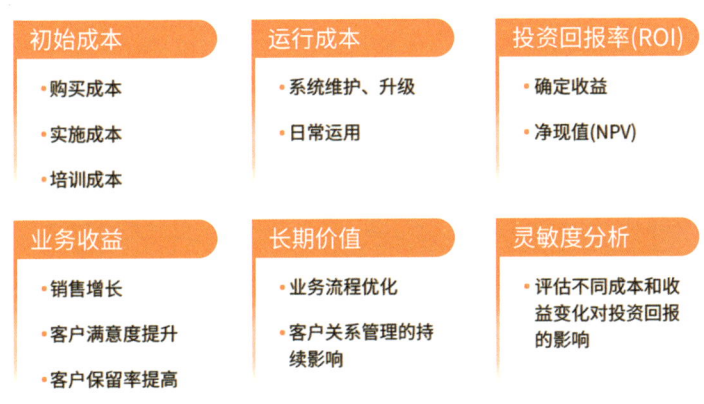

图 8-10　CRM 系统成本架构

（1）初始成本

这包括 CRM 系统的购买成本、实施成本和培训成本等。这些初始投入是企业在选择 CRM 系统时必须考虑的重要因素。

（2）运行成本

运行成本包括系统维护、升级和日常运营的费用。这些长期成本也需要在成本效益分析中进行详细评估。

（3）投资回报率（ROI）

通过计算投资回报率，企业可以评估 CRM 系统带来的经济效益是否超过了其成本。ROI 的计算方法包括确定收益、计算净现值（NPV）等。

7. 业务效益

企业需要评估 CRM 系统带来的具体业务效益，如销售增长、客户满意度提升、市场营销活动优化和客户保留率提高等。这些效益是衡量 CRM 系统成功与否的重要指标。

（1）长期价值

除了短期的 ROI，企业还需要考虑 CRM 系统的长期价值，包括其对业务流程优化和客户关系管理的持续影响。

（2）灵敏度分析

通过灵敏度分析，企业可以评估不同成本和收益变化对投资回报的影响，从而更好地制定应对策略。

8. 集成能力

集成能力是指 CRM 系统是否能够与企业现有的 IT 基础设施和其他系统无缝集成。企业应确保所选系统能够与现有的平台和系统兼容，以避免数据孤岛和操作不便。

衡量 CRM 系统的集成能力对企业现有 IT 基础设施的影响可以从多个方面进行评估，包括数据集成、应用集成和架构集成等技术手段。集成能力的强弱直接影响到企业数据的互通和自动化流程的扩展。具体来说，可以从以下几个方面进行衡量，如图 8-11 所示：

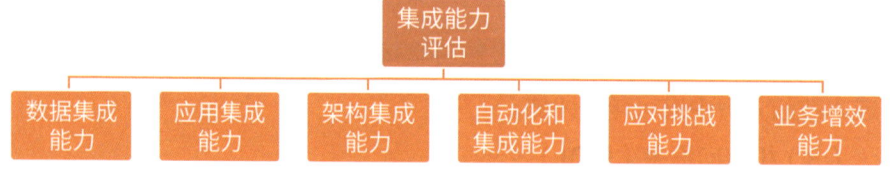

图 8-11　CRM 系统集成能力架构

9. 供应商支持

供应商支持是指 CRM 系统提供商是否提供良好的客户支持和服务。企业应选择能够提供及时、有效的技术支持和培训的供应商，以确保系统的顺利实施和长期使用。

四、出海企业在选择 CRM 系统时的关注重点

出海企业在选择 CRM 系统时，除了关注系统的功能外，还特别注重以下 8 个方面，如图 8-12 所示。

图 8-12　出海企业 CRM 关注点

1. 数据合规性

出海企业需要确保其 CRM 系统符合不同国家和地区的数据保护法规，例如欧盟的《通用数据保护条例》（GDPR），以保障数据的透明性和安全性。

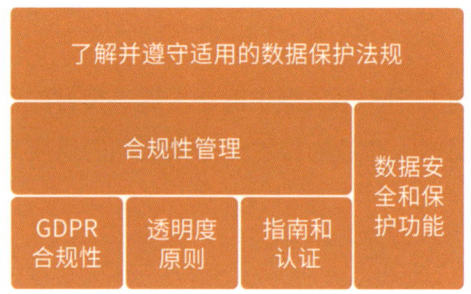

图 8-13　CRM 系统合规性要求

2. 多语言支持

由于出海企业面向全球市场，交易涉及多种语言，因此 CRM 系统必须提供良好的多语言支持，以确保不同国家和地区的用户能够无障碍地使用系统。应重点考察其支持的语言种类、多语言界面和翻译功能、个性化语言设置、跨文化沟通能力以及在实际应用场景中的表现，如图 8-14 所示。

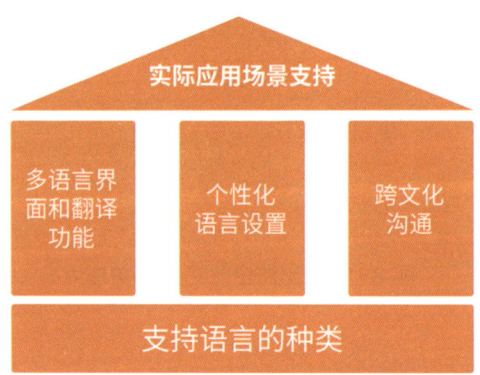

图 8-14　CRM 系统多语言支持架构

3. 灵活性和敏捷性

出海企业在选择 CRM 系统时，应重点考虑系统的灵活性和敏捷性，以适应海外业务流程的变化。这包括选择具有高度可定制化、实时数据支持、全球化和云化能力、本地化匹配度以及高安全性的系统，以适应海外业务流程的复杂性和变化性，并确保系统能够与国内业务流程无缝对接。使得在不确定的市场环境中，能够快速适应市场变化。

（1）实时数据支持

外贸版 CRM 系统提供的实时数据和灵活的工具，使企业能够快速调整营销策略和销售计划。这种灵活性不仅有助于企业及时响应市场变化，还能提高整体运营效率。

（2）全球化和云化能力

全球化和云化的趋势推动了 CRM 系统的灵活性和可扩展性。许多企业正在转向基于云的解决方案，这不仅提高了系统的灵活性，还增强了其可扩展性。基于云的 CRM 系统能够更好地适应不同地区的业务需求，并且更容易进行全球范围内的部署和管理。

（3）本地化匹配度

在搭建 CRM 平台时，应充分考虑海外各国的风俗、习惯和合规差异性。平台需要具备前瞻性、开放性和灵活性，以支持海外业务运作。

（4）阶段性云服务

在出海的不同阶段，企业的云服务需求呈现出多样化。初期出海的企业可能更注重云服务的灵活性和成本效益，以快速响应市场变化；而在市场深耕阶段，企业则可能更加重视云服务的稳定性和高级功能。因此，选择 CRM 系统时，企业应考虑其发展阶段，以满足不同阶段对云服务的需求，提高自身敏捷性。

4. 多文化适应性

CRM 系统需要能够根据不同国家和地区的文化特点进行定制化沟通策略和内容，以克服跨文化沟通的障碍。

5. 定制化能力

出海企业需要 CRM 系统具备强大的定制化能力，以满足其特定的业务需求和行业特性。

6. 多端协同

CRM 系统需要支持网页端、桌面端和手机端的灵活同步，以确保团队成员在不同设备上都能高效地使用系统。

7. 全球化设计

CRM 系统需要具备全球化设计，能够整合跨国市场的客户数据，并提供深入的数据分析工具，帮助企业调整产品和服务策略，提高竞争力。

8. 实施和服务团队

出海企业在选择 CRM 系统时，还需要考虑实施和服务团队的支持能力，以确保系统的顺利部署和高效运行。

通过以上这些特别要求，出海企业才能够更好地管理全球客户关系，提升业务效率和市场竞争力。具体来看，即当一家中国企业计划拓展国际市场，选择 CRM 系统时首先确保其符合各项数据保护法规，保障数据安全与合规。公司还要求系统具备多语言支持，覆盖主要市场语言，并提供个性化语言设置，以促进跨文化沟通。此外，为了适应快速变化的市场，企业还需要选择具备高度灵活性和敏捷性的云 CRM 解决方案，支持实时数据分析与全球部署以及具备多文化适应性和定制化能力，满足特定业务需求，并支持多端协同工作。最终，企业还考虑了实施和服务团队的支持能力，确保系统的顺利部署和高效运行，以支撑其全球化战略。

第9章
AI 大模型构建企业智能化营销生态

一、AI 大模型的发展现状及在各行业中的应用

二、数据价值跃迁：大模型重构决策全链条

三、用户画像智能构建：大模型赋能精准营销

四、AIGC 赋能营销内容生产：效率革命与应用创新

五、实时反馈与策略调优：大模型驱动的全域营销闭环

在数字化时代，人工智能（AI）成为众多行业的新宠，尤其在营销领域，AI 技术为企业提供了手段全新。本章将探讨 AI 大模型如何打造智能营销的新手段。当下营销增长离不开 AI 这个关键词。

在品牌营销领域，从激发创意火花的品牌内容生成，到深入挖掘消费者行为的数据分析，再到个性化营销策略的制定，AI 技术正以前所未有的速度融入商业实践。

一、AI 大模型的发展现状及在各行业中的应用

AI 大模型是指拥有大规模参数的神经网络模型，其训练和应用需要大量

算力和高质量数据资源。近年来，随着算法优化和算力成本下降，我国 AI 大模型市场已进入高速发展期，预计 2028 年市场规模将突破千亿。这种技术突破正重构产业价值链，在医疗影像分析、金融风控建模、教育知识图谱等场景展现出显著效能，推动各行业实现从流程驱动到数据驱动的范式转变。

截至目前中国 AI 大模型在金融、营销、影视游戏和教育领域的渗透率最高，均超过 50%。智能客服、智能营销、智能搜索、智能翻译等通用场景应用成熟度较高。

聚焦营销领域，AI 大模型的应用主要集中在以下几个方面，如图 9-1 所示。

图 9-1　AI 大模型在营销领域的主要应用场景

智能营销策略制定： AI 大模型能够精准分析用户行为数据，制定个性化的营销策略，显著提升营销转化率。例如，通过生成式 AI 技术，企业可以快速生成符合品牌调性的视觉形象、短视频脚本和种草笔记，助力企业打造爆款内容。

营销内容生成： AI 大模型可以生成高质量的营销文案、广告创意和社交媒体内容。例如，搜狐简单 AI 可以通过输入文字描述生成 logo 图，帮助企业快速设计出符合品牌调性的视觉形象。

用户行为分析与预测： AI 大模型能够处理和分析大量的用户数据，预测用户需求和行为模式，从而实现精准营销。例如，Meta 团队提出的新架构 HSTU，能够在处理高基数、非平稳流式推荐数据时显著提升推荐效果。

智能客服与客户体验优化： AI 大模型可以用于智能客服系统，通过自然语言处理技术实现 24 小时不间断的高效服务，提升客户体验。例如，海尔消费金融通过与火山引擎合作，利用大模型技术优化了智能客服和贷后管理等场景。

广告投放与优化： AI 大模型能够优化广告投放策略，提高广告的点击率和转化率。例如，一些广告团队通过结合生成式大模型和判别式模型进行协同训练，成功落地了召排一体方案，取得了显著的线上收益。

二、数据价值跃迁：大模型重构决策全链条

数据是营销决策的关键驱动力，通过对营销过程和结果的量化指标进行评估，可以更准确地了解营销活动的表现，从而优化营销策略。

通过对营销过程与结果的实时量化分析，AI 大模型可高效帮助营销人员找出最佳的转化路径，智能优化营销漏斗。

1. 传统营销环境下的数据分析与决策痛点

在当前的营销环境下，数据分析与决策仍高度依赖人工操作，难以达到智能化程度。主要困境包括：

手工化操作：营销数据分析与决策主要以人工手动形式进行，营销系统仅能对营销指标数据进行简单统计。

依赖专业人员：数据背后的含义和归因关系完全依赖业务人员进行分析与总结，需要极其专业的分析人员基于相关数据和企业营销目标与策略，人工制定下阶段的营销决策。

效率低下：人工分析和决策过程耗时费力，难以快速响应市场变化。

2. 大模型驱动的数据决策范式重构

随着 AI 大模型的快速发展，其在营销数据驱动决策中的赋能作用日益凸显，其通过以下方式优化数据到决策的链条：

快速生成决策建议： AI 大模型可以基于历史数据快速生成营销决策建议，让营销策略制定更加高效。通过分析历史营销流程和决策结果，大模型能够生成针对性的营销策略建议。

智能化分析与归因： AI 大模型具备优秀的语言理解能力和思维链推理能力，能够将营销链路的过程日志化、文本化、向量化，并将其存入向量库。通过调用这些能力，大模型可以对历史营销流程进行分析，并根据历史决策经验生成相应的营销决策建议。

提升决策效率和准确性： 与传统手动决策方式相比，AI 大模型的决策建议更加高效、准确和智能化。

例如，双十一期间，许多零售企业利用 AI 大模型进行营销效果评估，快速生成各渠道的销售报告及营销优化建议，更高效对市场变化作出反应，实现最大限度把握营销节点。

在过去，这种层面的决策主要依赖于专业分析人员的经验和判断，但受限于人类的分析能力和计算能力，难以实现全面、准确的营销策略制定。

如今，AI 大模型凭借其出色的语言理解与推理能力，自动将历史决策过程和结果同步到知识库中作为样本，通过调用这些能力并结合结构化推理流程或模板，基于过往经验生成科学精准的营销决策建议，从而减轻了人类的工作负担，提高了决策的效率和准确性。

三、用户画像智能构建：大模型赋能精准营销

用户画像是通过标签化手段对用户的基本属性（如年龄、性别、地域）、行为特征（如消费习惯、浏览路径）、兴趣偏好（如内容关注、品牌倾向）等数据进行结构化描述，形成具象化的用户模型。其核心价值在于将海量用

户数据转化为可操作的细分群体特征，支撑精准化决策。

　　大模型驱动的用户画像构建则彻底革新了传统流程，有效解决了以往的诸多局限。其操作流程主要分为三个阶段：首先是多模态特征提取，通过整合文本、图像、行为序列等多种数据源，深度挖掘用户特征；接着是模型训练与调优，借助先进的算法和架构，提升模型的性能和适应性；最后是画像生成与应用，以自动化的方式生成更贴合用户实际情况和需求的标签或得分。

　　如图 9-2 所示，这一流程不仅提高了用户画像的精准度和可信度，还为后续的营销和运营决策提供了更有力的支持。

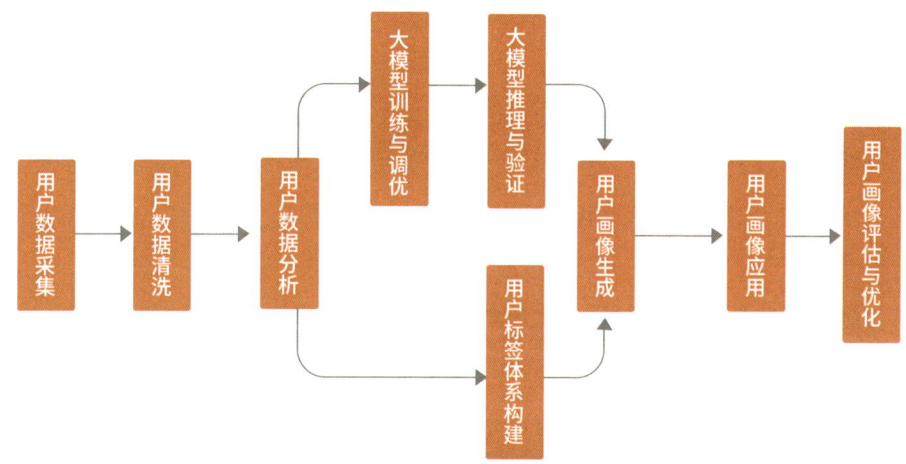

图 9-2　用户画像生成流程

　　多模态特征提取：大模型结合文本、图像和行为序列等多源数据，通过预训练模型提取深层语义特征，如情感倾向和消费动机。

　　例如，从社交媒体文本中识别用户"隐形需求"，如"想换手机"可能暗示换机周期。大模型通过提取用户原始数据中的深层特征，如情感、态度、意图等，提高数据质量和多样性，更好地反映用户真实需求和个性，增加数据维度和复杂度，提高信息量和区分度。

　　自动化模型优化：大模型基于 Transformer 架构实现端到端训练，减少人工特征工程依赖。通过 Few-shot Learning 技术，大模型能快速适配新场景，如疫情期间消费模式变化时，快速迭代用户画像。

以提升电商平台用户购物体验为例，实现语音和图片搜索购买商品功能。步骤包括：选择适合场景的大模型，提取商品图文特征实现高效检索；通过迁移学习和微调，让大模型适应数据和任务，训练学习商品特点和分类；根据用户偏好和反馈调整模型参数；部署大模型提供语音和图片搜索功能，匹配商品并提供丰富信息和服务。

动态画像生成： 大模型根据用户行为数据实时更新用户状态，提高用户画像贴合度和可信度，如即时修正"购买意愿强度"标签。生成的用户画像不仅包含分类标签，还提供解释性标签，如"偏好国货美妆因民族情怀 + 成分关注"，更精准反映用户真实需求和个性，而非仅人口统计属性。

利用大模型生成用户画像不仅能够显著提升精准度，还具备强大的场景泛化能力和跨业务复用性，同时在效率上实现了质的飞跃。

精准度跃升： 大模型通过深度学习技术提升用户画像精准度。例如，某电商平台用户购买预测准确率从 68% 增至 89%，提高用户满意度和转化率。

场景泛化与跨业务复用： 大模型具有泛化能力，适应多种业务场景，实现跨领域复用。例如，金融风控用户画像模型可快速迁移到精准营销，节省时间和资源，促进业务协同发展。

效率突破： 大模型显著提高用户画像生成和优化效率。传统构建过程耗时，而大模型快速完成特征提取、模型训练和画像生成，提升效率数十倍，帮助企业快速响应市场，占据竞争优势。

3. 全链路优化：大模型赋能营销质量与效率双提升

总体来看，人工智能正在重塑营销行业的生产力和生产关系。

一方面，人工智能优化整个营销链路，从洞察能力、创意能力、媒介效能三个方面提升营销生产力，如图 9-3 所示。

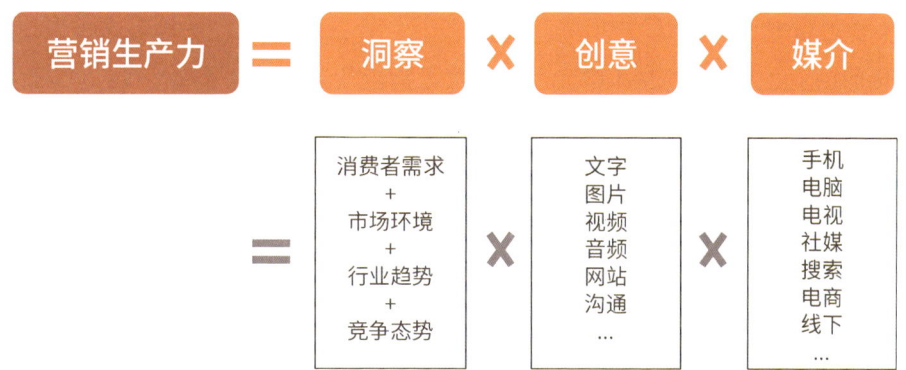

图 9-3　营销生产力构成

今天营销行业的 AI 大模型，打破了数据洞察和创意生产的发展瓶颈，可以十倍，甚至百倍地提升这两个环节的生产能力和效率。

在生产关系方面，人工智能强有力地推动了营销工作流程的重构，使原本依赖人力的传统工作模式得以革新。

例如，AI 驱动的洞察分析流程取代了传统的手动数据处理；AI 辅助的内容创作工具改变了创意生产的模式；智能化的媒介服务平台则革新了与客户的互动方式。

AI 正促使营销领域的各个环节实现数字化转型，进一步强化了营销工作的系统性和协同性，从而更好地服务于企业战略目标。可以断言，AI 必将带来营销生产力的大爆发。

四、AIGC 赋能营销内容生产：效率革命与应用创新

技术不断发展进化，为营销数智化中营销内容生产效率提升带来了众多工具，也为企业营销数智化转型降低了成本。

1.AIGC 成为营销内容生产的生力军

继 PGC（Professional Generated Content，专业生产内容）、UGC

（User Generated Content，用户生产内容）之后，AIGC（Artificial Intelligence Generated Content，人工智能生产内容）开始兴起。人工智能合成内容（AI-Generated Media）正在快速兴起，利用AI算法生产、修改数据和信息内容，从而改变图像、语音、视频的原本内容与画面，如图9-4所示。

图9-4　从PGC、UGC到AIGC

AIGC的内容生成应用主要分为文本领域、代码领域、图像领域、语音领域、视频领域、3D领域等。AIGC通过ChatGPT与AI绘画等工具让全世界的各行各业感受到了人工智能发展之迅速、能力之强大，对于包括广告、营销、销售及其他众多环节都发现了应用场景，看到了其巨大的潜力。

2.AIGC掀起内容营销的效率革命

随着元宇宙应用的普及，AIGC（生成式人工智能内容生成）已经在内容创作领域广泛应用，能够自动生成文字、图片、短视频和数字藏品等相关内容。这些生成内容与营销数智化转型中的内容生产需求高度契合，为营销领域带来了新的机遇。

例如，一些平台可以通过输入几张照片快速生成用户的数字化身，而一些短视频平台则允许通过AR技术驱动数字虚拟人进行直播，并在短视频制作中便捷地添加AR道具。这些创新应用不仅丰富了营销内容的表现形式，也为营销活动带来了更多创意和互动性。

AIGC 已经从多个层面介入数智化的营销内容生产，其中有文本、图片（含广告、海报、HTML5 等）、视频、APP 及小程序等，甚至可以覆盖至可能用于广告或营销的数字藏品的自动生成。

（1）基于 ChatGPT 一类工具的营销文案的自动生成

目前，类似于 ChatGPT 之类的工具可以通过输入一些文字描述或关键词描述生成文字类的内容。当然，企业数智化过程中的营销文字亦可以通过 ChatGPT 之类的工具进行生成。

虽然，目前此类生成工具可能一次性未必会生成非常具有创意性的文案，但可以通过多次不断优化的方式进行不断完善。要知道，ChatGPT 在一些领域已经可以生成本科或研究生论文，那么其潜力当然不可小觑。

另外，如果有足够数量的某个行业的优质广告营销方案不断让 ChatGPT 去学习，其迅速的学习能力必定会使得营销方案生成的质量不断提升。如果以动态的眼光看，ChatGPT 之类的进步往往出现间歇式的飞跃。

（2）基于 AI 绘画工具的图形广告的自动生成

目前，AI 绘画平台或工具已经不断涌现，并且已有众多的图片可以由这些平台或工具背后的人工智能生成。毋庸置疑的是，AI 绘画工具当然可以用于图形广告的人工智能生成，其流程不杂，大致如图 9-5 所示。

图 9-5　基于 AI 绘画工具的图形广告的自动生成示意图

当然，在人工智能生成的图形广告后，可以需要进行一定程度的筛选及再加工，或者补充一些广告所需要的信息，还可以进行二创。甚至，一些企业可能会鼓励网民进行二创，以扩大品牌的影响力。

（3）基于 AIGC 的海报 /HTML5 图片类广告的自动生成

目前，除了已经有众多的国内外的用于生成图片类营销内容 AI 绘画工具，还有一些营销数智化平台自己的一些系统与工具，可以根据监测到的不同用户的不同需求自动生成相应的有针对性的海报或 HTML5 营销内容。此类工具的基本流程如图 9-6 所示。

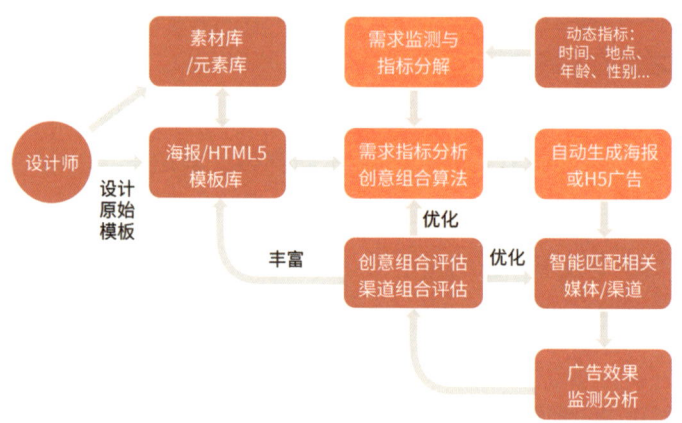

图 9-6　基于 AIGC 的海报、HTML5 图片类广告的自动生成

（4）基于 AIGC 的海报 /HTML5 图片类广告的自动生成流程

其中，此类平台会根据需要监测与指标分解，结合海报 /HTML 模板库及需求指标分析创意组合算法，自动生成海报或 HTML5 图片类广告。在系统运行过程中，还会不断进行创意组合优化及渠道组合优化。

（5）基于借力思维的"热点内容 + 广告"自动生成人工智能可以自动搭载热度内容，其基本过程如下：

第一步：系统通过对不同平台内容的数据分析实时整理出当下热门、热点消息。

第二步：整理后的信息经过分类和标签技术可以匹配不同企业的所属行业，并且推送给企业。

第三步：企业可以直接将推送信息进行转发，系统会默认在转发文章中设置该企业广告信息，或企业可以选择将自身商机与热点信息结合生成新的推广素材。

第四步：素材进行转发后由于搭载了热点信息会迅速产生曝光和流量，通过广告设置引流到其他企业自有平台进行转化即可。

（6）基于数智化营销平台的短视频广告的自动生成

目前人工智能短视频创作与生产的九类技术：智能模板创作与批量生产技术，智能合并、摘要及拆分技术，智能语音、字幕及弹幕技术，智能画质及风格处理技术，背景音乐与画面智能配合技术，智能格式转化、标签、标题及封面推荐技术，基于 VR/AR 的短视频智能生产技术，基于虚拟人的短视频智能生产技术，以及基于无人机的短视频智能生产技术等，如图 9-7 所示。

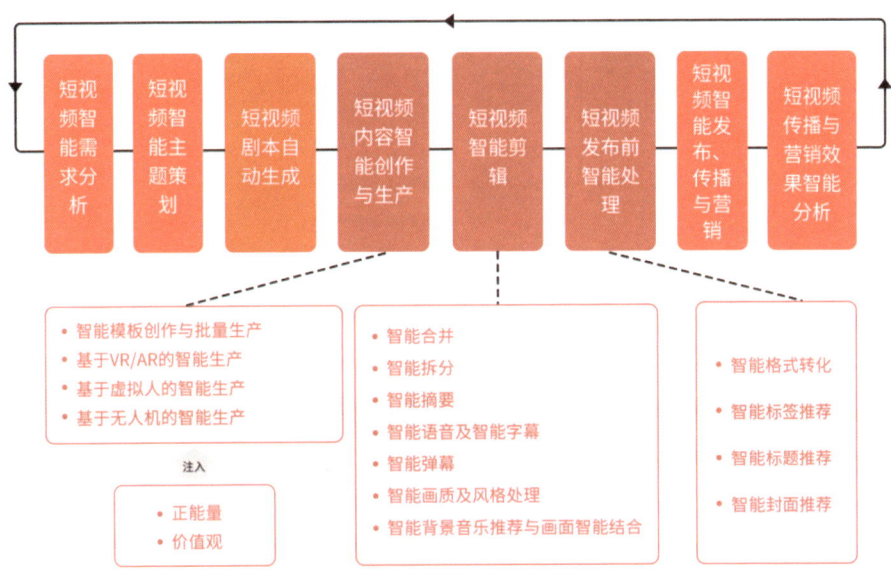

图 9-7　数智化营销平台的短视频广告的自动生成

除了上述基于数智化营销平台的短视频广告的自动生成之外，目前利用前面提到的 AI 绘画工具亦已经可以通过静态图片的不断生成以生成视频。相信未来视频内容的自动生成效率会很高，甚至会自动生成数字虚拟人营销视频内容、VR/AR/MR 等 XR 类的营销视频内容。

（7）基于多元素随机组合的收藏字类广告营销内容的自动生成

随着数字藏品的不断普及，其用途亦快速扩展到广告与营销。在众多数字藏品种类中，多元素随机组合的数字藏品类广告或营销内容的自动生成显示出程序生成的效率，如图 9-8 所示。

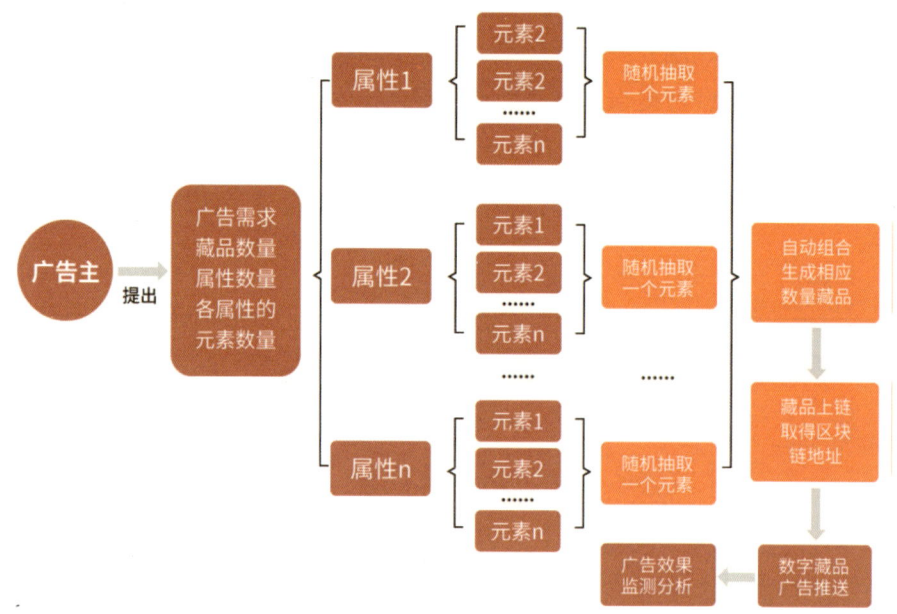

图 9-8　多元素随机组合的收据字类广告营销内容的自动生成

此类自动生成方式特别适合生成大量不同形式的广告或营销类数字藏品，如 5000 或 10000 张品牌、产品或服务相关的头像或其他类型的藏品，既可能用于品牌的文创衍生品数字化应用，也可能用于品牌会员或网络社群私域营销的权益。

4. 精准推送场景下的 AIGC+ 营销融合实践

在企业数智化过程中，人工智能与 AIGC 生成内容环节可以配合，以达到精准推送的目的，进而提高广告、营销或销售的效率。

（1）人工智能配合 AIGC 进行精准推送的基本流程

人工智能发布是通过机器人学习和模拟平台注册、模拟平台发布、模拟数据回收的过程，从而在工作量上解决需要大量反复操作的高人耗问题，同时也保证了数据发布和回收的速度。

人工智能配合 AIGC 进行精准推送的基本流程如图 9-9 所示，除了前面提到的自动内容生成所需要的内容生成规则外，还需要在平台匹配规则的基础上进行自动平台匹配，以及模拟人工的平台注册、智能发布、数据回收等。

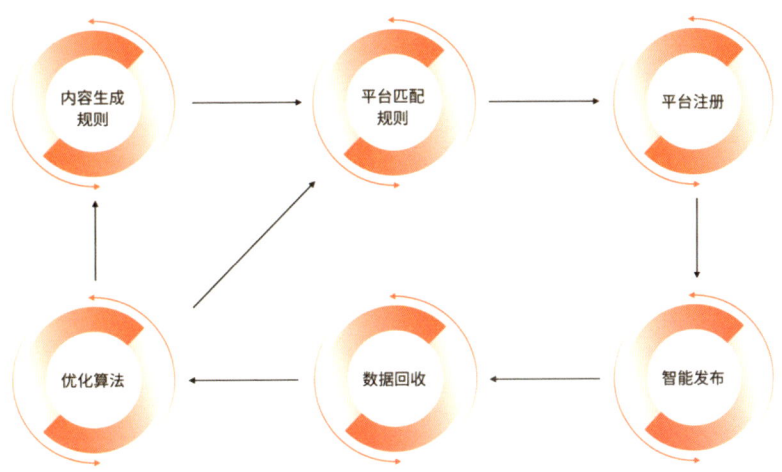

图 9-9　人工智能配合 AIGC 进行精准推送的基本流程

（2）大型集团 AIGC 内容生成后的精准推送

大型集团数智化过程中，由 AIGC 生成的文字、图片或视频的广告或营销内容需要精准推送到相应平台，让相关的内容被用户看到并被打动。这一流程涉及不同平台的选择、发布权限获得、人工适用参与制作内容、发布、询盘及信息回收、数据分析等重要环节，如图 9-10 所示。

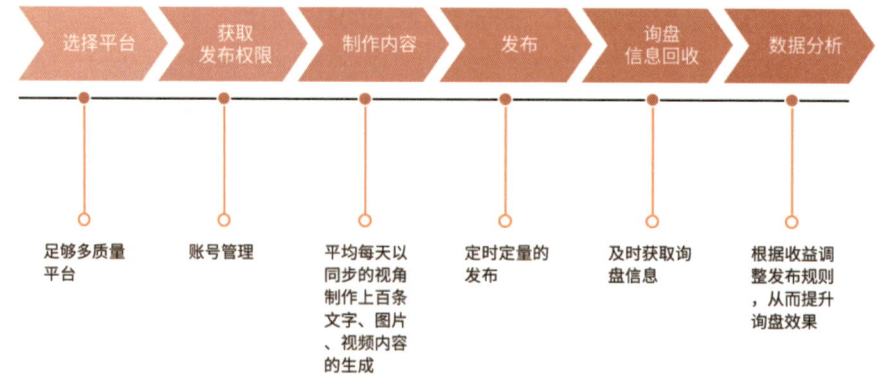

图 9-10　大型集团 AIGC 内容生成后的精准推送

（3）企业 AIGC 内容的联合投放广告

企业希望在大平台投放广告，以加深曾访问过其网站的潜在客户的印象，从而提高这些访客转化为新客户的概率，这就是中小微企业"再营销"的基本目标。

目前，一种有效的解决方案是通过智能营销平台，联合多家中小微企业共同在大平台投放广告。这种联合投放模式不仅为众多企业提供了在大平台展示广告的机会，亦可有效解决了单个企业预算不足的问题，如图 9-11 所示。

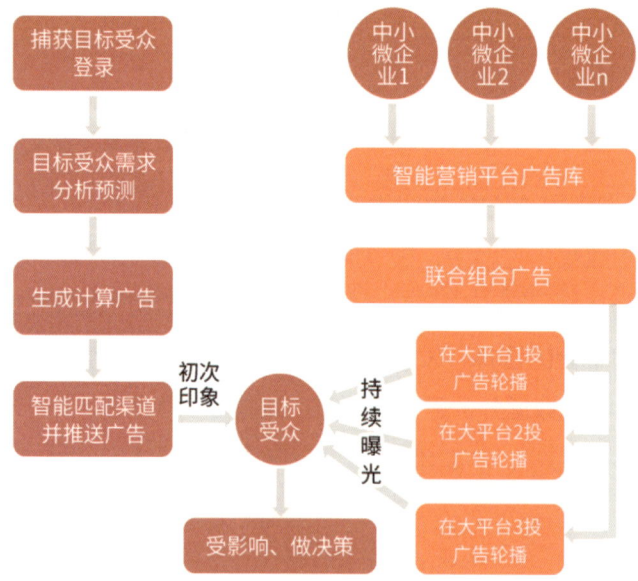

图 9-11　中小企业 AIGC 内容的联合投放广告

这样做的好处是，不仅让众多企业获得了可以在大平台投广告进而拉回曾经的访客的机会，而且解决了单个企业预算不足的问题。

五、实时反馈与策略调优：大模型驱动的全域营销闭环

在 AI 大模型应用于营销场景时，主要面临三大挑战：公域引流难、会员管理整合难、私域经营与裂变管理难。

首先，公域引流的流量红利逐渐消失，互联网流量成本不断攀升，而效果却日益减弱。从营销角度看，冷启动尤其困难，因为初始获客时缺乏数据支持。

然而，借助大模型的内容营销，可以精准定位目标客群和广告诉求，有效解决冷启动问题。数据是数字化营销的核心，冷启动后，将公域流量导入私域，需先进行数据整合，再开展会员管理。最终，数字化营销的关键在于私域的精细化经营，通过提升客户忠诚度，实现私域裂变，以最低成本达到最佳激励效果。

图 9-12　从传统时代到智能时代的全域营销

1. 如何用内容营销作为快速引流的冷启动？

过去，内容营销主要依赖第三方或大型企业的广告部门，但许多中小企业缺乏内容营销能力，也无力成立专门的部门。后疫情时代，线上营销需求激增，人们更加依赖线上渠道。AI 大模型的内容营销为中小企业提供了新的解决方案，使销售、市场和内容创作人员无需依赖外部公司或技术人才，通过人工智能驱动的营销手段，提高内容营销的效率。

AI 大模型的内容营销能够落实到企业的具体营销运营中，实现千人千面的智能投放。根据细分行业的人设风格、语言特色和结构模块，生成针对性的营销内容。例如，在七夕促销活动中，AI 可以根据节日主题生成约会整体装扮的文案，通过输入相关信息，自动生成动人的文案。此外，AI 还支持多模态内容生成，不仅生成文本，还能搭配图片，实现图文结合，提升营销效果。

图片生成有两种方式：一是利用公司图库中的高颜值图片，生成更细致化、场景化的图片；二是针对只有产品照片的情况，AI 可以自动生成场景搭配。从历史服务样本来看，这种内容生成方式将成本降低到原来的 50%，CPE 成本降低 35%，询单量增长 80%。

为什么会有这么明显的降本增效？

第一个是受益于人工智能技术，用户只要输入想法，通过文本直接自动生成和投放。第二个是结合平台热点，将事件营销和内容营销，与当下热点结合。不仅可以实时查询平台热点，还可以仿写行业爆文。第三个是在文字生产之后，再搭配合适的图片，不仅成本低，同时还提升了种草效果，让整体价值提升。

2. 如何应用增强分析精细化经营客户？

将客户引入私域后，精细化运营成为核心目标。基于客户的多维度数据（如基本属性、购买行为、历史行为、网站行为等），企业可以展开数字化分析，以实现精细化经营和精准营销。具体而言，数字化分析分为两部分：一是精细化经营客户，深入了解客户需求；二是精准营销，精准定位目标客户名单。

在了解客户需求时，BI（商业智能）分析是关键工具。BI 分析经历了三代发展：第一代是 IT 导向，依赖专人进行数据整理和查询；第二代是自助式 BI2.0，通过拖拉拽实现自助分析，但用户仍需掌握一定技术知识；第三代是增强分析，用户仅需通过自然语言交互即可完成数据分析、归因分析，并获得决策建议。

借助大数据技术和自然语言交互，企业可以通过人机交互生成自然语言查询结果。数据导入有两种方式：一是对接企业已整理好的数据；二是企业直接导入数据，系统自动处理后提供决策参考。

以智能问数产品为例，其主要功能包括四大块：

自然语言交互： 用户只需说明分析需求，如"最近一季的销售趋势"

数据自动抓取： 平台自动提取相关数据

趋势分析与归因： 通过自动统计分析，识别数据波动范围并进行归因分析（从渠道、产品、价格等角度）

决策建议： 提供基于分析结果的决策参考

不只是销售趋势分析，我们把现在常见的分析形态都纳入分析系统中，例如产品分布分析，想知道现在所有的产品分布里面哪些是卖得最好，更多还有对比分析、环比分析、相关性分析等等。

3. 如何应用自动化建模实现精准营销？

在完成客户精细化经营后，开展营销活动成为关键步骤。营销活动的核心在于精准定位目标客户，这一过程可通过 AI 自动化建模工具高效实现。传统营销依赖经验法则，由营销人员手动挑选目标客户，效率和精准度有限。而 AI 模型通过机器学习分析数据，自动筛选出潜在客户名单，显著提升了营销效果和精准率。

AI 自动化建模的优势在于其全流程自动化，涵盖从数据预处理到模型上线的各个环节。建模系统融合了机器学习和深度学习算法，具备多模态数据处理能力，无论是结构化数据还是文本、图片等非结构化数据，都能高效处理。这种高效应用的背后是分布式架构的支持，使其能够广泛应用于营销、风控、运营等多个场景。同时,AI建模工具的轻量化部署,支持与线上API接口对接,可实现定时或批量评分,进一步提升了营销活动的灵活性和效率。

基于自动化建模策略,利用机器深度学习,为每一个人的营销响应概率评分,根据不同营销目的挑选出最适合转化的客户群体,如图9-13所示。

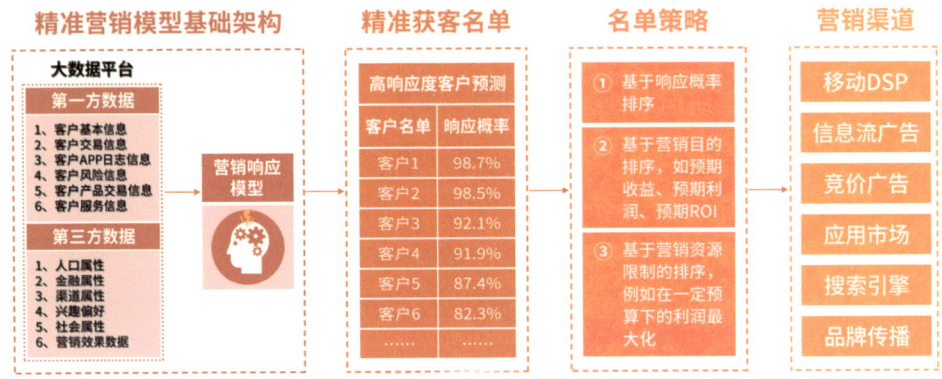

图 9-13 精准营销模型架构

例如存量客户有100万人需要触达,我们首先计算出每个人的响应概率,根据不同营销目的,会有不同的策略:

第一种,如果目标就是要卖更多的商品,我们可以根据响应概率做筛选,假设营销目标10万人,就可以从100万人的响应概率中,挑最可能成交转化的前10万人去营销。

第二种,如果目标是要实现利润收入最大化,或者考虑ROI的效果,这时在模型会生成一个分位表,基于营销目标(预期收益或ROI),分位表会建议这次要投放多少人,可以达到预期收益或者ROI预期,这是更加科学与精细化的名单投放。

第三种,基于营销资源限制的排序,例如营销预算有500万,但是有很多渠道和有很多产品可以选择,此时可以根据营销预算限制,针对每一个客户找到最适合的产品与渠道投放做到利润最大化。

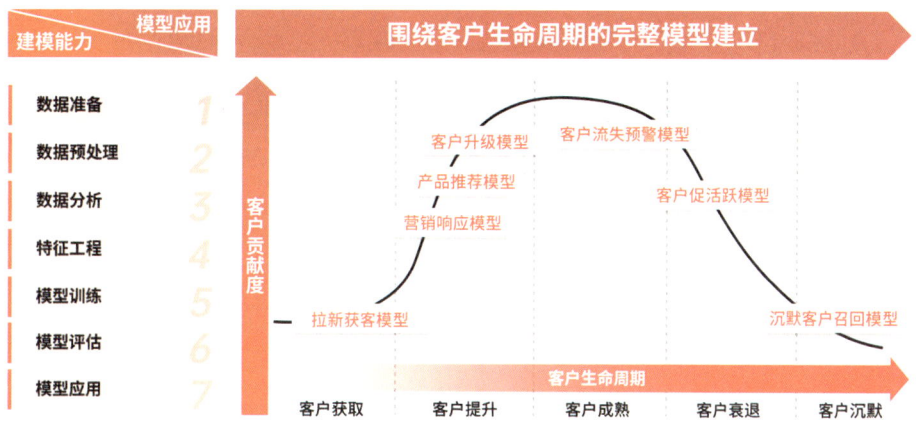

图 9-14　客户生命周期完整模型建立图

　　在客户全生命周期管理中，AI 大模型能够贯穿客户获取、提升、成熟、衰退和沉默等各个阶段，通过自动化建模工具实现精准营销。例如，在客户价值提升期，可以构建复购或升级模型；在客户成熟期，可以开发流失预测模型；即使客户已经流失，还可以通过沉默客户召回模型进行挽回。这些模型利用 AI 算法进行智能推荐，支持客户生命周期的精细化管理，从而提升客户体验和企业营销效率。

第 10 章
AI Agent 在企业智能化中的应用

一、AI Agent 在企业中的应用

二、AI Agent 在企业智能营销中的作用

三、AI Agent 与大模型结合的未来发展方向

企业的智能化转型已成为发展的必然趋势，从 AIGC（人工智能生成内容）颠覆旧有工作模式，再到如今 AI Agent（AI 智能体）重塑 AI 工作逻辑，凭借其具备自主决策、任务执行和自我优化能力的独特的优势，推动 AI 赋能企业数智化转型步入新高潮。

人工智能技术正在以前所未有的速度渗透到企业的各个层面，重塑商业运作的每一环节。在各行各业全方位拥抱 AI 浪潮的当下，AI Agent 和 AIGC 正为企业打开了全新的可能性，成为企业快速适应市场变化和提升竞争力的关键工具。

本章将深入探讨 AI Agent 和 AIGC 在企业智能化中的应用前景，尤其是在智能营销领域的深远影响。我们将探索这些技术如何打破行业壁垒，带来更高效、更精准的商业决策，并推动企业迈向新的增长高峰。

一、AI Agent 在企业中的应用

随着 AI 生态的日益繁荣，AI Agent 正在快速从概念走向应用，逐步成为企业智能化转型的核心工具。大模型、生成式 AI（GenAI）和强化学习等技术的突破，亦为 AI Agent 的应用提供了更加丰富的技术支持，深入企业应用更深处。尤其是随着 Agentic Workflow 等新兴概念的推动，AI Agent 的应用正在从单一任务的执行扩展到更加复杂的工作流管理，帮助企业在降本增效的同时提高运营效率。

尽管目前在企业应用中，AI Agent 智能体的落地与应用尚未出现颠覆式的杀手级应用，但如今，AI Agent 的应用不再是遥不可及的未来，在 AI 生态不断完善的环境中变得日益可行。AI Agent 通过自主学习、决策和执行，能够自动化处理繁琐的任务，推动企业在数据分析、客户服务、智能营销等多个业务环节实现高效、精准的操作。借助这一进展，企业正在快速迈向数字化和智能化的未来，AI Agent 亦将成为企业降本增效，提升生产力、优化流程并推动创新的关键力量。

AI Agent 在企业应用的场景分析

AI Agent 在企业中的应用在降本增效、扩大收入、提升服务、优化体验等方面展现了巨大的潜力。

这些应用场景又可以根据价值体现、应用领域、使用对象等角度进行进一步分类。价值体现方面，AI Agent 围绕降本提效、改善服务、优化体验的核心价值点，恰是 AI Agent 在企业应用中的关键所在。具体在应用领域方面，AI Agent 则可以应用于辅助创作生成、智能办公助理、智能客服、数字营销销售、商业智能等多个领域，如图 10-1 所示。

在具体应用过程中，AI Agent 的应用场景还需要考虑所依赖的模型能力、企业应用与数据、场景流程复杂性以及工程化要求等因素。这些因素会影响 AI Agent 在企业应用的成熟度和风险。例如，不同场景可能需要对底层大模型的输出能力有所侧重，因此需要根据场景选择合适的模型；

同时，企业应用与数据的规范性、开放性、合规要求等也会影响可行性与复杂性。

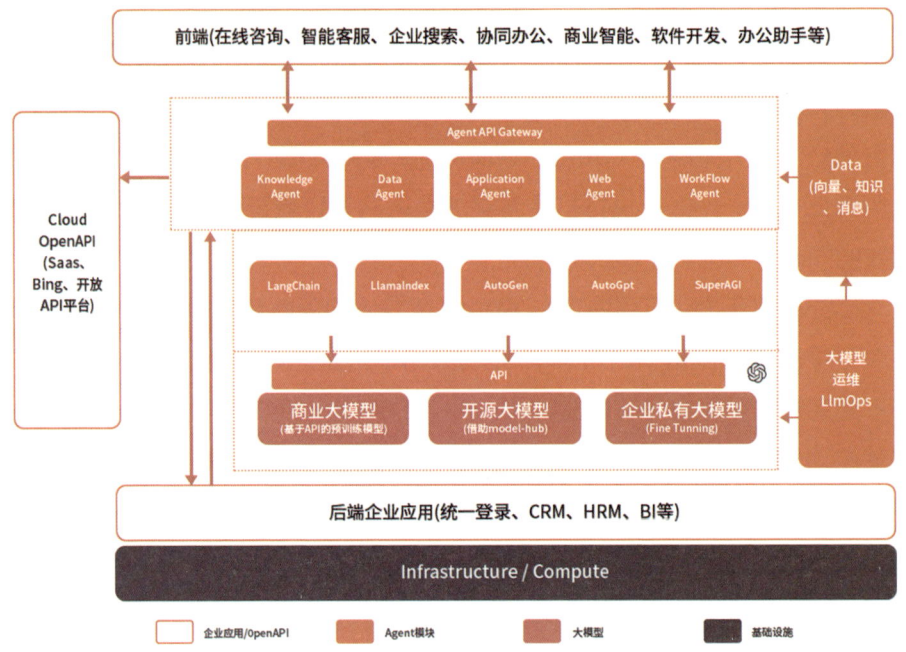

图 10-1　AI Agent 企业应用场景

此外，从使用对象的角度来看，AI Agent 在企业中的应用可以分为直接面向企业的外部客户等服务对象、直接面向公司内部使用者以及将 Agent 的能力嵌入与集成到其他应用之中三种类型。不同类型的使用对象会对 AI Agent 的应用场景产生不同的影响。

为了降低对企业生产的影响与风险，AI Agent 应用的落地可以优先考虑从直接面向公司内部使用者以及将 Agent 的能力嵌入与集成到其他应用之中的部分场景开始。

下面，我们对企业常见的 Agent 场景做总结，并简单区分其实施成熟度用作参考：

第一领域：辅助创作与生成

● 自媒体 / 设计公司等利用 AI 辅助内容创作与多媒体设计【成熟度

较高】

● 培训公司利用 AI 生成配套课件、摘要总结、培训考题等【成熟度较高】

● 软件公司基于多 AI Agent 的机器人辅助软件设计与编码【成熟度一般】

● 游戏公司利用 LLM 驱动的游戏角色以提供更真实的游戏体验【成熟度一般】；

第二领域：办公助理

● 基于自然语言的企业内部知识 / 政策的检索、咨询、学习【成熟度较高】

● 提供自然语言的内部员工服务，比如请假、会议室预订等【成熟度较高】

● AI 帮助 HR 自动根据岗位发布 JD、自动分拣并筛选收到的简历【成熟度一般】

● AI 帮助财务工作人员自动通过 web 操作做纳税申报【成熟度较低】

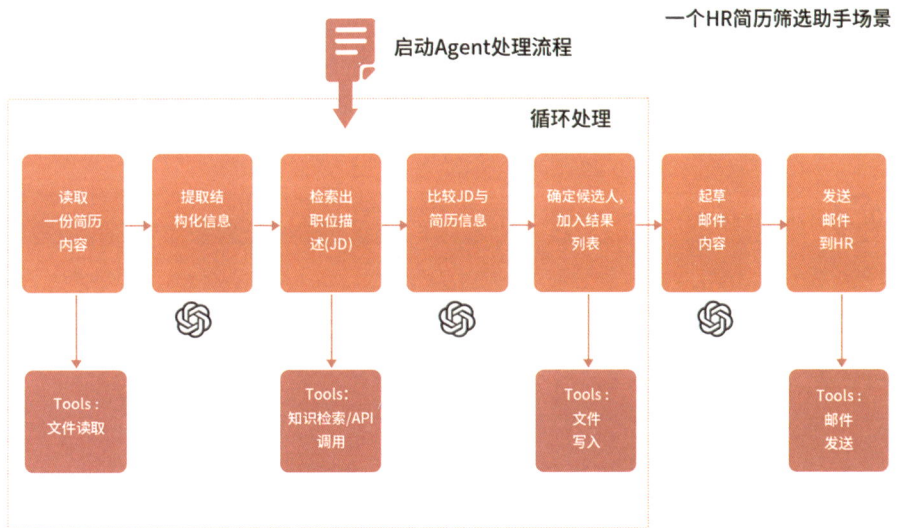

图 10-2　一个 HR 建立筛选助手场景

第三领域：智能客户服务

● AI 座席 / 助手，基于自然语言对话解决咨询与服务问题【成熟度较高】

● 服务行业的 AI 智能咨询，比如智能法律咨询、智能投资顾问【成熟度一般】

● 政府机关部门的热线咨询用 AI 降低部分人工咨询压力【成熟度一般】

第四领域：数字化营销与销售

● AI 借助搜索引擎等分析与查找可能的潜在客户，发现市场机会【成熟度一般】

● AI 辅助市场监测。比如搜集最新舆情、竞争对手动态等【成熟度一般】

● AI 根据潜在客户名单与信息自动创作营销方案并执行【成熟度较低】

● 在线 AI 销售助手，产品咨询、产品推荐与自助下单【成熟度较低】

● 电子商务中基于用户实时行为的实时推荐与预测【成熟度较低】

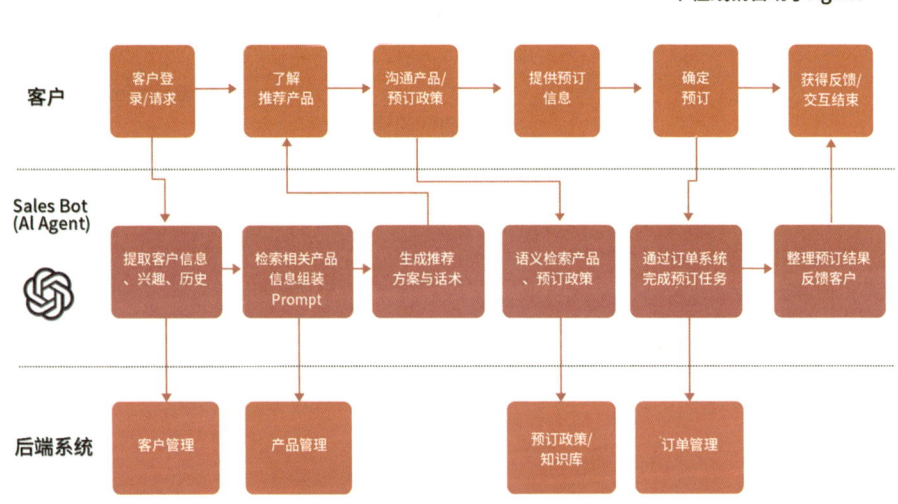

图 10-3　一个在线销售助手 Agent 场景

第五领域：数据分析与商业智能

● AI 辅助做互联网数据搜集与分析、市场研究，并输出产品创意【成熟度一般】

● 管理层通过自然语言分析公司运营关键 KPI【成熟度较低】

● 分析师通过 AI 上传数据或数据库访问做交互可视化数据分析【成熟度较低】

二、AI Agent 在企业智能营销中的作用

随着 AI 技术的不断进步和 AI 生态的日益繁荣，AI Agent 的应用已经开始深入到企业运营的各个环节，尤其是在营销领域。正如在上一节中提到的，AI Agent 应该选择企业"真需求"倒逼下，技术成熟度高、应用价值明显的场景进行应用，智能营销恰是如此场景。

从个性化营销到智能广告投放，从客户互动到内容生成，AI Agent 正在为企业开辟出全新的营销路径。随着生成式 AI（GenAI）和大模型技术的不断突破，AI Agent 的能力不断增强，能够实时响应市场变化、优化营销策略，帮助企业提升客户体验、降低成本、增加收入。

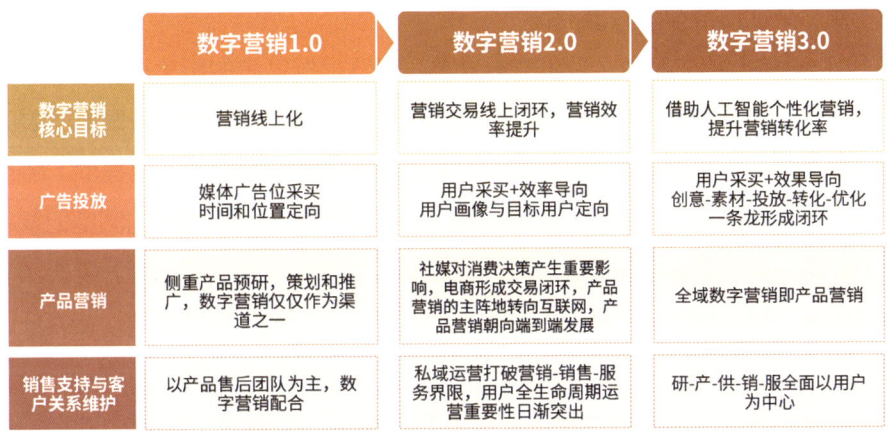

图 10-4　数字营销的迭代

AI Agent 在智能营销中的应用场景

AI Agent 通过智能化的协作与创新，已经在多个营销环节中展现出巨大潜力，推动着企业营销方式的转型。以下是 AI Agent 在智能营销中的几大应

用场景：

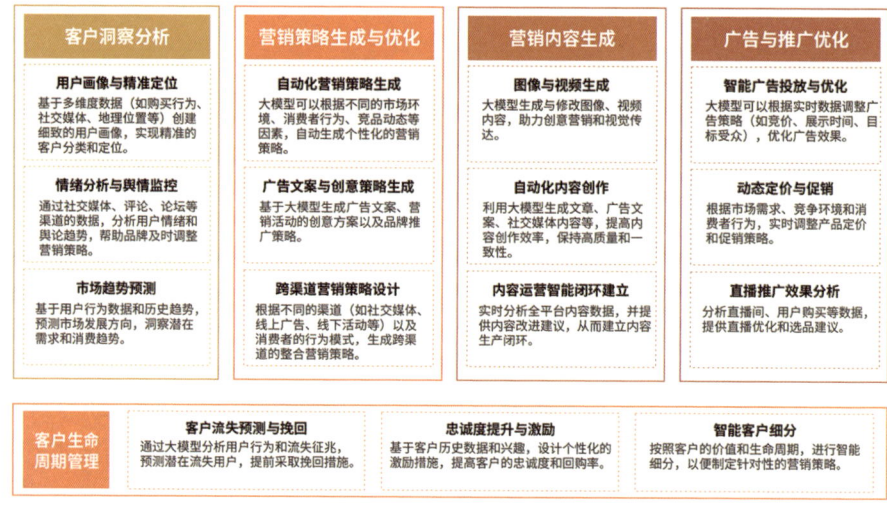

图 10-5 AI 在营销领域的应用场景

● **个性化推荐与精准营销**

AI Agent 通过深度学习和数据分析，能够根据客户的历史行为、兴趣爱好、购买习惯等多维度数据，生成个性化的推荐策略。AI Agent 赋能下展开的个性化营销不仅能够帮助企业提高用户的购买转化率，也一定程度上将增加客户粘性。例如，电商平台可以通过 AI Agent 实时分析顾客的浏览记录和购买数据，智能推荐相关商品，从而提高顾客的购买意图，进而提升销售额。

此外，AI Agent 还能够在个性化营销过程中，通过 A/B 测试、行为预测等手段，不断优化推荐策略，确保每一次的推荐都能更精确地匹配顾客的需求。无论是在电商、内容平台，还是在传统零售行业，AI Agent 都能有效推动个性化营销的实施，最大化营销效益。

● **智能广告投放与管理**

AI Agent 在广告投放方面的应用尤为突出。传统的广告投放往往依赖人工分析和手动调整，而 AI Agent 能够实时根据客户的行为数据、市场趋势和广告效果，自动化调整广告的投放策略。具体表现为，AI Agent 能识别哪些广告更受目标受众欢迎，从而优化广告内容，调整投放渠道，选择最佳投放时机和频率。

例如，社交媒体平台通过 AI Agent 的帮助，能够精准地分析不同客户群体的互动模式和兴趣偏好，根据这些数据调整广告内容和投放策略，从而提高广告的点击率和转化率。通过这种智能化的广告投放管理，企业不仅能够节省广告预算，还能最大化投资回报率（ROI）。

● 客户互动与智能客服

AI Agent 在客户服务领域的应用将改变传统的人工客服模式，为市场提供了一种更快速、个性化的服务体验方案。AI Agent 能够通过自然语言处理技术，实时与客户进行互动，解答疑问、处理投诉、提供建议，甚至主动推送个性化产品推荐。这不仅将大幅度提高客户满意度，也将进一步降低企业在客服领域的人力成本。

智能客服系统能够根据客户的提问自动生成答案，甚至可以处理一些复杂的客户需求，如产品咨询、售后服务等。此外，AI Agent 还可以通过持续学习，不断优化与客户的互动方式，从而进一步提升服务质量。

● 内容生成与创意营销

AI Agent 不仅在数据处理和决策支持方面表现出色，它在内容创作和创意营销方面的能力同样令人瞩目。生成式人工智能（AIGC）使得 AI Agent 能够自动生成广告文案、社交媒体帖子、电子邮件营销内容等。通过数据分析与用户行为预测，AI Agent 亦能进一步生成高度匹配用户需求的创意内容，极大提升营销活动的创意性和有效性。

例如，在社交媒体营销中，AI Agent 可以通过分析用户的兴趣和情感，自动生成符合受众偏好的帖子或广告，迅速响应市场变化。此外，AI Agent 还可以在广告创意的多样性和频率上进行实时调整，确保内容始终保持吸引力和相关性。

● 市场趋势分析与预测

AI Agent 不仅能基于过去的历史数据进行分析，还能够通过实时数据收集与分析，预测未来的市场趋势。AI Agent 可以分析竞争对手的动态、舆论趋势、消费者行为等，从而为企业提供市场预测和决策支持。通过对市场趋势的深度剖析,AI Agent 能够帮助企业及时调整营销策略,提升其市场适应性。

例如，企业可以通过 AI Agent 监测社交媒体、新闻和消费者反馈，快速识别当前市场的变化趋势，预测消费者需求的变化，从而在合适的时机调整产品推广策略，抢占市场先机。

2.AI Agent 在不同行业的营销应用

不同产业的营销需求各异，AI Agent 在消费零售、汽车、金融保险、教育、医疗大健康、招商等行业亦将展现出独特的价值。从优化客户体验到精准市场推广，从销售预测到自动化客户管理，AI Agent 正通过深度学习和自适应优化，使企业能够在竞争激烈的市场中精准定位目标用户，实现降本增效和增长突破。本小节，我们将分别探讨 AI Agent 在各大行业营销中的具体应用场景及其带来的变革。

图 10-6　AI Agent 在智能营销领域应用架构图

消费品行业

在消费品行业，AI Agent 主要应用于客户行为分析、个性化推荐、营销策略优化等方面。AI Agent 能够通过对消费者的大数据分析，从而识别消费者的购物习惯、兴趣偏好和购买力，进而实现个性化的营销方案。通过实时分析和自动化推荐，AI Agent 能提高客户粘性，推动销售转化。

此外，AI Agent 还可以帮助消费品公司通过智能广告投放、定制化促销活动等手段实现精准营销，确保品牌能够精准触达潜在客户，提升广告投放的 ROI。

01 增强客户洞察
深度数据分析： 深度分析客户数据，提供精准的市场洞察。
预测分析： 预测市场趋势和消费者行为，提前做好准备。

03 优化库存管理
智能库存预测： 减少过剩或缺货情况。
供应链优化： 智能管理，提高响应速度。

05 加强竞争力
快速适应市场： 帮助零售商快速适应市场变化，提高竞争力。
数字化转型加速： 让零售商看到价值。

02 增强客户洞察
个性化营销策略： 生成个性化营销策略，并持续优化。
效果监测与优化： 实时监测营销活动效果，及时调整策略。

04 改善客户体验
个性化服务： 提供个性化客户服务和产品推荐。
简化购物流程： 智能购物，提升客户体验。

06 数据安全和隐私保护
强化数据保护： 加强数据安全措施，保护客户信息。
隐私保护设计： 在大模型设计中加入隐私保护，减少隐私侵犯风险。

图 10-7　AI Agent 驱动消费与零售行业解决方案

● **提升客户洞察，全维优化营销策略**

从微观到宏观，从个性精准洞察到宏观市场战略，AI Agent 恰能够基于对全渠道、多维度的客户数据挖掘，从而提高企业对客户需求和偏好的深度洞察，进而更精准地预测市场趋势，并制定个性化的营销策略。例如，Marketingforce 旗下顾客声音（VOC）分析 Agent，恰能成为顾客声音的传话筒，一手连接客户，一手衬托企业战略，动态个性调整企业战略，优化产品和服务，提升客户满意度。

市场是动态的，除了精准的个性化洞察外，还需全维优化、动态调整才能推动营销策略的优化。AI Agent 亦能根据客户的历史消费数据和市场动态，自动调整广告投放策略和促销活动的内容，从而推动个性化动态营销的实施。

● **优化客户体验，实施优化营销策略**

随着消费者对个性化服务需求的提升，一方面，AI Agent 能够基于对客户的深度洞察，为客户提供不仅包括解答商品查询、售后服务等全天候的个性化 7x24h 服务，还能全流程跟踪消费者需求，实时调整服务和营销策略，以提高客户购物体验。另一方面，例如 Marketingforce 旗下客服 AI Agent，能够基于对客户等级（是否为会员）、需求的分解，自动分流任务，分布式为用户处理退换货、订单跟踪等事务，从而提升服务响应效率，减少客户等待时间，提升客户满意度。

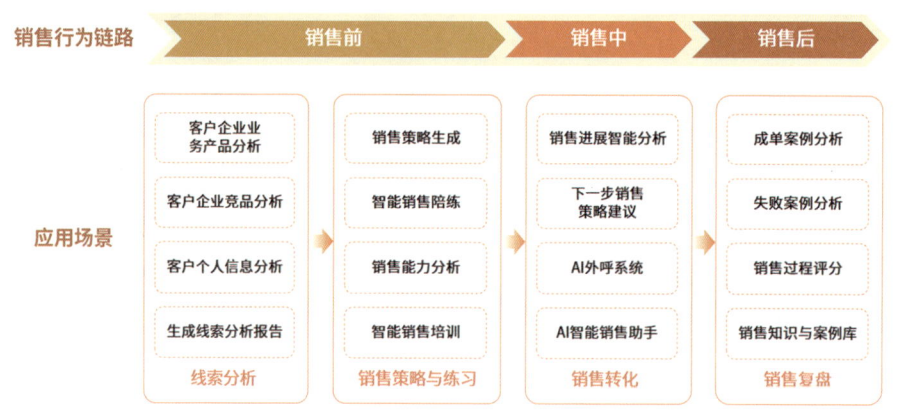

图 10-8　AI Agent 赋能销售行为链路示意图

● **跨渠道协同与集成**

现代零售商往往面临线上线下多渠道运营的问题。AI Agent 恰能够整合各个销售渠道的数据，提供统一的客户体验。无论客户是在实体店内购物，还是通过电商平台进行线上购买，AI Agent 都能够实时获取和分析客户的互动信息，从而提供个性化的推荐和服务。

● **库存与供应链管理**

AI Agent 在库存管理方面的应用尤为突出。通过实时数据监控和需求预测，AI Agent 能够帮助零售商精准预估库存需求，优化采购计划。它可以减少库存积压，降低存货过剩带来的成本，并有效避免缺货现象的发生。AI Agent 还可以自动调整供应链中的各个环节，如物流运输、货品分配等，提高供应链的响应速度和整体效率。

图 10-9　消费与零售行业经营决策智能体流程示意图

汽车行业

在汽车行业，AI Agent 的智能营销领域应用场景丰富，涵盖了市场分析、客户行为预测、产品推荐等多个方面。通过智能化的数据分析，AI Agent 恰能够帮助汽车制造商精准洞察市场需求和消费者兴趣，进而为不同用户群体定制个性化的购车推荐。

图 10-10　AI Agent 驱动汽车行业解决方案

例如，汽车购车决策往往经历较长的周期，且受到价格、配置、品牌等多因素的影响。AI Agent 则能通过深入分析消费者的线上行为、历史购车数据以及社交媒体舆情，精准识别潜在购车用户，并预测其购车意图。基于其消费者画像，跟踪用户生命旅程全周期，针对性地为客户推送个性化广告和营销活动。

且对于汽车行业而言，销售网格优化和 4S 店的客户路径分析至关重要。AI Agent 能够在分析客户在 4S 店内的行为数据后，重新设计销售区域布局和客户动线，提升客户体验与销售效率。并基于对客户行为的精确洞察，帮助 4s 店优化展厅布局和销售员的配置，帮助车企提高销售的覆盖面和转化率。此外，AI Agent 还能根据销售区域的潜力和现有销售网格的覆盖情况进行智能优化，帮助车企动态调整销售网格，进一步提升市场竞争力。

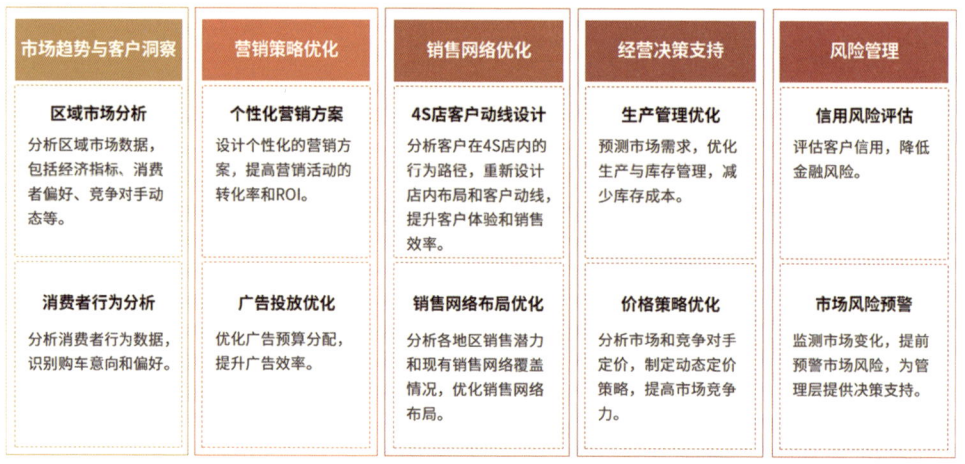

图 10-11　汽车行业经营决策智能体流程示意图

金融行业

在金融行业，AI Agent 的作用同样不可忽视，尤其在智能客户服务、风险评估、投资顾问等领域，AI Agent 展现了巨大的潜力。AI Agent 能够基于客户的财务数据和行为分析，为客户提供个性化的理财建议，帮助金融机构提升客户满意度，并实现精准服务。

在风险管理方面，AI Agent 能够自动化处理大量的金融数据，进行风险预测和预警，提升金融机构对潜在风险的敏感度，并帮助其优化风控策略，减少不必要的财务损失。

保险行业

AI Agent 在保险行业的应用，主要体现在智能理赔、客户服务、保单推荐等环节。通过大数据分析，AI Agent 能够实时分析客户的需求、健康数据和保险历史，为其提供个性化的保险产品推荐，并通过自动化处理理赔流程，减少人工操作的时间和成本，提高客户满意度。

AI Agent 还能在风险管理方面发挥作用，分析和评估客户的风险状况，为保险公司提供精准的承保决策支持，从而帮助保险公司优化产品设计和价格策略。

人力资源行业

例如在招聘中，AI Agent 的应用主要集中在简历筛选、候选人匹配、招聘决策优化等方面。AI Agent 能够通过自然语言处理技术，对简历进行自动化筛选，判断候选人的能力、经验与职位需求的匹配度，显著提升招聘效率。

此外，AI Agent 还能根据企业的招聘需求和候选人的历史数据，为招聘经理提供精准的招聘策略建议，进一步提高企业人才招聘的成功率和效率。

教育行业

教育行业正在逐步迈向智能化，而 AI Agent 在这个过程中扮演着至关重要的角色。AI Agent 能够帮助教育机构根据学员的学习数据和行为分析，为每位学员量身定制个性化的学习计划和教育内容。此外，AI Agent 还能通过智能推荐、智能测评等手段，提升教育资源的利用效率。

在教学管理方面，AI Agent 能够帮助教育机构优化课程安排、教师调度等行政工作，降低管理成本，并且通过智能化学习内容的生成和自动批改系统，进一步提升教育质量和学员的学习体验。

医疗大健康行业

在医疗大健康行业，AI Agent 的应用正在改变传统的健康管理与医疗服务模式。AI Agent 能够帮助医疗机构进行智能化的数据分析与诊断支持，基于患者的健康数据，为医生提供个性化的治疗方案和健康管理建议。

三、AI Agent 与大模型结合的未来发展方向

随着人工智能技术的不断进步，大模型与 AI Agent 的结合正成为推动各行各业智能化转型的重要力量。AI Agent 可以说是大模型迭代升级的产物，大模型凭借其强大的数据处理和推理能力正为 AI Agent 提供全方位的支持，而 AI Agent 则通过灵活、精准的任务执行和自适应能力，将大模型的潜力应用到实际场景深中。

从多模态数据的融合到自适应学习、从可解释性提升到隐私保护，二者协同式发展将进一步推动 AI 技术的创新，也为更多行业提供更加高效、安全、绿色的智能解决方案。随着大模型与 AI Agent 的不断进化，未来二者将在更多领域实现深度融合，带来更加智能化、个性化的服务，并为全球数字化转型提供强大动力。

图 10-12　人机协同背景下 AI Agent 人化维度

1. 多模态大模型促进 AI Agent 协同共联

随着大模型在处理多模态数据方面的能力不断提升，AI Agent 将能够更高效地结合来自不同数据源的信息，如文字、图像、视频、传感器数据等，从而全面理解和处理更多样化的任务。例如，在自动驾驶领域，在多模态 AI

的支撑下，AI Agent 能够如企业的"数字员工"，不同板块的 Agent 分别负责图像分析、雷达传感器数据和车辆动态数据，在云端跨越传统协作障碍，并在高效协作中，共同为车辆提供多维度的决策支持。

2. 大模型自适应性赋能 AI Agent 中台部署

大模型的自适应能力和迁移学习亦将在 AI Agent 中发挥更为重要的作用。市场从来不是扁平的，而是立体的，AI Agent 可以说是大模型的迭代性产物，也因此大模型在自适应与迁移能力的提升，赋能 AI Agent 快速基于企业及市场新需要衍生出自有生态，进而快速投入生产。

例如，一个全球化企业可能在多个地区运营，面临不同的市场需求和文化差异。大模型的自适应、可迁移能力恰能赋能 AI Agent 通过迁移学习快速从一个地区的业务数据中快速适应其他地区的特定需求，并根据新的环境进行自我调整。

3. 大模型可解释性演绎 AI Agent 逻辑新链路

尤其是在高风险领域，如医疗和金融等行业，在先进的算法、庞大的训练数据集以及对语言细微差别的深刻理解的大模型赋能下，AIGC 内容将不再是黑匣子的产物，而是为人类在可显化逻辑链下提供有理有据的 AI Agent 智能化决策支持，进一步赋能人机协同，书写人与机器互相信任感、长久承诺、可持续发展的新篇章。

4. 大模型全面升级赋能 AI Agent 本地部署定制化

随着大模型在性能、成本和技术方面的全面升级，其在行业中的应用将迎来新的突破。特别是在 API 调用成本降低、计算效率提升和模型架构优化等大模型全方位审升级的背景下，AI Agent 将在本地部署和定制化方面展现出更大的潜力。过去，基于云端的模型部署和调用存在较高的成本和延迟，而如今，大模型的本地部署已成为可能。通过本地化部署，AI Agent 能够在不依赖云端的情况下，结合行业需求进行高效运行和定制优化。

5. 大模型隐私提高赋能 AI Agent 安全新升级

在更强有力的数据加密技术（如 AES、RSA）和严格的数据保护措施的支持下，数据的存储与传输过程中将在安全性方面得到新升级。例如，在金融行业中，AI Agent 处理客户的财务信息时，必须符合行业的隐私保护标准，以确保数据的加密和匿名处理。如此，大模型和 AI Agent 的结合将不仅能够提供高效的智能服务，还能确保数据的安全性和合规性。

6. 数字员工与人机协作模式

在数字化时代，用工模式快速演变，与全职员工、外包员工、兼职员工这三大传统劳动力用工形式不同的第四种用工模式——数字化劳动力（又称"数字员工"）应运而生。

麦肯锡发布的《数字化劳动力白皮书》指出，"数字员工"又称数字化劳动力，是打破人与机器边界，以数字化技术赋予"活力"的第四种企业用工模式，实现智能时代的组织孪生。当今世界数字经济快速发展，劳动力模式也在快速演变，通过科技赋能，让传统劳动力与数字化劳动力相结合，建立"智能员工队伍"，让传统劳动力从烦琐的流程性业务中解放出来，专注于更具价值创造性的工作。

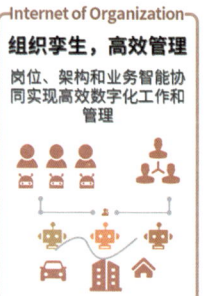

图 10-13　智能时代组织孪生

打造"数字员工"关键靠技术，重点包括机器人流程自动化、人工智能、大数据三大核心技术。机器人流程自动化（Robotic Process Automation，以下简称"RPA")是指使用软件自动化实现系统程序模拟人类在计算机等数字化设备中的操作，协助员工完成大量重复、规则明确且耗费时间的工作，实现业务流程自动化。

比如在实体行业，"数字员工"是 RPA 与实体机器人相结合，让生产线上的机械臂自动开展流水化作业；在财务方面，运用 RPA 技术实现自动处理发票、报销审核、对账等流程性工作；在行政办公方面，可以自动发送邮件、信息等。

数字员工背后暗藏着巨大的潜力，故而越来越多企业开始打造"数字员工"，以提升服务效率，强化风险管控，优化运营流程，更好地提升客户体验感，降低运营成本。但同时，若仅凭"数字员工"亦难以真正发挥"数字员工"的应用价值，唯有二者协同，才能激活彼此能量，从而创造更大的价值。

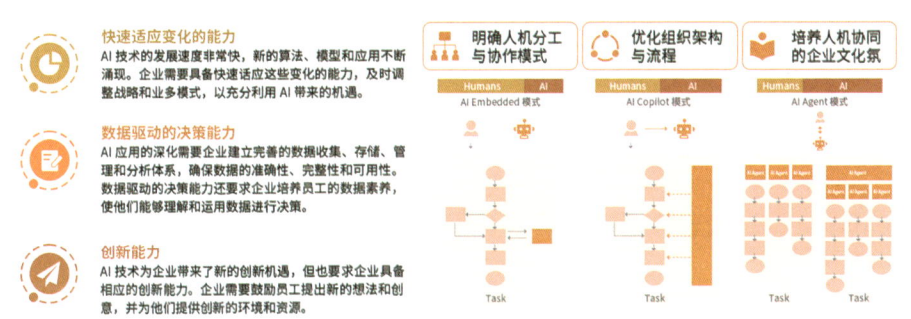

图 10-14　数字员工与人机协同的未来示意图

以销售领域来看，短期内，AI 销售的进化（大模型驱动的 AI 外呼、智能客服等等）保守估计会吞噬 50% 标准化岗位，但顶尖销售的薪酬曲线反而加速上扬；长期观察，销售领域正经历从"劳动力密集型"向"智力＋情感密集型"的进化：当 R1 类大模型处理完 98% 的数据苦役，人类终于得以聚焦那 2% 的创造性瞬间。真正的颠覆或许不在于岗位存亡，而在于重新定义"销售"的本质。

在人机协同的未来，技术与人类的关系亦将不再是冷冰冰的工具与操作者之间的简单互助，而是一场深刻的共生与超越。随着 AI 的不断进化，智能系统亦将不仅仅是执行任务的工具，而是成为人类智慧的延伸，成就我们的创意、判断与情感交流。我们也不再是单纯的指令发布者，而是与 AI 一起在思维的深海中游泳，探索那些曾经遥不可及的边界。

从更宏观的视角看，未来的社会将不再是以"人"或"机器"为单一主体的对立，而是形成一种相互赋能的局面。或许"人类中心"的时代本就该结束了。从艺术创作到医疗突破，从教育个性化到气候变化的解决方案，AI 与人类的合作将不再是单纯的技术革新，而是深入到每个领域，推动人类文明向更加精致与复杂的方向发展。

最终，这场变革不在于技术的胜利，而在于人类智慧的升华。在这条路上，机器不会消灭人类，它只会淘汰那些不愿进化的人。

当 AI 接管了信息传递的 " 术 "，人类方能回归价值创造的 " 道 "——那些关于信任、承诺与长期主义的故事，永远需要人性的温度来书写。这场变革的终极答案就藏在《人类简史》的预言里：智能革命从不消灭人类，它只淘汰不愿进化的人。

第 11 章
双基架构：集团型企业数智化治理

一、"一维"组织架构

二、"二维"组织架构

三、集团企业："客户资产中台 + 业务中台"的"双基架构"

随着数智化转型的推进，集团型企业正关注"数据驱动"。关键在于如何实现从线下到"线上 + 线下"融合的转变。集团型企业需要建立统一的数据平台，连接多个组织和业务单元，提供共享数据源。然而，多数集团企业面临多品牌、多业务、跨时间周期等复杂问题，解决这些问题对数智化转型的成功至关重要。

数字营销运营是一个系统化的工程，它需要企业长期投入，并由企业决策者来进行战略性的管理和决策。

以市场为导向模式（总部 – 区域市场 – 分公司 – 门店）的集团化企业需要通过数据驱动营销，提升数智化运营水平，对营销体系进行结构性调整，对不同类型的营销策略进行匹配，并对不同类型用户进行精准化、个性化服务。同时还需要对整个营销系统和运营体系进行全面整合，形成一个有机整体，才能达成企业数智化转型落地。

那么，集团型企业在数智化转型过程中需要建立怎样的营销运营体系？

一、"一维"组织架构

集团型企业在数智化转型过程中，首先需要明确营销组织架构，构建统一的组织体系。

一套有效的数智化转型组织架构能够有效支撑企业的业务目标达成，并可以对企业的关键业务起到战略引领作用。不同类型企业营销组织架构形式各有不同，但基本包括总部、区域市场、分公司、门店这四大类。

四大类营销组织架构形式中各有其侧重点：总部主要负责制定战略方向与发展策略；区域市场主要负责产品落地与用户服务；分公司主要负责业务支持与运营；门店主要负责产品销售和用户维护。

二、"二维"组织架构

除了上面所说的四大类营销组织架构，集团型企业在数智化转型过程中还可能需要构建以下一些组织架构。

1. 职能型组织。 一般由企业总部相关部门承担，负责制定总体的战略方向与发展策略、营销运营、品牌管理、数智化统筹等，负责对各区域市场进行业务指导与支持，是最常见的一种组织架构。

2. 项目型组织。 一般由企业的某一个或几个部门承担具体项目工作，比如销售部门负责产品销售，市场部负责品牌推广，市场部负责业务拓展等。这种组织架构可以实现项目驱动和分工协作，但在资源调配上相对较为松散。

3. 职能型加项目型组织。 一般由企业总部相关部门、事业部或下属公司承担具体项目工作，比如销售事业部可独立完成新客户开发与老客户维护等工作、市场部可单独完成市场活动执行与业务拓展等工作。这种架构有利于项目管理，但存在一定的协调难度，同时需要各部门承担更多的责任和压力。

通过以上分析可以看出，集团型企业在构建数智化转型的营销运营体系时应主要围绕总部和区域市场展开。只有明确了总部和区域市场的数智化转型角色定位和职责分工，才能在企业内部形成合力，有效支撑数智化转型工作。

三、集团企业："客户资产中台 + 业务中台"的"双基架构"

与单一品牌企业数智化架构不同，大型集团型企业需要建立自己客户资产中台及业务中台的"双基"架构，保障多元业务独立性、个性化运营的同时，从集团视角能够完成"数智化资产的统筹治理"，如图 11-1 所示。

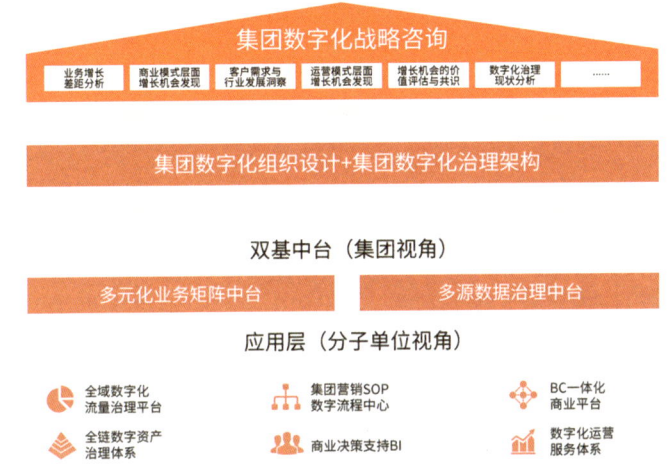

图 11-1　集团企业"客户资产中台 + 业务中台"的"双基架构"

1. 实现客户资产集团统筹

众所周知，集团企业的客户数据分散在各个业务系统中，不同业务线、不同系统之间的数据无法互通，难以统一管理和运营，用户体验差。集团企业需要通过客户资产数智化中台的建设，将各分子公司客户资产整合到统一中台，不同业务条线的客户数据共享和互通，为集团统一运营、设计服务创新提供可能。

例如，当一个用户在 A 品牌的某一门店进行消费时，后台可以获取该用户在 B、C、D 品牌店内消费时产生的行为数据，对 A 品牌店内的销售情况进行分析；当一位客户在某一个门店进行了多次消费后，后台可以获取该客户在某一个品牌店内的多个不同场景下的消费数据（如门店位置、消费频次等）。通过对各个渠道产生的数据汇总分析后，结合相应品牌消费者画像、营销策略等形成精准化运营策略指导各品牌开展营销活动。

集团内各业务系统的用户数据被整合到统一中台后，集团则可以通过全视角用户差异化业务交互全景数据设计创新服务和个性化服务通路，通过用户画像技术和用户行为分析、用户生命周期管理数智化治理，对接多品牌统一中台反向映射能力，定向完成从集团向各分子公司业务单元数智化营销工具赋能。

2. 实现产品策略统筹

基于集团视角全景客户及业务数据治理，集团层面可以有更完整的决策支撑完成产品图谱的优化与设计（包括：商品生命周期定义、产品营销活动设计、产品升级改版投入策略等），一切以"客户和市场为中心"，来布局产品战略。

3. 实现经营因子的动态分析和预测

集团经营管理是一个复杂的系统，其总体增长目标的实现依赖于各分子公司和业务单元的贡献。然而，传统集团型企业通常缺乏有效的数智化工具来分析影响经营目标的因素，也无法利用历史数据确定关键因子以实现最佳效果。在"双基架构"下，通过有效的数据收集和建模，可以实现"逆向因子神经网络"的可视化拆解，使得经营目标的实现可以通过各项数智化因子进行优化。

4. 实现营销 SOP 集团数智化流程中心化管理

Digital SOP Center（也称集团数智化 SOP 流程中心）是传统集团企业所不具备的，该平台聚焦营销端。集团品牌与用户的触达都有着各自的规则，集团下属分子公司因业务差异，在"标准运营流程和客户触达"的策略方面能力各有不同。Marketing SOP 是动态收集客户及市场数据的最佳路径，建设集团统一的 SOP Center，各分子公司集中式动态调用，可以减少分子公司独立运营的压力，同时实现客户市场营销自动化的效率最大化。

除此之外，"集团数智化 SOP 流程中心"的良性运营，基于"双基架构"，还需要构建多品牌用户标签画像数据中心、构建基于多品牌标签体系下的营销活动管理中心；构建基于多品牌内容管理中心以及权限管理中心。通过上述建设，形成完整的集团统筹下的数智化运营管理模式。

在当今"AI+"及数智化经济时代，集团化企业应从产品和服务创新、供应链管理、客户关系管理等方面实现全产业链的数智化转型升级，以达到快速响应市场变化，降低运营成本，提升集团整体竞争力。同时，集团化企业应该将数据作为重要的生产要素，实现数据驱动数智化营销运营和精细化运营，全面提升企业的数智化同频共振运营能力。

第三部分

数智化转型行业解决方案与案例

第 12 章　零售电商数智化转型解决方案

第 13 章　商业连锁数智化转型解决方案

第 14 章　汽车出行数智化转型解决方案

第 15 章　泛金融数智化转型解决方案

第 16 章　高科技制造与服务企业的数智化转型方案

第 12 章
零售电商数智化转型解决方案

一、零售电商行业数智化营销趋势分析

二、零售电商行业数智化营销问题分析与解决思路

三、零售电商行业数智化营销解决方案

四、具体解决方案与案例

一、零售电商行业数智化营销趋势分析

2024 年以后，零售电商行业的数智化营销趋势将继续加速发展，结合新技术和消费者行为变化，主要呈现以下几个方向，如图 12-1 所示：

图 12-1 零售电商行业数智化营销趋势分析

1. 全链路数智化赋能

数智化营销将贯穿零售电商的全链路，从获客、转化、复购到客户关系

管理。企业将通过数据洞察优化各个环节，实现精细化运营。智能推荐、动态定价、个性化促销等工具的应用将更加广泛，基于用户行为、兴趣和购买历史提供精准服务。

2.AI 驱动的智能营销

人工智能和机器学习技术在营销中的应用更加深入，包括智能客服、内容生成、用户画像等。生成式 AI 将助力内容创作、社交媒体营销和广告投放，使得营销效率提升。通过 AI 模型，企业可以快速响应市场变化，调整策略。

3. 多元化渠道融合

O2O（线上线下融合）和全渠道营销将进一步整合。通过小程序、社交电商、直播电商、短视频平台等多渠道触达用户，增强品牌的曝光和互动。不同渠道间的数据打通将提升用户体验，形成更紧密的品牌联系。

4. 私域流量与社交营销的深入发展

私域流量运营在未来仍将是电商的核心策略。品牌将更注重构建与消费者的长期关系，通过社交平台、微信生态等工具持续与用户互动。精细化的会员体系、社群运营和内容营销将在留存与激活用户方面发挥关键作用。

5. 个性化体验的深化

个性化已成为零售电商的重要趋势。通过更先进的算法，企业可以实时分析用户行为，定制个性化的推荐、促销和服务，提升用户的购物体验。跨渠道的数据整合将使得个性化推荐更加精准。

6. 内容电商的持续崛起

结合社交媒体、短视频、直播等内容形态的电商营销模式仍将主导市场。UGC（用户生成内容）、KOL（意见领袖）、KOC（关键消费者）等多层次内容创作将继续引领电商趋势，驱动用户购买决策。

可以看出,未来零售电商的数智化营销将更具智能性、个性化和可持续性,数据驱动和技术创新将成为企业提升竞争力的关键。

二、零售电商行业数智化营销问题分析与解决思路

随着零售电商行业的不断发展,数智化营销已经成为品牌在竞争中脱颖而出的关键。然而,在这一过程中,企业也面临着诸多挑战和问题,主要包括以下几个方面,如图 12-2 所示:

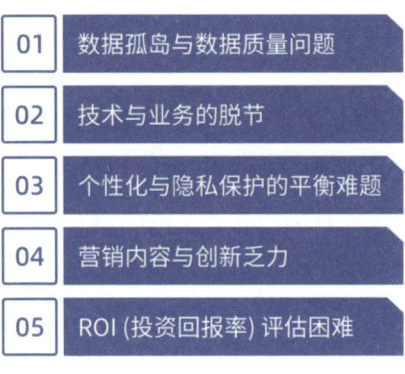

01 数据孤岛与数据质量问题

02 技术与业务的脱节

03 个性化与隐私保护的平衡难题

04 营销内容与创新乏力

05 ROI(投资回报率)评估困难

图 12-2 零售电商行业数智化营销问题

1. 数据孤岛与数据质量问题

数据驱动是数智化营销的核心,但许多企业面临数据孤岛问题。不同业务线和部门的数据相互割裂,难以实现统一管理,造成数据的重复、冲突和不一致。此外,数据质量问题也普遍存在,包括数据的缺失、冗余、不准确等。这不仅导致数据分析结果不可靠,也影响了后续的精准营销与用户体验。

2. 技术与业务的脱节

数智化转型中,技术和业务的融合度不高是常见问题。许多企业虽然投入了大量资源进行数字化和智能化升级,但技术的落地应用往往未能充分结合实际业务需求。技术团队与业务团队缺乏有效沟通,导致技术方案的应用

场景不明确，或在执行过程中偏离了业务目标，最终无法达到预期效果。

3. 个性化与隐私保护的平衡难题

在数智化营销中，个性化推荐和精准营销是提升用户体验的关键，但这也带来了用户隐私保护的问题。随着全球数据隐私法规的日益严格，如GDPR 等，企业在获取、存储和使用用户数据时面临更大压力。如何在确保用户隐私的前提下，继续提供个性化服务，成为一大挑战。

4. 营销内容与创新乏力

随着用户对内容质量和形式要求的不断提高，传统的营销方式已难以吸引用户注意力。许多品牌在数智化营销过程中，未能及时更新内容策略，导致用户疲劳、参与度下降。同时，内容同质化严重，缺乏差异化和创意，难以在竞争中脱颖而出。

5.ROI（投资回报率）评估困难

数智化营销的多维度投入使得 ROI 评估变得更加复杂，如图 12-3 所示。无论是广告投放、私域运营，还是技术平台的建设，如何准确量化每个环节的回报，衡量各项投入的效果成为难题。缺乏科学的 ROI 评估方法，容易导致资源浪费或决策偏差。

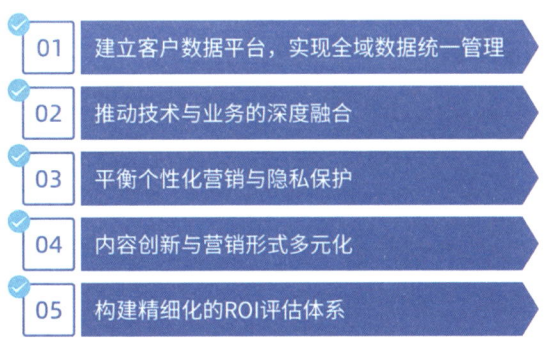

图 12-3　ROI 提升思路

针对上述问题，企业可以通过以下解决思路进行系统化改进，以提升数智化营销的效果：

（1）建立客户数据平台，实现全域数据统一管理

针对数据孤岛问题，企业需要构建强大的客户数据平台，将不同业务线、部门和渠道的数据打通，形成全域客户数据管理平台。客户数据平台可以通过数据清洗、整合和标准化，解决数据质量问题，确保数据的一致性和准确性。此外，借助客户数据平台（CDP）等工具，企业可以更好地进行用户画像分析，实现个性化营销。

（2）推动技术与业务的深度融合

技术与业务脱节的问题需要通过组织和流程上的优化来解决。首先，企业应建立跨部门协作机制，促进技术团队与业务团队的深度沟通，确保技术方案切实满足业务需求。其次，企业需要培养既懂技术又懂业务的复合型人才，使得技术能够更好地为业务服务。最后，在技术部署前，企业应进行场景化需求分析和验证，确保技术应用的可行性和效果。

（3）平衡个性化营销与隐私保护

在隐私保护和个性化营销之间，企业需要采取合规且灵活的策略。首先，企业应遵循数据隐私法规，明确用户数据的收集与使用边界，并通过透明的隐私政策赢得用户信任。其次，在个性化推荐时，可以使用匿名化、去标识化等技术，降低隐私风险。通过用户授权和选择机制，确保用户在享受个性化服务时拥有足够的知情权和控制权。

（4）内容创新与营销形式多元化

内容创新是提升用户参与度和黏性的关键。企业应不断探索新型内容形式，如短视频、直播、互动游戏等，通过多元化内容满足不同用户群体的需求。此外，UGC（用户生成内容）和社群共创也能够有效提升内容的多样性和真实性。在内容策略上，应基于数据分析进行精准推送，确保内容的相关性和价值，避免用户疲劳。

（5）构建精细化的 ROI 评估体系

为了准确评估数智化营销的投入产出比，企业需要构建科学的 ROI 评估体系。首先，应将各环节的投入和回报进行量化，建立明确的 KPI 指标，涵盖广告点击率、转化率、用户留存率、客户生命周期价值（CLV）等。其次，通过 A/B 测试和数据回溯分析，验证不同策略的效果，动态调整资源分配。最后，企业应重视长期 ROI，与短期回报相结合，确保数智化营销的可持续发展。

　　总结上述内容：零售电商行业的数智化营销转型既是机遇也是挑战。通过解决数据孤岛、技术与业务脱节、隐私保护与个性化平衡、内容创新不足以及 ROI 评估难等问题，企业可以在竞争中占据主动。系统化的策略布局和持续优化的运营，将帮助企业在数智化营销中取得更大成功，实现长远的商业价值。

三、零售电商行业数智化营销解决方案

图 12-4　零售电商行业数智化营销解决方案

1. 解决方案中的三大数智化产品核心能力概述

（1）内容管理平台 CMS

内容管理平台 CMS 是企业实现内容创作、管理、分发和分析的核心工具。

它支持多渠道内容发布与管理，帮助企业通过精细化的内容运营提升用户参与度和品牌影响力，如图 12-5 所示。

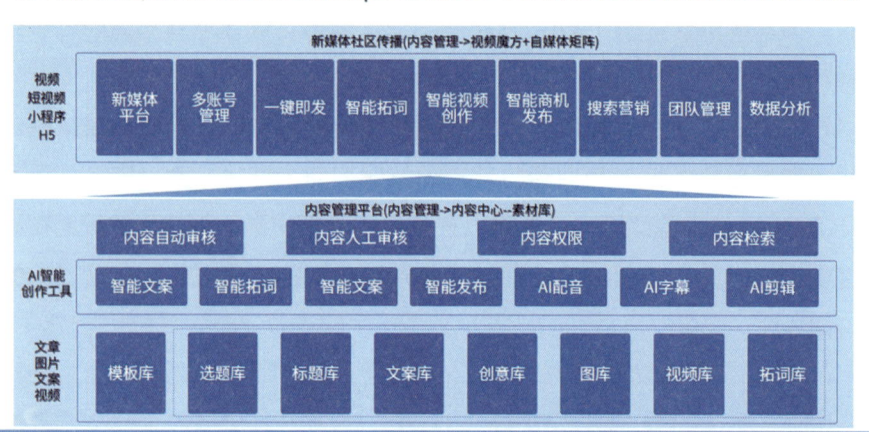

图 12-5　内容管理平台 CMS

（2）智慧商城

智慧商城是一个集成了智能营销、个性化推荐和多渠道管理的全渠道商城系统。它通过 AI 技术赋能，为用户提供个性化购物体验，并帮助企业提升销售转化率，如图 12-6 所示。

图 12-6　智慧商城全渠道商城系统

（3）社交客户关系管理 SCRM

社交客户关系管理 SCRM 系统专注于社交平台上的客户数据采集、管理和运营，通过全渠道触点覆盖，帮助企业实现私域流量的精细化运营和用户生命周期管理，如图 12-7 所示。

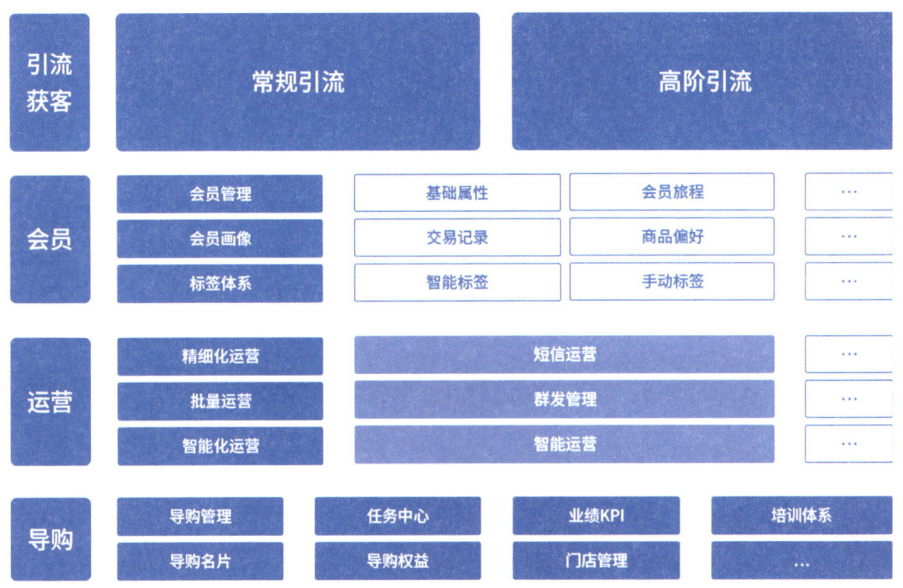

图 12-7　零售电商行业数智化营销核心应用架构

2. 零售电商全链路转型带来的价值

以 Marketingforce 平台提供的 CMS 内容管理系统、智慧商城和 SCRM 私域客户资产运营管理系统，这一产品组合为例，形成了覆盖内容、交易和客户关系管理的全链路数智化解决方案。以下从五个核心问题出发，分析这套解决方案如何帮助企业实现数智化转型，并在不同业务场景中带来实际的商业价值，如图 12-8 所示。

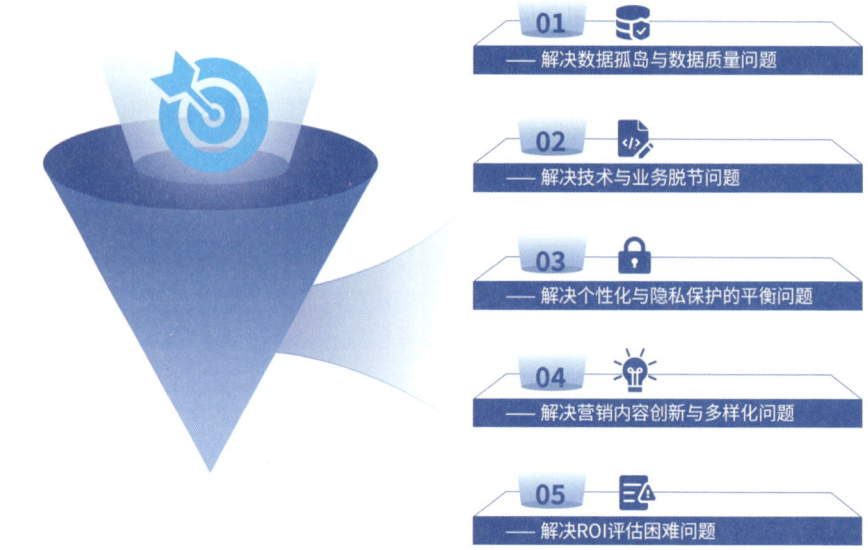

图 12-8　Marketingforce 全链路数智化解决方案

（1）解决数据孤岛与数据质量问题

Marketingforce 集团的解决方案是通过构建数据中台，将 CMS（内容管理系统）、T-Shop（智慧商城）和 SCRM（社会化客户关系管理）中的数据进行打通和整合，以解决数据孤岛问题。

具体流程如下，CMS 负责对内容数据进行统一管理、T-Shop 记录用户购买行为以及 SCRM 采集社交平台互动数据，所收集到的数据通过数据中台进行有机整合，以确保跨渠道数据的同步与管理，进一步保证数据的全面性和一致性，从而为企业提供了全方位的用户画像。

整合与清洗后的高质量数据帮助企业更好地了解用户需求、偏好和行为，以支持更精准的营销策略，提高了用户洞察力，使得资源分配更加精准，避免无效投入。

（2）解决技术与业务脱节问题

产品设计以业务需求为导向，支持灵活的场景定制和业务流程集成。企业可以通过智慧商城的模块化设计进行场景化定制，自定义商城布局、营销活动和用户路径，确保技术应用贴合实际业务场景。

此外， T-Shop 支持按需配置和功能扩展，CMS 和 SCRM 与业务系统的无缝集成，使得技术与业务无缝对接，进而实现内容与客户管理的深度融合。

场景化定制和敏捷迭代大幅缩短了技术落地的时间，提升了项目成功率。此外，定制化解决方案亦确保技术在业务场景中的有效落地，提升了技术应用的实际效果。

（3）解决个性化与隐私保护的平衡问题

SCRM 和 T-Shop 产品可以很好地解决上述问题，帮助企业在个性化营销和隐私保护之间取得平衡。一方面，SCRM 在用户数据采集和使用上提供了透明的授权机制，同时支持用户数据的匿名化和脱敏处理；另一方面，T-Shop 通过用户行为分析和偏好数据，可以进行个性化商品推荐和精准营销。

如此一来，通过用户授权管理、数据匿名化处理以及合规的数据采集方式，企业既能保证精准营销的效果，又能遵循隐私保护法规。

通过合规的数据管理和透明的隐私策略，两款产品既增强了用户的信任感，又降低了用户流失风险。同时，在确保隐私保护的前提下，灵活运用个性化策略，成功提升了转化率和用户体验，实现了用户信任与运营效率的双重提升。

（4）解决营销内容创新与多样化问题

CMS 平台可以结合用户行为数据，用户偏好和热点分析，自动生成内容主题和创意策划并智能推荐多样的内容形式、社交互动、发布时机，以确保内容的精准触达和高效互动。如此，CMS 平台通过内容智能生成、数据驱动的内容策划和多渠道分发功能，帮助企业实现内容的高效生产与运营。

CMS 平台利用智能化的内容策划与生成工具，大幅提升了内容生产效率，降低了企业的运营成本。同时，通过提供多样化的内容形式如短视频、图文、直播及互动小游戏等，结合场景化的互动体验，增强了用户的黏性和对品牌的忠诚度，从而在提高内容质量和互动频率的同时，也推动了品牌价值的提升。

（5）解决 ROI 评估困难问题

SCRM 和 T-Shop 产品内置了完整的 ROI 监控和分析工具，从广告投放、用户转化、复购率等多个维度，支持从流量获取、用户转化、复购行为到客户生命周期价值的全面监测，帮助企业进行实时数据跟踪、科学评估营销效果。通过自动化数据报表和智能化分析，企业可以直观了解各项投入的回报情况。

此外，基于历史数据的回溯分析，企业还可以动态调整策略，优化资源配置，以更好地提高 ROI。

四、具体解决方案与案例

案例：某乳业企业集团生态链数智化私域营销实践

1. 现状分析

（1）业务板块多元，数据分散不利统一管理

从集团视角来看，当下业务数据分散不利于企业统筹管理、同时也增加了开发运维成本当下有新鲜到家、新鲜屋、学生奶等多个销售渠道布局，如图 12-9 所示。

图 12-9　某乳业集团多元业务板块

（2）业务渠道数据割裂，会员缺乏统一管理

业务渠道的数据割裂导致了各个渠道间的信息无法顺畅流通，影响了整体业务的协调性和效率。同时，会员缺乏统一管理，会员数据分散在各个业务板块中独立存在，使得客户体验不连贯，难以形成一致的品牌认知。

（4）各业务企业微信独立运营，未形成私域触达合力

各业务部门的企业微信独立运营，未能形成统一的私域流量触达机制，导致了资源分散和效率低下。这种分散的运营模式限制了跨部门间的协作，影响了企业对用户画像的精准分析，进而影响整体的客户互动效果，不能激发私域合力。

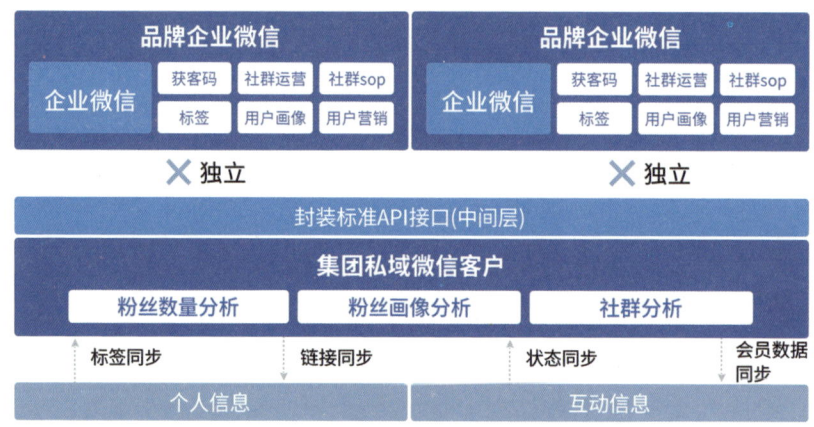

图 12-12　尚未形成私域触达合力的状态

（5）集团客户标签画像体系等部分能力不成熟

集团虽然已初步建立了客户标签系统，但由于数据源的局限性和标签生成的算法还不够精细，导致标签的准确性和时效性有所欠缺。为进一步提升标签的有效性，还需不断优化数据收集方法和标签更新机制，以更全面地反映客户的真实需求和行为特征。

2. 蓝图方案

该乳业企业私域数智化营销战略目标具体如下：

（1）数字化系统支持未来 100 亿营收增长目标

● 随着集团业务的高速发展，需要通过系统构建支持业务增长目标

● 未来非传统渠道私域营销占比达到 40%

● 构建全客户旅程与运营管理系统

（2）全面整合集团私域客户数据资产

- 先归集新鲜到家、新鲜屋、学生奶、电商渠道等优质会员数据资产
- 未来不断收集低温奶、常温奶优质私域会员数据资产
- 实现旗下分子公司私域会员资产

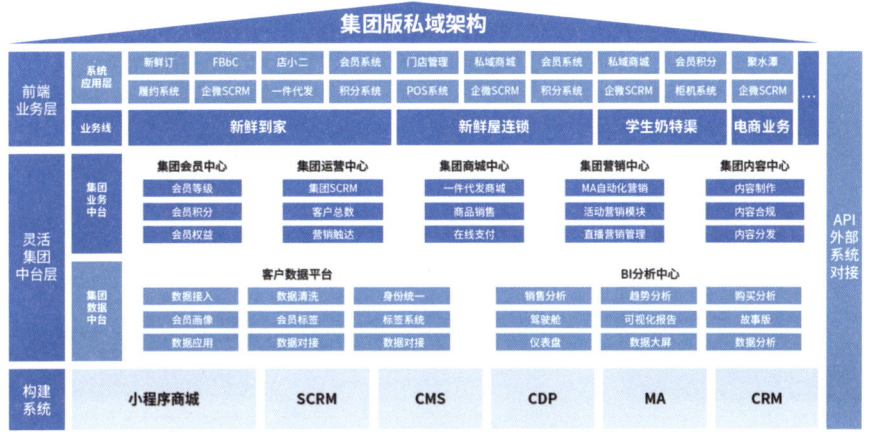

图 12-13　集团版私域架构

（3）数字化闭环系统可以赋能给未来更多乳业公司

- 通过集团闭环测试，跑通全流程系统赋能
- 赋能更多业务线，实现业务线快速复制
- 赋能给旗下子公司，实现子公司快速复制

通过建设集团生态链数智化私域营销体系，有力支持如下八项业务能力提升：

（1）全业务私域客户池归集能力

- 实现各业务全网触点收集客户信息进入集团客户池
- 实现全触点埋点、API 等方式对客户行为等数据获取
- 实现客户的各业务标注来源，实现业绩溯源

（2）完整的全业务会员体系能力

- 实现集团总体的会员中台体系、积分中台体系的总管理视角
- 实现各业务会员体系的支撑与对接，会员权益协同

● 实现各业务积分体系的支撑与对接，积分获取核销协同

（3）全业务客户 360 度画像能力

● 实现集团业态标签库，构建产品标签体系，消费者标签体系

● 实现对商品，消费打标签，通过分析模型对消费进行自动化标签

● 实现消费者 360 度画像

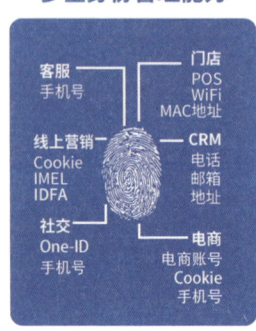

图 12-14　360 度全业务客户画像示意图

（4）业务渠道 F2B2C 数字化整合能力

● 实现试点业务 BC 一体化的系统布局

● 实现试点业务终端与消费者的链接获取能力

● 实现终端与消费者关联，销售与终端关联

（5）有全业务千店千面的电商能力

● 实现不同的业态，不同门店实现千店千面的产品展示与销售能力

● 实现门店电商与线下导购，线下库存结合实现 O2O 能力

● 实现线上的私域电商体系能力门户能力

（6）全业务全触点的私域营销能力

● 实现在消费者标签、内容、渠道的支持下建立消费者自动触达

● 实现集团营销内容的集中管理能力，赋能各业务线

● 实现集团线下活动的发起，申请，执行管理等体系

（7）全业务客户社交化触达能力

● 实现集团视角各业务客户社交链接，可以支持业务开展

- 实现各业务独立获取、营销、运营社交化客户的能力
- 实现集团化私域活动的营销能力

（8）新业务数智化快速复制能力

- 实现集团内新业务的会员、社交、商城、bbc 等能力的快速复制落地能力
- 实现子公司数智化系统闭环的快速复制落地能力

3. 业务价值

该乳业企业私域数智化营销业务场景及场景应用价值具体如下：

（1）集团会员私域中台，实现全业务会员统一管理交叉赋能

- 业务场景描述：在一个多品牌、多业务线的企业集团中，会员管理往往分散在各个业务单元，导致会员数据的孤岛现象。集团会员私域中台通过整合和统一管理所有业务的会员数据，实现跨品牌、跨业务线的会员交叉赋能。
- 价值与意义

跨业务线赋能：会员在一个业务线上的行为和偏好可以被应用到其他业务线，实现个性化推荐和交叉销售，提升用户粘性和购买转化率。

优化营销策略：统一的会员数据帮助企业制定更精准的营销策略，根据会员的跨业务线行为分析，调整促销活动和忠诚度计划。

统一会员数据管理：通过中央化的会员中台，企业可以实现会员数据的全面整合，消除信息孤岛，提升数据一致性和准确性。

（2）实现多品牌电商会员数据接入私域统一管理

- 业务场景描述：在拥有多个品牌和电商平台的企业中，各品牌的会员数据分散在不同的系统和平台。通过多品牌电商会员数据的接入和统一管理，企业能够实现跨品牌的数据整合和有效管理。
- 价值与意义：

跨品牌用户画像：通过整合不同品牌的会员数据，企业能够创建更全面的用户画像，识别跨品牌的用户行为和偏好。

提升营销效率：基于统一的会员数据，企业可以在不同品牌之间进行个性化的营销活动，提高广告投放和促销策略的效果。

（3）集团社交关系私域运营中台，实现全业务微信客户矩阵式管理

● 业务场景描述：在社交媒体（尤其是微信）的营销中，企业需要对客户进行矩阵式管理，包括客户的分组、标签管理和互动记录。集团社交关系私域运营中台提供了一个集中的平台来管理所有业务的微信客户数据。

● 价值与意义：

全面的客户管理：实现对微信客户的全面管理，包括客户的分组、标签、互动历史等，提供精准的客户服务和营销。

提升客户关系：通过矩阵式的管理，可以根据客户的需求和行为进行有针对性的沟通，增强客户关系，提高客户满意度。

高效的营销运营：支持多业务线的客户数据管理，方便企业进行跨业务线的社交营销活动，提高营销效果。

（4）支持实现品牌业务微信社交生态全链路营销增长

● 业务场景描述：品牌业务的微信社交生态包括用户的互动、内容发布、活动参与等多个环节。通过全链路的营销支持，企业可以优化每个环节，提高整体营销效果。

● 价值与意义：

数据驱动的决策：通过对全链路数据的分析，企业可以实时了解各个环节的效果，并进行优化调整。

提升用户转化率：优化社交生态的每一个环节，有助于提升用户的转化率和品牌的市场份额。

（5）通过私域小程序商城构建集团商城中台实现集团私域商城

● 业务场景描述：企业通过私域小程序商城建立一个集团商城中台，将各个品牌的电商业务整合在一个平台上，实现统一的私域运营和管理。

● 价值与意义：

统一的电商平台：通过私域小程序商城，企业可以将所有品牌的电商业务整合到一个平台上，简化用户的购物体验。

私域流量的高效管理：实现对私域流量的集中管理和运营，提高用户的复购率和忠诚度。

品牌效益最大化：通过集团商城中台，提升品牌的整体效益和市场竞争力。

（6）实现多租户多工作区数据功能隔离，确保客户从哪来归哪里去

● 业务场景描述：在多品牌和多业务线的企业中，不同的业务单元需要对数据进行功能隔离，以确保数据的安全性和隐私保护。

● 价值与意义：

数据安全与隐私保护：多租户和多工作区的数据隔离确保了客户数据的安全性和隐私保护，避免数据泄露和不必要的风险。

功能灵活性：企业可以根据不同业务线的需求进行功能配置和数据管理，提高系统的灵活性和适应性。

提升用户信任：数据隔离的措施增强了用户对企业的信任感，有助于提高用户的参与度和满意度。

（7）集团内容中台实现集团各业务的内容集中化、合规化管理

● 业务场景描述：集团内容中台通过集中管理所有业务的内容，实现内容的统一规范和合规管理，确保内容的一致性和合规性。

● 价值与意义：

集中化管理：实现对集团各业务的内容集中管理，提高内容的统一性和规范性。

合规管理：确保所有内容符合相关法规和政策要求，减少法律风险。

提高内容质量：通过集中化管理，优化内容生产流程，提高内容的质量和效率。

（8）客户数据中台实现客户全旅程的数据采集

● 业务场景描述：客户数据中台能够对客户的全旅程进行数据采集，从最初的接触到最终的购买和反馈，实现全面的数据记录和分析。

● 价值与意义：

全面的数据采集：记录客户在整个旅程中的行为和互动，提供完整的数据支持。

精准的用户分析：通过全旅程的数据分析，深入了解用户的需求和行为，提高营销策略的精准度。

提升客户体验：基于全旅程数据，优化客户体验，提高客户满意度和忠诚度。

（9）客户数据中台实现全域客户数据整合与身份打通

● 业务场景描述：客户数据中台通过整合不同渠道的客户数据，实现全域的数据整合和身份打通，提供一个全面的客户视图。

● 价值与意义：

全域数据整合：将各个渠道的数据整合在一个平台上，提供一致的客户信息和分析视图。

身份打通：通过身份打通，消除客户数据的重复和不一致，提高数据的准确性。

提升业务效率：优化数据管理流程，提升业务决策的效率和准确性。

（10）客户数据中台实现客户360°画像与标签体系了解客户

● 业务场景描述：通过客户数据中台，企业可以构建全面的客户360°画像和标签体系，了解客户的各方面信息，包括行为、偏好、需求等。

● 价值与意义：

全面的客户画像：通过360°画像和标签体系，全面了解客户的需求、偏好和行为，提高精准营销的效果。

个性化服务：基于客户画像提供个性化的服务和产品推荐，提升客户满意度和忠诚度。

优化营销策略：利用客户标签进行分层管理和精准营销，提高营销策略的针对性和有效性。

（11）集团营销中台实现集团自动化营销辅助深度客户运营、提升商机孵化和转化率

● 业务场景描述：集团营销中台通过自动化营销工具和智能分析，辅助企业进行深度客户运营，提高商机孵化和转化率。

● 价值与意义：

自动化营销：通过自动化工具减少人工干预，提高营销效率和准确性。

深度客户运营：根据客户数据进行深度运营，提升客户的转化率和商机孵化率。

优化营销效果：通过智能分析和自动化工具，提高营销策略的有效性和ROI。

（12）集团营销中台实现集团品牌活动集中管理

● 　业务场景描述：在一个拥有多个品牌和业务单元的集团企业中，各品牌的营销活动往往由不同团队分别管理，缺乏整体规划和协调，容易导致资源浪费和效果不佳。通过集团营销中台的集中管理功能，可以统一规划、执行和评估各品牌的营销活动，从而提高整体营销效果。

● 　价值与意义：

统一规划与协调：集团营销中台提供了一个集中的平台，用于统筹和规划各品牌的营销活动。这种集中化管理可以确保各品牌的活动不会互相冲突，实现资源的优化配置和策略的统一制定。

提高执行效率：集中管理的平台能够减少重复劳动和资源浪费，通过自动化工具和流程管理，提升活动的执行效率和准确性。例如，统一的活动模板和标准化的流程可以大幅度简化活动的设计和实施。

全局视角的效果评估：集团营销中台可以整合各品牌的营销数据，提供全局视角的效果评估报告。这种综合的分析不仅帮助企业了解各品牌活动的效果，还能够发现潜在的优化机会和最佳实践，从而指导未来的营销策略。

提升资源利用率：通过集中管理，企业可以更好地控制和监控营销预算的使用，避免资源的重复投入和不必要的开支。这种高效的资源利用有助于提升营销活动的总体 ROI（投资回报率）。

增强品牌协同效应：集中管理的平台使得品牌之间可以共享营销资源和经验，形成协同效应。例如，通过联合活动和交叉促销，可以提升各品牌的市场认知度和综合竞争力。

（13）一个季度短周期客户成功协助打造私域运营闭环规划

● 　业务场景描述：在快速变化的市场环境中，企业需要在短周期内快速适应市场需求和客户行为的变化。一个季度的短周期客户成功协助可以帮助企业制定和实施私域运营闭环规划，以实现私域流量的有效管理和高效转化。

● 价值与意义：

快速响应市场变化：短周期的客户成功协助可以帮助企业迅速调整私域运营策略，适应市场的快速变化。通过实时的数据分析和市场反馈，企业可以及时优化运营策略，提高市场适应能力。

闭环规划的实施：私域运营闭环规划涉及客户获取、留存、转化和复购等多个环节。客户成功团队通过短周期的协助，帮助企业在每一个环节中建立有效的策略和流程，从而实现客户生命周期的全程管理和优化。

提升私域流量的价值：通过精准的闭环规划，企业能够更好地管理和运营私域流量，提高客户的参与度和忠诚度。例如，利用数据分析和客户细分，进行个性化营销和精准推送，提高客户的复购率和终身价值。

数据驱动的优化：短周期内的客户成功协助可以通过持续的数据跟踪和分析，实时了解运营效果。基于这些数据，企业可以不断优化私域运营策略，确保策略的有效性和实施的准确性。

强化客户成功支持：客户成功团队的协助不仅提供了专业的建议和支持，还帮助企业建立起科学的运营体系和优化机制。通过系统化的支持，企业可以提升整体的客户服务水平和运营效率，确保私域运营的长期成功。

第13章
商业连锁数智化转型解决方案

一、商业连锁行业数智化营销趋势分析

二、商业连锁行业数智化营销问题分析与解决思路

三、商业连锁行业数智化营销解决方案

四、数智化平台创造的实际业务价值

一、商业连锁行业数智化营销趋势分析

2024 年以后，商业连锁行业的数智化营销将呈现出几个重要的趋势。这些趋势将受到技术进步、市场变化和消费者行为变化的驱动。以下是对这些趋势的详细分析：

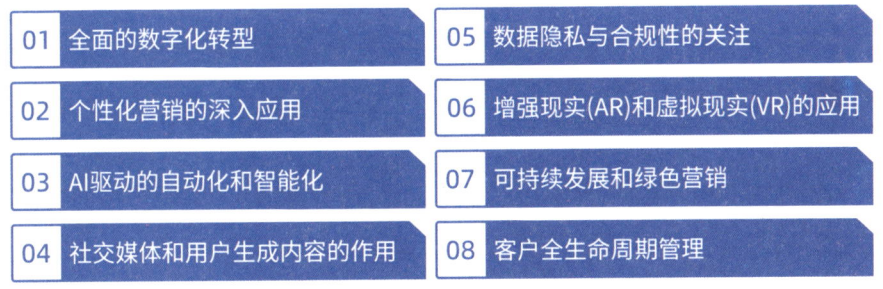

01 全面的数字化转型	05 数据隐私与合规性的关注
02 个性化营销的深入应用	06 增强现实(AR)和虚拟现实(VR)的应用
03 AI驱动的自动化和智能化	07 可持续发展和绿色营销
04 社交媒体和用户生成内容的作用	08 客户全生命周期管理

图 13-1　商业连锁行业数智化营销趋势

1. 全面的数字化转型

商业连锁企业将进一步加速数字化转型，采用更多的数字化工具和技术来优化业务流程和客户体验。这包括从传统的线下运营向线上线下融合的全渠道模式转型。带来的影响与价值：

全渠道整合： 企业将实现线上线下数据的全面整合，提供无缝的购物体验。例如，通过统一的 POS 系统和电子商务平台，顾客可以在实体店和线上商城之间无缝切换。

智能化管理： 利用大数据分析和人工智能技术，优化库存管理、供应链和运营效率。实时数据分析可以帮助企业做出更快速和准确的决策。

增强客户体验： 通过数字化工具提供个性化的购物体验，例如，基于消费者的历史购买数据和行为分析，提供定制化的产品推荐和优惠。

2. 个性化营销的深入应用

个性化营销将成为商业连锁行业的关键策略，通过数据驱动的个性化内容和推荐提升客户满意度和忠诚度。带来的影响与价值：

精准的客户画像： 通过集成客户数据和行为分析，创建详细的客户画像，以实现更加精准的个性化营销。

动态推荐系统： 基于客户的实时行为和偏好，提供个性化的产品推荐和促销信息。例如，在客户浏览网站时，实时推荐相关产品或优惠券。

增强客户忠诚度： 通过个性化的沟通和服务提升客户的满意度和忠诚度。定制化的会员奖励和专属优惠能够有效地增加客户的复购率。

3.AI 驱动的自动化和智能化

人工智能（AI）和机器学习将广泛应用于营销自动化、客户服务和数据分析中，提高运营效率和客户满意度。带来的影响与价值：

自动化营销活动：通过 AI 技术实现自动化的广告投放、邮件营销和社交媒体管理，提高营销活动的效率和准确性。

智能客服系统：利用 AI 聊天机器人和虚拟助手提供 24/7 的客户服务，快速解决客户问题，提升客户体验。

数据驱动的决策：AI 分析工具可以处理大量数据，提供深度的市场洞察和趋势预测，帮助企业做出更加科学的营销决策。

4. 社交媒体和用户生成内容的作用

社交媒体和用户生成内容（UGC）将继续在品牌营销中发挥重要作用，成为吸引和留住顾客的重要手段。带来的影响与价值：

品牌推广：通过社交媒体平台进行品牌宣传和推广，利用用户生成内容和影响者营销增强品牌影响力和知名度。

社交互动：加强与消费者的互动，通过社交媒体获取反馈和建议，建立良好的品牌形象和客户关系。

UGC 激励：鼓励顾客生成内容，例如评价、分享和照片，作为营销活动的一部分，提升品牌的可信度和口碑。

5. 客户全生命周期管理

商业连锁企业将更加注重客户的全生命周期管理，从获取、转化、留存到复购，提供全方位的客户关怀和服务。带来的影响与价值。

生命周期营销：通过数据分析和客户细分，制定针对性的营销策略，提升各个阶段的客户体验和转化率。

个性化服务：根据客户的生命周期阶段提供定制化的服务和优惠，提升客户的满意度和忠诚度。

客户价值提升：通过全生命周期管理，优化客户的整体体验，提升客户的终身价值（CLV）。

这些趋势表明，商业连锁行业的数智化营销将不断演进，融合先进的技术和方法，以实现更高效的运营和更优质的客户体验。企业需要不断调整和优化营销策略，紧跟技术的发展和市场的变化，以在竞争激烈的市场中保持领先地位。

二、商业连锁行业数智化营销问题分析与解决思路

在商业连锁行业中，数智化营销的实施虽然能够带来显著的效益，但在实际操作中也会面临许多问题。以下是对这些问题的详细分析及其解决思路：

1. 数智化营销问题分析

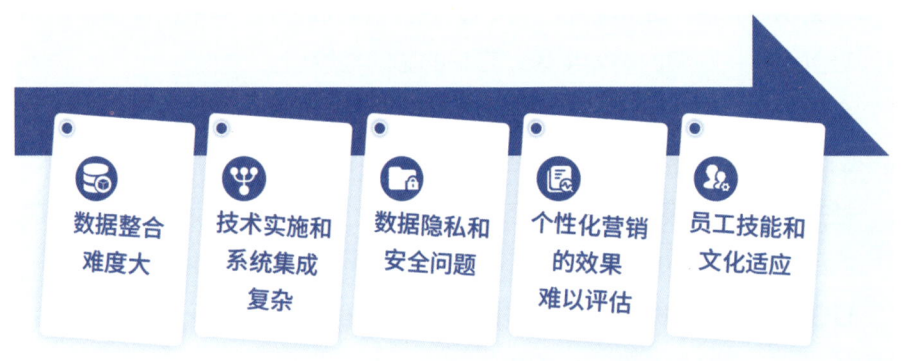

图 13-2　数智化营销问题分析

（1）**数据整合难度大：** 商业连锁企业通常涉及多个销售渠道和业务线，如线上电商、实体店和移动应用等。不同渠道的数据往往分散在多个系统中，导致数据整合的难度较大。这种数据碎片化不仅影响数据的准确性，也使得全面的市场分析和决策支持变得困难。

（2）**技术实施和系统集成复杂：** 数智化营销涉及多种技术，如大数据分析、人工智能（AI）、机器学习和自动化工具。不同技术之间的兼容性和系统集成可能会带来实施上的复杂性，尤其是在旧有系统和新技术之间的对接问题。

（3）**数据隐私和安全问题：** 随着数据隐私法规（如 GDPR、CCPA）的不断严格，企业需要确保客户数据的安全和合规使用。数据隐私和安全问题成为数智化营销中的重要挑战。

（4）**个性化营销的效果难以评估：** 个性化营销需要对大量客户数据进行

分析和处理，但如何准确评估个性化营销策略的效果和 ROI（投资回报率）仍然是一大挑战。

（5）员工技能和文化适应： 数智化营销的实施需要员工具备一定的技术和数据分析能力，同时也需要企业文化的适应和变革。员工技能不足和文化适应问题可能影响数智化营销的顺利推进。

2. 解决思路

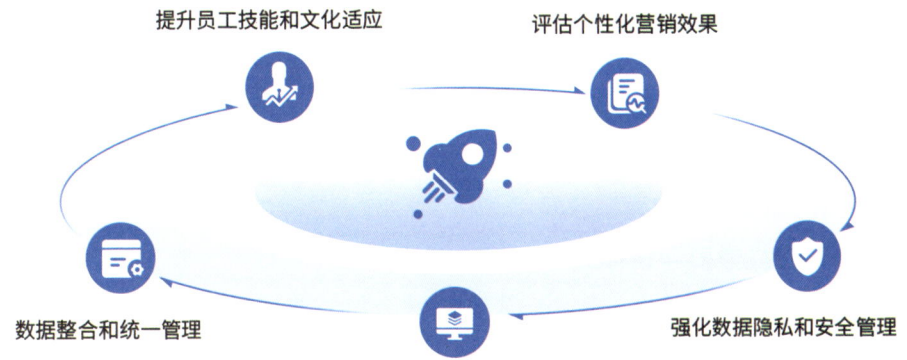

提升员工技能和文化适应　评估个性化营销效果

数据整合和统一管理　简化技术实施和系统集成　强化数据隐私和安全管理

图 13-3　商业连锁行业数智化营销解决思路

（1）数据整合和统一管理

● **建立数据中台：** 通过建立数据中台，将各个渠道的数据进行统一整合和管理。数据中台能够实现数据的集中存储和处理，提供全面的业务视图。

● **实施数据治理：** 制定数据标准和流程，确保数据的一致性和准确性。通过数据清洗和整合，消除数据孤岛，提高数据的可用性和质量。

● **利用数据集成工具：** 采用先进的数据集成工具和技术，如 ETL（数据提取、转换、加载）和 API（应用程序编程接口），实现系统间的数据对接和集成。

（2）简化技术实施和系统集成

● **选择模块化系统：** 选择模块化的技术解决方案，支持灵活的系统集成和扩展。模块化系统能够简化技术实施和集成过程，减少兼容性问题。

● **制定详细的实施计划：** 在技术实施前，制定详细的项目计划和时间表，包括系统测试、上线准备和人员培训等。确保各个环节的协调和配合。

● **合作伙伴支持：** 选择经验丰富的技术合作伙伴，利用他们的专业知识和技术支持，解决系统集成中的复杂问题。

（3）强化数据隐私和安全管理

● **遵守数据隐私法规：** 确保数据处理和使用符合相关的数据隐私法规和标准。建立数据隐私保护政策，并进行定期审计和检查。

● **实施数据加密和安全措施：** 采用数据加密技术和安全措施，保护客户数据免受未经授权的访问和泄露。定期进行安全测试和漏洞扫描。

● **增强员工意识：** 开展数据隐私和安全培训，增强员工的安全意识和技能，减少人为错误和风险。

（4）评估个性化营销效果

● **建立效果评估体系：** 建立完善的效果评估体系，制定关键绩效指标（KPI）和评估标准。通过定量和定性分析，评估个性化营销的效果和ROI。

● **利用数据分析工具：** 使用数据分析工具和平台，进行深入的数据分析和效果测量。通过数据可视化和报告，了解营销活动的实际效果。

● **进行 A/B 测试：** 通过 A/B 测试等实验方法，评估不同个性化营销策略的效果，并根据测试结果优化营销方案。

（5）提升员工技能和文化适应

● **开展培训和学习：** 为员工提供相关的技术培训和知识更新，提升他们的数据分析和技术应用能力。定期举办培训课程和工作坊，提高员工的专业水平。

● **促进文化变革：** 通过内部沟通和变革管理，促进企业文化的适应和变革。鼓励员工积极参与新技术的应用和流程优化，减轻变革阻力。

● **建立激励机制：** 建立激励机制，鼓励员工在数智化营销方面的创新和贡献。通过奖励和认可，提升员工的积极性和参与度。

针对这些问题，企业需要采取相应的解决思路，如建立数据中台、简化技术实施、强化数据隐私保护、评估营销效果以及提升员工技能和文化适应。通过这些措施，企业可以有效克服数智化营销中的挑战，实现营销效果的提升和业务的持续增长。

三、商业连锁行业数智化营销解决方案

以 Marketingforce 的智慧商城系统为例，在新零售数智化门店领域，为 DTC（Direct To Consumer，直面消费者）业务模式提供了强有力的产品能力支撑。DTC 模式通过品牌直接触达消费者，省去中间商环节，最大化提高品牌控制力和利润率。实现了线上线下渠道的商品与库存数据同步管理。经销商和门店管理者可以通过统一的后台系统查看和管理库存数据，实时监控各门店的库存状况，进行跨门店调拨、智能补货和库存预警等操作。

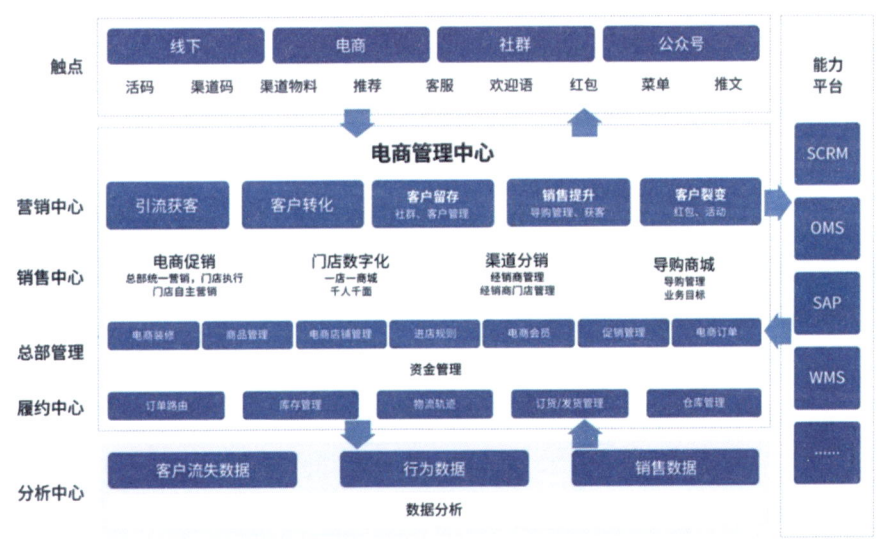

图 13-4　商业连锁行业数智化营销核心应用架构

这种整合能力避免了库存信息孤岛，确保商品在不同渠道的统一展示与销售。智慧门店在 DTC 模式下，具备以下核心支撑能力及价值：

（1）全渠道一体化运营能力

智慧门店整合线上线下销售，实现全渠道数据同步和管理。DTC 品牌能在多个渠道（包括线下门店、线上电商、小程序商城等）统一管理商品、库存、订单和客户数据。消费者可获得一致购物体验，无论选择在线购买、到店自提还是线下购物，品牌都能提供无缝服务，增强了客户体验，推动了销售增长和品牌忠诚度。

（2）精准的消费者数据管理与个性化推荐

智慧门店利用智能数据管理平台和客户数据平台（CDP），分析消费者行为、偏好和购买历史。通过大数据和 AI 算法，为不同客户群体提供个性化推荐，如商品推荐、定制优惠和精准营销，有利于提升转化率和客单价，挖掘客户终身价值，提高复购率。

（3）会员管理与私域运营支持

智慧门店内嵌了强大的会员管理系统，支持 DTC 品牌建设和运营私域流量。品牌可以通过多样化的会员权益体系、积分兑换、专属优惠等手段，吸引用户加入并活跃于私域体系中。通过私域流量的精细化管理，品牌能够降低获客成本、增强客户黏性、提高客户生命周期价值。

（4）智慧门店数据化管理与智能决策

智慧门店的门店管理系统具备实时数据监控与分析功能，能够为品牌提供丰富的经营数据报表，包括销售趋势、库存情况、顾客偏好分析等。数据驱动的管理模式提高了门店运营效率，减少了库存积压和缺货风险，优化了供应链管理。同时，帮助品牌实现更精准的市场响应和灵活的运营策略。

（5）优化全渠道商品与库存管理

智慧门店实现了线上线下渠道的商品与库存数据同步管理。经销商和门店管理者可以通过统一的后台系统查看和管理库存数据，实时监控各门店的库存状况，进行跨门店调拨、智能补货和库存预警等操作。这种整合能力降低了库存积压和缺货风险，提升商品流通效率，优化供应链管理。

（6）多层级经销商与门店管理

智慧门店提供了多层级的经销商和门店管理体系，支持品牌从总部到区域、门店的多级架构。品牌可以通过该系统进行灵活的权限配置和管理，确保各级经销商与门店能够在权限范围内独立运营。同时，总部能够通过统一平台实现对所有经销商和门店的实时监控与指挥，确保策略的一致性。

（7）智慧前台支持门店销售与客户服务一体化

智慧门店在前台功能方面支持智能 POS 系统、客户关系管理（CRM）、订单管理和移动支付等功能。门店前台可以通过该系统实现一体化的销售流程管理，从客户进店、商品咨询、下单购买到结算支付，整个流程无缝衔接。同时，CRM 功能支持客户数据采集与会员管理，前台销售人员可以为顾客提供个性化推荐和服务。

（8）智慧后台实现数据驱动的运营管理与决策

智慧门店的后台管理系统具备数据分析、报表生成、营销自动化、供应链管理等功能。数据驱动的后台管理大幅提升了运营效率和决策科学性，减少了人为操作的误差。管理者可以通过数据分析及时识别问题并调整运营策略，快速响应市场变化。同时，营销自动化功能降低了人力成本，提高了促销活动的精准度和效果。

Marketingforce 的智慧门店为 DTC 模式提供了全面而灵活的数字化能力支撑，帮助品牌从全渠道整合、私域运营、个性化营销、智能化管理到自动化服务等方面，建立起一套高效、智能的业务运营体系。通过前后台一体化的数智化管理，帮助新零售企业实现对经销商和门店的全方位整合与赋能。其在商品与库存管理、经销商分层管理、智慧前台、智能后台、供应链整合和营销协同等方面的产品能力支撑，能够全面提升品牌的运营效率、管理规范性和市场响应速度。

这一系列能力对于推动新零售模式下的 DTC 战略落地、增强渠道控制力和提升客户体验具有重要价值。

案例：某家居装饰企业数智化营销实践

（1）现状及规划

某家居装饰企业营销数智化战略规划具体如下：

1）旗舰店战略规划领衔，民用电工行业终端正回归到提升消费者体验的本质

要回归到零售业不变的本质，即三大要素：成本、效率和体验上，并横向地看，某家居装饰企业该旗舰店的特点和优势集中体现在"体验和效率"兼顾，全面升级"人货场"体验是针对消费者而言的。

纵向地看，某家居装饰企业该旗舰店是其店态多年演进的最新成果：以 1.0 阶段的专卖区、2.0 段的店店，到 3.0% 段的专卖形态，再到现在超百平的该旗舰店，该企业始终以满足消费者多元安全用电需求为出发点，充分发挥自身的品类优势，升级门店体验，在渠道变革上不断自我超越，如图 13-7 所示。

图 13-5 新零售门店数字化所面临的困境

正如在某旗舰店战略发布会上所表示的，该家居装饰企业某旗舰店不是一个店，是和消费者全方位触达服务体验的一种新的场景、多种生活方式，所以是二元一体三网融合、四流归、服务为王。二元一体是指线下店和网上店合一，三网融合是地网、天网、人网合一，四流是指物流、信息流、资金流、人流归一，服务为王是指无论线上还是线下都要给消费者提供流畅的购物体验。

2）顺一站式、多品类有机集成大势

家居行业的发展大势是什么？是一站式购齐、是多品类有机集成，集成是指自研自制、有机整合，而不是随意拼凑）、是大家居。

该旗舰店是完全区别于过往＂店中店形态的专卖专销门店，是有绝对竞争优势的新载体，是线上线下协同的新零售模式的新支点，更是推动未来渠道体系建设发展的新引擎。

3）做好线上线下协同

对照该旗舰店开创的新零售模式，就是线上与线下协同。

根据官方数据显示，截至 5 月 30 日，某家居装饰企业已破 1000 家旗舰店。同时，升级后的旗舰店门店业绩也明显增长，较此前提升 36%，" 线上与线下协同的效果非常明显。

（2）蓝图方案

DTC 全渠道营销体系建设：

B 端： 品牌商 – 分公司通过大区总、业务员、督导等角色，跟进经销商网络 – 门店的线上统一品牌内容触达任务跟进

C 端： 通过微信公众号、小程序商城、企微、抖音联动，进行 O2O 转化（第一方线索）

B/C 联动： 通过云店体系构建抖音来客本地生活转化线索分配 / 跟进

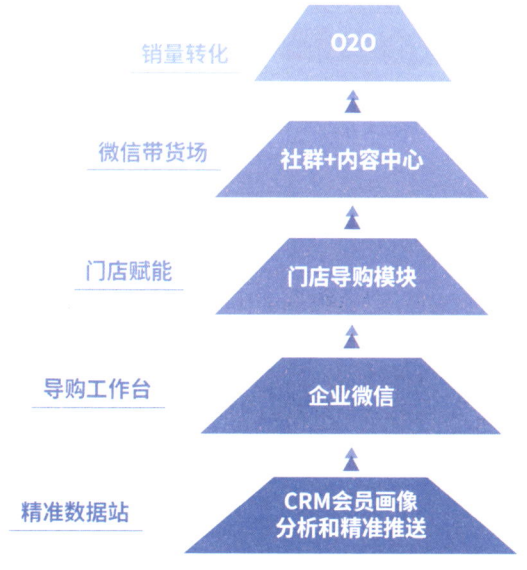

✓ **全渠道营销场景示例**

图 13-6　全渠道营销场景示例

1）新零售门店数字化运营过程赋能：

门店运营： 支撑门店日常运营需求，结合业务特征进行门店运营平台统一规划建设。

用户运营： 负责用户的维护，扩大用户数量提升用户活跃度。对于部分核心用户的沟通和运营，有利于通过他们进行活动的预热推广，也可从他们那得到第一手的调研数据和用户反馈。

内容运营： 对品牌、代理商、门店新媒体投放的产品的内容进行指导、推荐、整合和推广。给活动运营等其他同事提供素材等。

活动管控： 针对门店需求和目标策划活动，通过数据分析来监控活动效果适当调整活动，从而达到提升 KPI，实现对产品的推广运营作用。

渠道运营： 通过商务合作、产品合作、渠道合作等方式，对产品进行推广输出。通过市场活动、媒介推广、社会化媒体营销等方式对产品进行推广传播。

2）新零售门店数字化运营能力中心建设：

会员中心： 统一管理集团会员，规范会员权益和会员等级，标准化会员接入服务

积分中心： 统一各个业态的积分服务，标准化积分价值比例，实现集团内部积分通兑。

电商中心： 提供标准化的线上商城系统，支持商城界面装修，内容和活动发布。

营销中心： 提供微信、短信等渠道的信息发布，提供转盘、秒杀、拼团等营销工具。

渠道／门店中心： 渠道／门店通用能力整合，保障门店日常基础运营支撑。

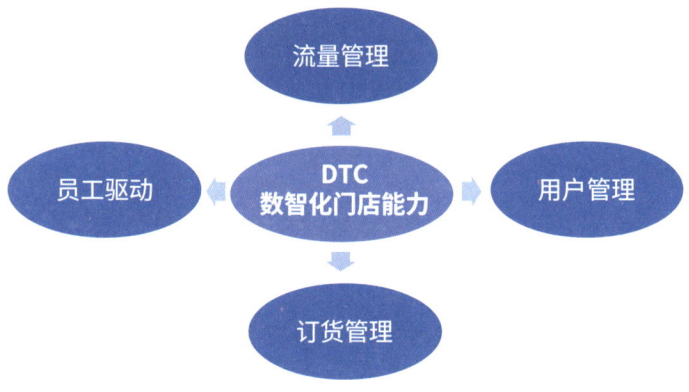

图 13-7　DTC 数智化门店能力

四、数智化平台创造的实际业务价值

以 Marketingforce 提供的一站式、全链路解决方案为例，从多方面推动了商业连锁行业数智化转型，其涵盖了从广告引流、用户管理、忠诚度管理到门店运营、代客下单、新品直发、员工赋能、新媒体矩阵内容管理的多个业务场景。以下是这些场景的详细阐述以及在实际应用中的价值分析：

1. Marketingforce 的 SCRM 客户管理模块场景与价值

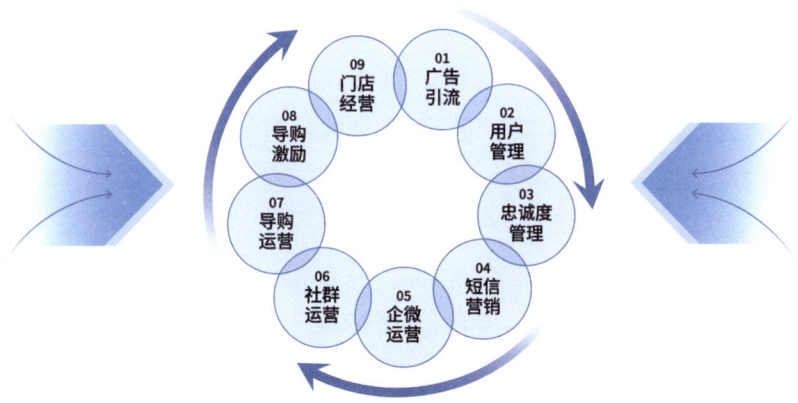

图 13-8　Marketingforce 的 SCRM 客户管理模块场景

（1）广告引流

● 业务场景

在零售电商和新零售模式中，广告引流是获取新客户、扩大品牌曝光的重要手段。通过 Marketingforce 的 SCRM，品牌能够将广告投放与用户管理无缝衔接，优化广告效果。SCRM 平台支持多渠道广告投放（如社交媒体广告、搜索引擎广告、信息流广告等），并通过数据分析和智能标签技术将引流用户分类，实现精准用户画像。

● 应用价值

精准营销与用户分层： 通过精准的用户标签，广告投放能够更精确地触达目标用户，减少无效投放，提升 ROI。

数据回流与持续优化： 广告引流的数据与 SCRM 系统中的用户数据形成闭环，帮助品牌分析广告效果、优化投放策略，持续提升营销效率。

（2）用户管理

● 业务场景

用户管理是 SCRM 的核心功能之一，帮助品牌从用户获取、活跃、转化到留存进行全生命周期管理。SCRM 通过数据采集和分析，对用户行为、兴趣、购买偏好等进行全面记录，形成精细化的用户画像。

● 应用价值

全生命周期管理： 品牌能够基于用户不同生命周期阶段进行个性化运营策略，如拉新、促活、转化和留存，提高整体客户价值。

客户分层与精细化运营： 根据用户画像，品牌能够对用户进行分层运营，提供差异化的服务和营销策略，增强客户体验和满意度。

（3）忠诚度管理

● 业务场景

忠诚度管理旨在通过积分、会员体系、优惠券等手段增强客户的品牌黏性。SCRM 平台支持建立多层级会员体系、设计积分规则、定制化会员权益等。

● 应用价值

提高客户复购率： 通过会员专属优惠、积分兑换、福利活动等，品牌能够有效激励客户二次消费和长期留存。

增强品牌忠诚度： 差异化的会员权益和定制化的服务提升了客户对品牌的认同感，促进长期忠诚度的提升。

（4）短信营销

● 业务场景

短信营销作为一种直接、高效的触达方式，广泛应用于促销活动通知、会员关怀、重要节日祝福等场景。Marketingforce 的 SCRM 平台支持批量短信发送、智能分组和精准推送，确保信息能在最佳时机触达目标用户。

● 应用价值

高效触达： 短信具有高开通率和及时性的特点，能够在短时间内触达大量目标客户，尤其适用于短期促销活动和紧急通知。

个性化营销： 基于用户标签和行为数据，品牌能够发送个性化短信，提升互动效果和转化率。

（5）企微运营

● 业务场景

企微（企业微信）是品牌与用户之间的重要连接桥梁。Marketingforce 的 SCRM 支持通过企业微信进行用户管理、内容发布、活动推广和精准触达。品牌能够在企业微信中沉淀私域流量，通过一对一互动和群运营打造深度连接。

● 应用价值

私域流量沉淀与深度运营： 企微运营帮助品牌将公域流量引导至私域，实现用户留存和长期价值挖掘。

一对一精准互动： 通过企业微信，品牌能够进行更具温度的客户服务和定制化运营，提升客户黏性。

（6）社群运营

● 应用价值

社群运营是私域流量管理的重要手段,通过微信群、社交平台群组等形式,品牌能够聚集目标用户,进行互动、分享、促销等活动。Marketingforce 的

SCRM 平台支持社群活动策划、自动化任务发布、群内互动监控等功能。

● 业务场景

增强用户互动与活跃度：通过社群活动，如拼团、秒杀、福利抽奖等，品牌能够持续激发用户的参与感，增加品牌互动。

提升用户忠诚度：社群运营有助于打造品牌社群文化，增强用户的归属感和品牌认同感，促进长期忠诚度。

（7）导购运营

● 业务场景

导购运营涵盖线下门店和线上渠道的导购行为管理。Marketingforce 的 SCRM 通过对导购人员的工作流程、销售业绩、客户跟进等进行数据化管理，提升导购效率。导购员可以通过企业微信、社群、直播等渠道进行精准推荐和互动。

● 应用价值

提升导购效率与服务质量：通过系统化的流程管理，导购员能够更精准地匹配客户需求，提升客户满意度和转化率。

强化品牌体验：导购运营中加入数据分析和智能推荐，能够为客户提供更加个性化、定制化的购物体验。

（8）导购激励

● 业务场景

导购激励是提升导购积极性的重要方式。Marketingforce 的 SCRM 平台支持基于销售业绩、客户服务质量、任务完成度等多个维度进行导购考核和奖励机制的设定。

● 应用价值

激发导购积极性：合理的激励政策能够提升导购人员的工作动力，推动销售增长。

优化团队管理：系统化的考核机制帮助管理者更科学地评估导购表现，制定有针对性的培训和发展计划。

（9）门店经营

● 业务场景

Marketingforce 的 SCRM 结合智慧门店，提供从门店经营数据采集、分析到决策支持的全流程管理工具。管理者可以实时掌握门店的销售、库存、顾客数据，并进行科学的运营决策。

● 应用价值

数据驱动的决策支持：门店经营数据的可视化和智能分析帮助管理者精准判断市场趋势和顾客需求，优化运营策略。

提升门店运营效率：系统化的管理工具提高了门店运营的效率和准确性，减少了人工操作误差。

2. Marketingforce 智慧门店模块场景与价值

（1）代客下单

● 业务场景

智慧门店支持代客下单功能，帮助导购在门店为顾客完成商品选购和下单操作。该功能适用于顾客不方便自行操作或需要个性化推荐的场景。

● 应用价值

提升服务体验：导购可以根据顾客需求进行一对一指导和下单，提升顾客购物体验。

提高转化率：在销售流程中，代客下单可以减少顾客的操作流程，增加成交机会。

（2）新品上样

● 业务场景

智慧门店系统支持快速新品上样管理，包括商品信息录入、SKU 管理、展示位置优化等功能。品牌可以根据市场反馈进行动态调整。

● 应用价值

加速新品推广：高效的新品上样流程帮助品牌迅速将新品推向市场，占据先发优势。

优化商品管理： 系统化的新品管理确保了商品信息的准确性和库存的动态调整，避免积压和缺货。

（3）数字化看板

- 业务场景

数字化看板是智慧门店的一大特色，通过大屏幕实时展示门店的销售数据、顾客行为分析、库存状况等关键信息，帮助管理者和导购团队进行数据驱动的运营。

- 应用价值

实时监控与快速反应： 管理者可以通过数字化看板实时掌握门店运营状况，及时调整策略应对变化。

数据赋能团队： 导购团队可以通过看板数据了解自身业绩表现和销售目标，增强竞争意识，推动业绩提升。

3. 内容管理平台模块场景与价值

图 13-9　内容管理平台模块场景

（1）文案、图片、视频统一创作

- 业务场景

在数字化营销环境中，内容创作的质量和效率直接影响品牌的市场表现。Marketingforce 内容管理平台集成了文案、图片、视频的统一创作功能，允许企业在一个平台上集中进行内容的策划和生产。

- 应用价值

高效内容生产： 平台整合了多种内容创作工具和资源库，减少了跨部门沟通的时间，提高了创作效率。

品牌调性统一： 通过统一的模板和规范，确保输出的内容符合品牌形象，避免出现风格不一致的问题。

多平台适配： 平台支持内容的一键多渠道发布，减少了重复操作，提升了内容发布效率。

（2）统一审核

● 业务场景

内容审核是确保品牌传播符合规范的重要环节。内容管理平台提供统一审核流程，涵盖了文案、图片、视频等各类内容。通过设置审核规则和审批流程，企业可以在内容发布前进行多层级的把关，确保内容符合品牌要求和法律合规。同时，平台还支持自动化审核，利用 AI 技术提升审核效率。

● 应用价值

减少审核时间： 自动化审核与人工审核结合，提升了内容审核的效率和准确性，缩短了内容发布周期。

确保内容合规： 多层级审核流程和清晰的审核规则，帮助企业在内容传播中减少风险，维护品牌声誉。

提升品牌一致性： 统一审核流程确保所有发布内容都符合品牌调性，增强品牌的市场竞争力。

（3）统一发布

● 业务场景

内容管理平台的统一发布功能支持企业在多个渠道同时发布内容，如官方网站、社交媒体、电商平台等。

● 应用价值

提升内容发布效率： 通过统一管理和一键发布，减少了不同平台的操作复杂度，提升了运营效率。

覆盖多元渠道： 平台支持多渠道同步发布，帮助品牌在更广泛的市场中获得曝光，增加用户触达。

优化发布策略： 实时监测和数据分析功能帮助企业了解不同渠道的传播

效果，调整发布策略以获得最佳效果。

（4）统一运营

● 业务场景

统一运营功能集成了内容的全生命周期管理，从创作、审核、发布到后续的运营监测，帮助企业实现一体化管理。品牌可以通过平台制定内容运营计划，安排营销节点，并通过数据分析优化运营策略。运营团队还可以通过平台进行跨部门协作，确保内容与业务目标紧密对接。

● 应用价值

提高运营协同效率：通过统一管理平台，运营团队能够更加高效地协作，减少沟通成本，确保内容与营销活动一致。

数据驱动的运营决策：平台提供的数据分析支持，帮助企业在运营中不断优化策略，提高营销效果。

提升品牌竞争力：一体化的运营管理提高了内容的响应速度和市场适应性，帮助企业在激烈的市场竞争中占据优势。

（5）统一数据分析

● 业务场景

数据分析是优化内容运营和提升营销效果的关键。内容管理平台提供多维度的数据分析，包括内容创作效率、用户反馈、传播效果等。企业可以通过分析工具深入了解内容的表现，如点击率、阅读量、转化率等，帮助优化未来的内容策略。

● 应用价值

全面洞察内容效果：通过对内容传播数据的分析，企业能够精准把握市场反馈，调整内容创作和发布策略。

优化运营决策：数据分析支持精细化的运营决策，帮助企业在内容营销中不断提升效果和 ROI。

持续提升品牌价值：通过数据驱动的内容策略调整，品牌能够在市场中形成更具竞争力的形象，实现长期增长。

技术应用的发展，如社交媒体、大数据、人工智能等，为汽车营销提供了新的机遇，推动了营销内容的智能投放和效果评估。

然而，汽车数字化营销也面临一些挑战。例如，厂商在追求现象级流量的同时可能会与消费者的购车周期错配，导致营销效果不持续。此外，营销内容的创新和与年轻用户价值观的贴合度也需要进一步提升。

总体来看，汽车数字化营销正朝着协同化、全域化和智能化的方向发展，这要求汽车厂商和营销企业不断创新和优化其营销策略和技术应用，以更好地满足市场需求和消费者期待。

二、汽车行业数智营销痛点及转型趋势

1. 汽车存量流量见顶，获客难、获客贵，急需私域数智化运营

汽车数字化营销在存量竞争时代面临诸多挑战，其中最为显著的是获客难度和成本的增加。随着汽车市场从增量市场转为存量市场，车企的营销策略需要从传统的媒介投放转变为数据技术整合驱动营销，以应对用户触媒点的分散性和多样性，以及信息渠道和信息体量的迅速膨胀。

在信息渠道和信息体量迅速膨胀的背景下，用户决策偏向跳跃、网状化、前置化的决策路径，传统无针对性的数字营销方式越来越难以在海量信息中精准捕捉用户，导致车企获客及转化成本增加。

2. 消费者环境发生变化，用户数字体系重构

年轻消费者成为汽车市场的重要力量，年轻化成为汽车消费的主要趋势之一，消费者购车不再仅限于基本需求，用车场景的拓展和个性化需求成为新的购车驱动力，对于购车体验需求也有了新的要求，如追求跨渠道的无缝和个性化体验，重视便利和专业的 BEV 体验与服务，越来越偏好数字化科技和移动网络。面对这些变化，品牌需要结合数据能力，整合分析用户全生命周期的行为特征及偏好属性，实现数据驱动的自动化、个性化用户全生命周

期触达与管理。

3. OEM 盈利模式与销售模式正在转变，消费者购车链路再造

由于品牌内和品牌间的价格竞争加剧，新车销售利润下降，为确保利润，合理的定价与有力的价格管控非常重要；新能源汽车的利润结构发生了变化——作为主要利润来源的售后收入将大幅下降，车辆销售和其他收入驱动力需要被巩固；探索创新服务的新收入来源（如充电、网联等）十分必要，以最大化客户的全生命周期价值，OEM 需要直接掌握用户数据，提供新的增值服务。

部分新势力品牌创造了全新的直销模式，重新定义汽车消费体验；新势力全面拥抱新零售概念，创新 O2O 渠道、业态和服务，打造以客户为中心的全生命周期体验；由新能源车市场开启的变革及新势力品牌树立的标杆，推动传统车企采取行动。

4. 汽车数字营销组织能力正在向全域化、智能化、协同化的方向发展

汽车厂商在数字化营销的转型过程中也面临一些痛点，如内部管理、大数据用户属性标签精准性、数据打通等方面的问题。解决这些问题需要行业内的头部企业和平台之间通力协同，建立以数字化营销中台为核心的组织架构，掌握基于人工智能、5G 通讯、大数据等技术的工具，并利用数据管理平台（DMP）和客户数据平台（CDP）进行数据搜集、处理与应用。

三、汽车出行数智化转型解决方案

1. 数智营销在车企中的战略价值定位

汽车出行行业数智营销，如图 14-1 所示，已成为推动销售和品牌建设的重要手段，以 Marketingforce 的解决方案为例，整个营销体系涵盖了从数据收集到客户互动的各个环节，旨在利用现代技术和数据驱动的洞察来提

升营销效果、增强客户体验并推动业务增长。

数智获客能力在公域环境越来越繁杂多元的发展趋势下，帮助车企精准打捞优质线索，实现成本投入的高效回报；数智孵化能力赋能车企车商在孵化过程中客户服务转化能力，体系化改善传统模式下粗放管理，从而加速线索到成交环节转化；数智运营帮助车企留存激活私域流量，并持续挖掘用户数据资产价值；AI 浪潮来袭对数字营销影响深远，生成式 AI 成为不可忽略的行业趋势。

Marketingforce 先行布局 AI 能力在汽车行业营销场景落地。目前我们在销售、售中、售后的全业务链路中都落地客户案例，用新技术赋能车企实现降本增效。

基于对汽车业务的深度实践和了解，将数智技术能力融合到用户全旅程营销场景中，帮车企实现车好卖、人好管、客能留。

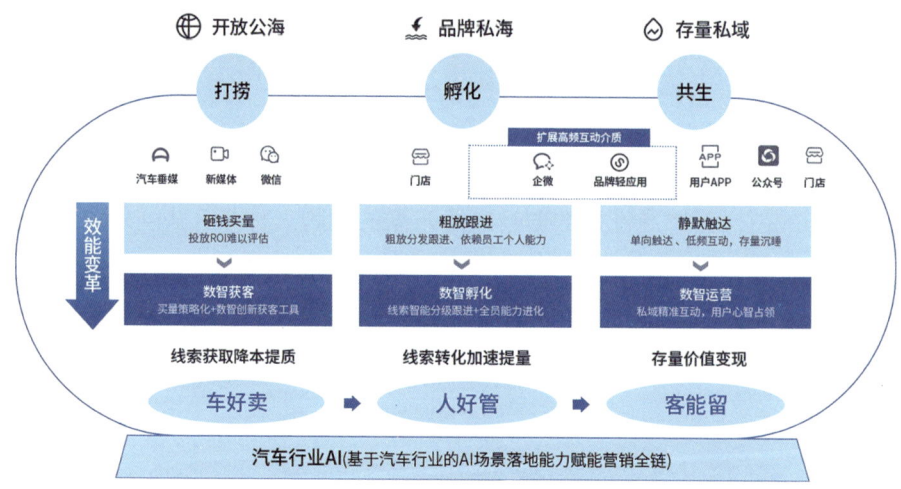

图 14-1　基于汽车行业的 AI 场景落地能力赋能营销全链

2. 汽车行业数字营销产品货架

面向汽车行业客户业务需求，汽车 BU 提供"平台 + 运营"的综合解决方案服务能力。产品矩阵的打造紧贴车企车商业务增长需求，整体分为面向直接用户增长提供的"用户域"产品矩阵以及面向企业赋能降本增效的"企业域"产品矩阵。汽车 BU 同步建立专业的业务运营团队，在产品部署前后提供持续的运营陪跑支持，帮助客户真正用好平台，达成业务指标。AI 核心落地在线索获取、内容生产、客户服务、智能推荐等业务场景中。

Marketingforce 在汽车业务标准 SaaS 化产品能力基础上，根据不同汽车客户业务差异化的需求提供解耦的产品、运营服务定制化组合方案，如图 14-2 所示。

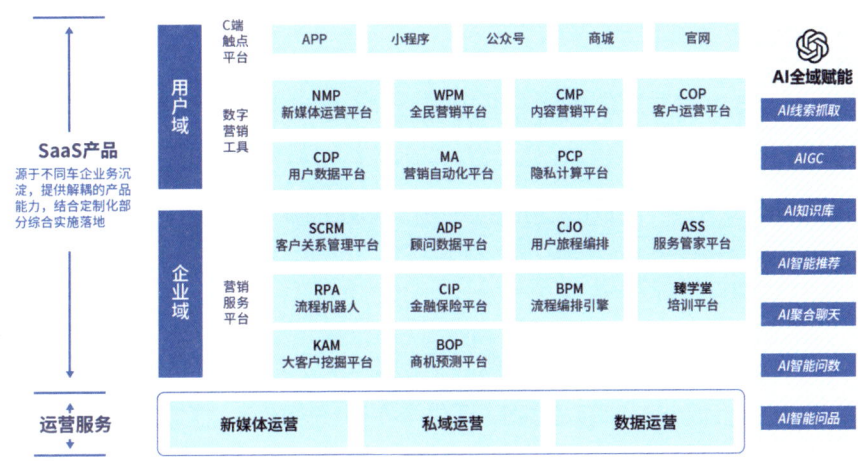

图 14-2　Marketingforce 汽车行业数字营销产品框架

3. 用户域产品矩阵

C 端触点平台：在消费者整个旅程中，涉及线上线下多个数字化营销触点，我们提供完整的触点业务规划，实现各端口最适配的业务形态。

NMP 新媒体运营平台：通过一站式管理、数字化营销投放和多平台内容监测与分析，助力品牌建设、口碑管理、市场洞察和渠道线索资产管理。平台具备账号托管、矩阵协同、智能获客、数智决策优化能力。

WMP 全民营销平台：在汽车门店经营压力增大的市场环境下，全民营销是撬动新增量的优选。WMP 为车企提供全民传播、销售、激励、数据回收、反作弊机制等完整的数字化闭环链路。

CMP 内容营销平台：多数主机厂在内容运营上缺乏有效的"内容智创"和"内容管理"中台，CMP 通过建设一站式内容管理中台，实现内容创作、内容管理和内容运营，赋能主机厂内容精细化运营。

COP 客户运营平台：针对车企对客户管理分散、数据获取割裂、服务低效等现状，COP 提供集成化、社交化、自动化的多端一体式后端业务管理能力。

GMA 增长营销平台：GMA 平台融合 CDP 用户数据平台 +MA 营销自动化能力，为车企提供多场景下增长策略能力，车企可根据业务需求面向不同客群采取最合适的自动化营销运营动作，并实现营销策略的便捷创建和管理。

PCP 隐私计算平台：汽车行业面临数据资产挖掘和数据获取合法合规的双重现状，PCP 隐私计算平台保障车企合法合规高效地获取三方数据，同时满足不同场景下安全、性能、功能、易用、稳定的要求。

4. 企业领域产品矩阵

SCRM 客户管理平台：车企需转型管理模式，统一管理线上线下客户线索。Marketingforce 汽车版 SCRM 提供全渠道线索接入，打造高效线索管理。

ADP 顾问成长平台：针对服务顾问管理不足导致客户转化率低的问题，ADP 平台以销售顾问为中心，利用数据分析，提升门店运营效率。

CJO 客户旅程编排：解决车企对存量客户管理难题，通过客户旅程可视化编排和指标管理，实现智能化流程节点管理。

ASS 服务管家平台：以自动化服务为核心，提供全方位服务体验，优化售后服务流程。

RPA 流程机器人：RPA 实现营销自动化，降低企业经营成本。

CIP 金融保险平台：为经销商提供续保业务操作系统，提升续保效率及出单登记效率。

BPM 流程编排引擎：通过 API 连接业务系统，实现信息高效流转，降低开发成本，提供业务洞察。

KAM 大客户挖掘平台：针对 TOB 业务管理制度不完善等问题，提供大客户数据资产管理能力，促成交易。

5. 运营服务

新媒体运营：提升厂端及店端新媒体平台传播效能，以引流获客为目标，包括新媒体运营体系建设，店端新媒体运营能力辅导提升；厂商新媒体账号的代运营服务，如账号内容更新、定制化的内容创作与发布、线上活动的策划与执行，以及全面的数据监测与分析报告，如图 14-3 所示。

图 14-3　Marketingforce 新媒体运营全链路

私域运营：基于车私域产品矩阵，围绕用户目标开展活动、功能、内容、服务、商城等一系列用户运营行为，实现用户在 AAARR 上的持续增长和忠诚维系，通过用户成长体系，感受品牌文化、体验惊喜权益渠道。

数据运营：数据资源、资产服务化，通过用户画像管理、数字化识别与触达、精准营销等技术手段为厂端和经销商提供行业发展分析诊断及营销运营决策服务。

6. AI 落地场景

生成式 AI 技术已经成为引领当今消费趋势的核心动力，Marketingforce 与 AI 领域的顶尖产品开展多元业务合作，基于优秀的通用大模型打磨汽车行业垂直场景的模型能力。目前我们重点打造生成式 AI 内容能力、AI 聊天机器人产品，助力车企创意生产、智能获客及服务改善。

AI 线索抓取： 线索抓取 AI 在车企、经销商门店在经营新媒体账号时自动挖掘高潜客户，最大化提升留资率。AI 机器人能实现 7*24h 在线，触达多类咨询场景，通过高度拟人化回复，拉升留资率回复率的同时，极大节省客户接待成本。

AIGC： 针对汽车客户大量宣传文案、海报图片、短视频等内容个性化敏捷创作需求，提供高质量 AI 辅助生成能力，帮助车企节省大量创意营销费用支出。

案例 1：某乘用车车企数字营销平台助力数智化转型案例

1. 商业诉求

国内乘用车市场正经历从增量到存量、卖方到买方市场的转变，这对车企既是挑战也是机遇。车企正寻求数智化转型，通过数字化营销平台强化与客户的直接沟通，提升市场占有率。

（1）强化厂商直面客户能力

数字化转型的核心是实现与消费者的直接沟通，打破传统营销壁垒。通过数字化营销平台收集消费者数据，洞察需求，推送定制化信息，提升沟通效率和客户黏性。

（2）提升线索获取与分配效率，赋能终端渠道

数字化营销平台整合线索来源，实现销售线索的集中管理和智能分配。基于大数据分析为渠道分配高质量潜在客户，并提供销售漏斗可视化工具，确保线索高效转化。

（3）增强与消费者的数字化互动体验

数字化转型中，提升消费者互动体验至关重要。打造沉浸式购车体验，让消费者在线上全面了解车辆。通过社交媒体等渠道鼓励消费者分享心得，参与品牌活动，增强用户生态和品牌忠诚度。

（4）通过数智化用户运营手段赢得用户心智、培育品牌忠粉

在存量市场时代，赢得用户心智、培育品牌忠粉是车企可持续发展的关键。运用 AI、大数据技术构建用户画像，制定个性化运营策略，如定制化推送、精准营销、会员运营等，提升用户满意度和忠诚度。

2. 现状痛点

数字化浪潮下，车企面临激烈市场竞争和消费者行为变化，传统营销模式已不适应快速变化的市场需求。

（1）营销系统碎片化，数据孤岛问题严重。

企业内部营销系统众多，如 CRM、DMS 等，多数上线早，技术落后，存在卡顿、宕机问题；系统间数据壁垒高，业务数据、用户数据难以高效协同，影响用户体验和营销活动连续性。

（2）线索管理与客户互动效能需提升。

线索来源复杂，清洗效率低，分配方式单一，导致线索浪费；销售顾问与客户互动形式单一，难以精准捕捉客户需求，缺乏多样化互动内容，难以快速建立信任。

（3）销售顾问专业能力与客户服务效率需提升。

产品更新频繁，新技术应用密集，销售顾问团队人员流动大，新员工产品知识掌握不足，影响客户体验；终端门店管理缺乏数字化手段，难以监控销售顾问工作质量与效率，管理决策缺乏数据支撑。

（4）终端数字化运营认知薄弱且缺少工具支撑。

终端经销商主要应用表格形式进行客户归类分析，缺少精细化客户分层工具及数字化运营策略，影响活动制定及跟进。

总结来看，该车企需构建统一、高效、智能的数字化营销平台，打破数据孤岛，提升客户互动体验，强化销售顾问专业能力，实现精准营销与高效管理，以在市场竞争中脱颖而出。

3. 解决方案

Marketingforce 利用数字化营销经验，为客户提供咨询、IT 和数据治理服务，使用成熟的微服务产品套件，根据客户业务和未来目标，打造定制化的数字化营销平台。项目旨在提升客户数智化运营，增强获客和转化效率，重点在线索运营和销售赋能等方面，通过数据治理和业务流程优化，构建数据驱动的营销平台。

项目中，对业务部门进行深入调研，整合行业最佳实践，全面治理原有系统数据，建立数智化营销运营平台，利用 SCRM、CDP+MA、AI 和算法。

线索中心模块整合数百个线索渠道，实施分层管理，优化线索汇聚，引入 AI 外呼和线索复用模型，提升线索治理和培育效率，改进厂端线索派发逻辑，增加异地管理能力，显著提高线索派发和流转效率，线索中心架构见图 14-4。

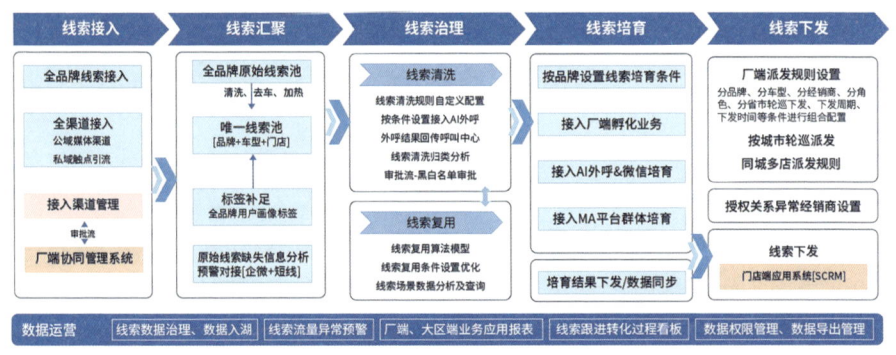

图 14-4　某乘用车车企线索中心架构示例

Marketingforce 为其整合了各类客户数据，实现用户 One-ID，引入自动化标签功能，利用算法为客户标记特征，建立统一用户画像。构建多种模型，如线索评级、保客增换购等，基于用户标签和画像数据，实现精准分层，提高运营效率。

利用 SCRM 为经销商线索管理提供支持，整合企微应用、内容中心和素材库，为销售顾问提供丰富的客户互动工具；结合销售流程，定制化 SOP

运营场景，便于批量触达客户，筛选价值客户；实现线索和好友关系的批量
继承，防止顾问离职时客户资源流失；构建统一任务中心和优化数据管理看板，
帮助顾问高效工作，助力店端管理层管控过程。

建立顾问赋能平台，整合多平台数据，基于顾问全生命周期，通过算法
模型建立顾问标签画像、能力评估模型和弱项分析模型，筛选标杆顾问，识
别弱项，提供定制化培训课程和辅导。实现顾问全流程数字化管理，确保标
准化运营，赋能顾问成长，形成能力提升闭环管理。

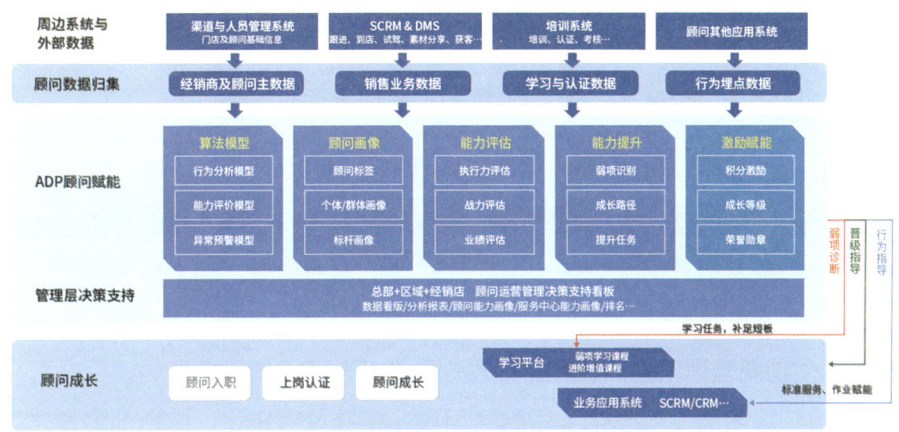

图 14-5　顾问赋能平台架构示例

案例 2：某商用车车企数字营销平台助力数智化转型案例

1. 商业诉求

科技发展推动汽车行业进入"新四化"时代，数智化转型成为必然。某
重工集团，作为商用车行业的领导者，在激烈的市场竞争中积极拥抱数字营
销变革，实施数字化营销全域赋能策略，为自身和行业的发展注入动力。

某重工集团商用车销量持续领先，其在竞争激烈的市场中连续霸榜，得
益于其加速发展新能源、深入布局海外市场、推动数字化变革等战略，以及
先进的产品技术和卓越的质量效益，数字营销变革的作用尤其显著。

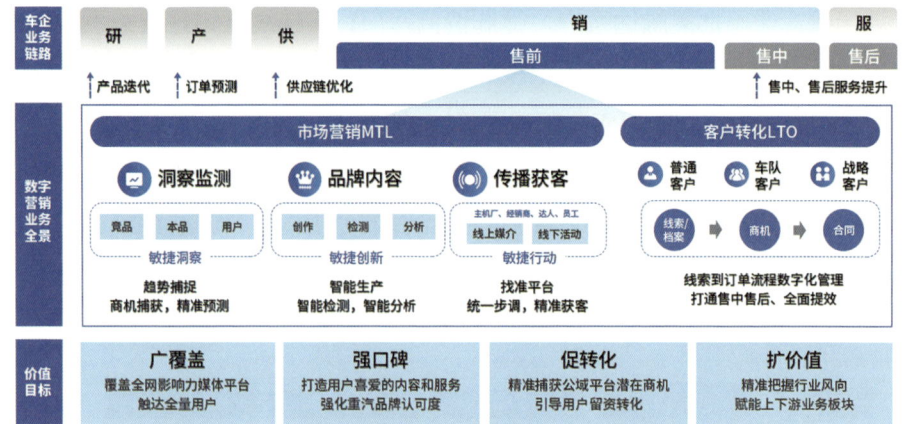

图 14-6　汽车企业数字化营销业务全景流程图

（1）定义品牌核心价值，实现全域高价值获客。

全生命周期覆盖，全链路营销，以消费者为中心，最大化消费价值。营销目标从品牌营销转向品效合一，提升品牌价值与销量。线上营销投资泛平台化，逐步加大线上投入，实现多元化社媒覆盖，触达汽车泛兴趣人群。

（2）创新营销新模式，如直播短视频推广、微电影及电商等。

某重工集团通过多元化手段触达用户，精准营销转化，结合前沿技术提升购车体验。车企营销从代言人模式转向超级用户模式，通过 KOL 或 UP 主等多方位展示品牌车型，提升产品公信力。

（3）强化私域阵地，打造用户运营体系。

智慧超级用户平台集成微信小程序和 APP，覆盖用户全生命周期服务，提升客户满意度，深挖用户价值，构建线上线下、整车及后市场一体化用户运营体系。

（4）数智化驱动新增长，实现公私域数据融合。

建立人、车和门店数据闭环作业，集产品运营、活动运营、内容运营、会员运营和数据运营一体化的用户运营体系。

（5）内容营销加营销工具赋能，提高品牌数字赋能能力。

利用数字化工具整合线上线下用户行为信息，精准定位高潜用户，提升转化效果。以用户体验为中心，营销内容场景化，提供精准的场景化营销。

（6）数据驱动用户运营，精细化运营用户全生命周期旅程。

通过数字化手段重塑用户触点，加强运营能力，直接触达消费者。注重数据积累，沉淀用户数据资产，建立用户数据池，数据建模与算法加持，建立用户洞察能力。以新品上市为例，通过不同阶段的营销策略，延长产品市场寿命，增加品牌和产品的用户数和忠诚度。

2. 现状痛点

据介绍，随着商用车客户形态组织化、客户触点向线上转移，传统到店看车的客户数量大幅下降，依靠线下获取线索的难度显著增大。然而，互联网用户对新媒体的使用偏好与日俱增，预计到 2024 年，中国汽车数字化营销领域市场规模将达到 260 亿元，增速超过 10%，这样的大环境，是机遇，也是挑战。

在数字化与传统行业大融合的时代下，车企迫切需要解决的不再是短期的流量实惠，而是如何拥抱数字化升级，搭建属于自己的完整的数字化体系和全盘营销视角，从而快速响应瞬息万变的汽车行业新变化和用户新需求。

结合对业内各竞品平台的情况分析，当前数智化营销平台以及智慧用户 APP 的痛点主要集中在服务体验落后、用户价值挖掘不足、缺少体系化运营等方面。在新互联网用户运营时代，亟须对产品功能进行迭代，补齐服务短板，以赋能营销、服务为核心切入点，构建形成智慧营销服务新模式。

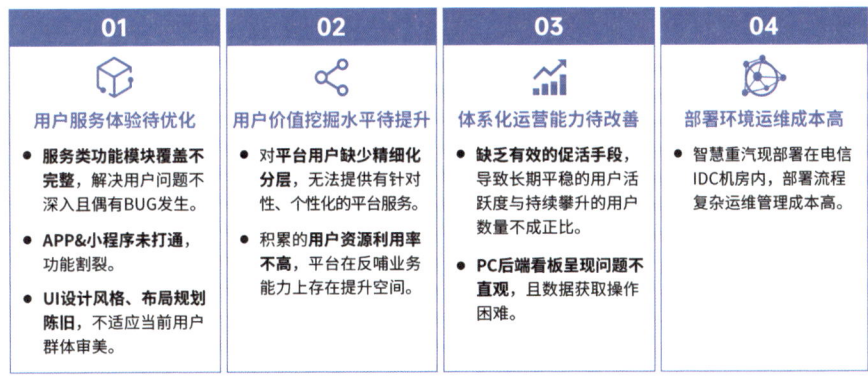

图 14-7　数智化时代车企四大优化方向图

3. 解决方案

该重工集团利用数字技术建立以用户为中心的数据中台，孵化数据管理和运营体系。通过互联网平台，实现数据与营销的深度融合，优化内容生产和分发。集团与核心数字平台的关系转变为共建能力，构建一体化营销生态体系，实现与用户的直联沟通。

该集团通过深入理解客户偏好，赋能经销商，建立新媒体体系，提升了其运营能力。在数字化浪潮中，集团与经销商共同奋斗，实现数字营销的新飞跃。同时，集团也在直播短视频业务中形成多账号矩阵运营，探索销售账号快速孵化方法，为经销商提供全方位支持。

在数字化平台的赋能下，该集团增加了线上客户触点，升级私域阵地，打造以用户服务为核心的营销体系。商用车服务营销依赖于高质量服务，通过口碑吸引和维护顾客关系，实现营销目标。

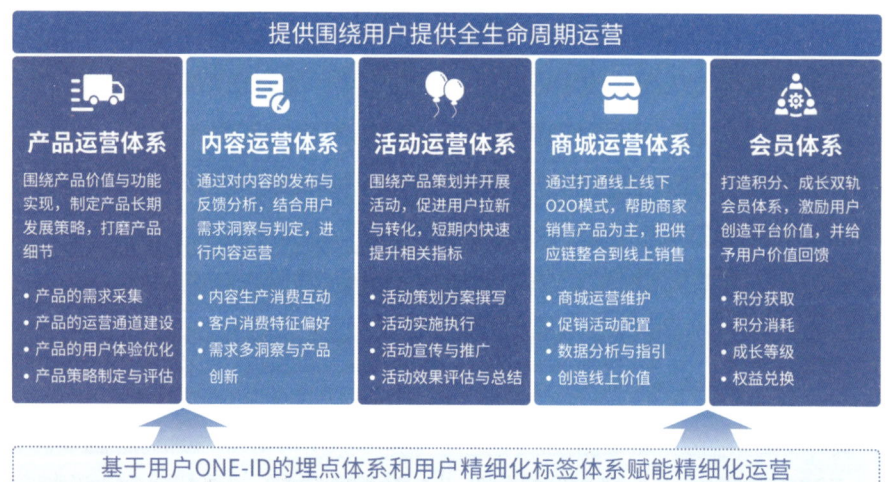

图 14-8　用户全生命周期运营体系图

该集团打破了圈层壁垒,打造新媒体营销生态,"价值环"赋能激励经销商,同时最大化让利于用户。目前，某重工集团联合打造 1+6+N+X（1 分别指集团，6 指商销 / 卡销 / 轻卡销 / 新能源 / 后市场 / 客服，N 指经销商，X 指

网红）

全链路营销体系（见图 14-9），扩大品牌传播影响力、提高传播效率，在数字化浪潮中实现了突围。

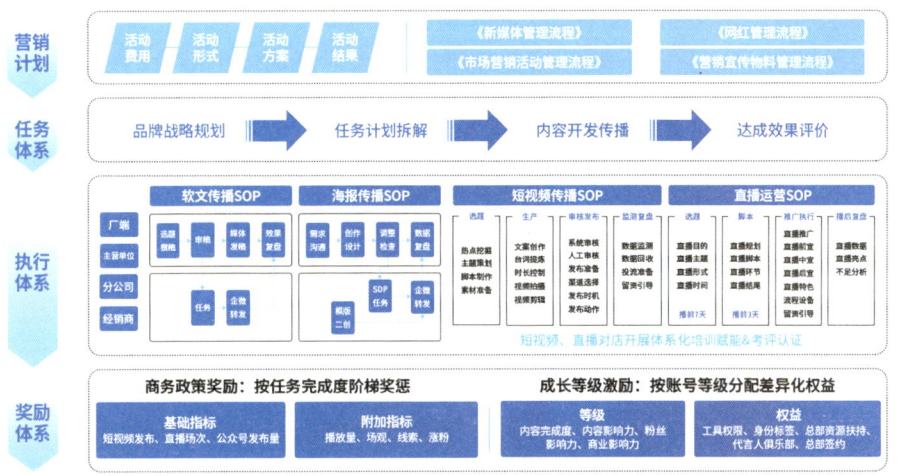

图 14-9　营销管理流程图

在集团层面，顺应业务发展需求，健全新媒体业务运营体系。品牌总部在顶层做好品牌定位与品宣计划，拆分独立的用户运营部门，尝试大量创新型用户运营举措（如用户代表），促进用户与车企进行对话，同时打造 KOC与达人矩阵提升内容生产力。对经销商大力扶持和赋能，一方面建立商务政策进行奖励，同时按任务完成度进行阶梯奖惩，另一方面对经销商蓝 V 账号和 KOC 账号，设立成长等级激励机制，按账号等级分配差异化权益，鼓励经销商和 KOC 账号进行品牌声量传播。

面向经销商，品牌事业部和子公司按照市场活动计划有条不紊地开展，下达任务由经销商执行新媒体任务，同时提供了培训课程和 AI 创作工具，以及可视化数据看板，有效推进新媒体业务开展，充分调动经销商积极性，实现了主机厂集团与经销商的双赢。

面向用户，千店联动同频直播。某重工集团营销旗舰店联动 6 大事业部、1000 多个账号同步直播和短视频，政策福利大放送、产品详细讲解，更有网红大咖齐助阵。据透露，在直播嗨购日中，某重工集团将邀请车队老板做客直播间，以朴实的语言和真实的行动，与用户互动，分享自己的用车经历以及想法。同时，多位网红大咖也将助阵直播间，为用户带来多款优惠福利、折扣车型等，实现最大化让利于用户。每一类商用车用户都能在直播中找到与自己需求完美匹配的车型。这种精准定位与广泛覆盖相结合的策略，无疑将进一步增强用户体验，促进销售转化。

借助技术手段，全方位实时洞察本品竞品、行业热点、内外部传播、口碑及舆情动态，知己知彼、取长补短，实现敏捷应对。同时重视 AIGC 技术赋能行业创新，将优先渗透并深入覆盖对于缓解人员压力、释放创意潜力、实现高效产出、精准实时优化需求较高的场景，如图 14-10 所示。

图 14-10 AI 营销应用架构

第 15 章
泛金融数智化转型解决方案

一、泛金融营销数智化转型的三大趋势

二、泛金融数智化转型中面临的问题

三、泛金融数智化营销解决方案

四、泛金融数智化转型案例

一、泛金融营销数智化转型的三大趋势

金融机构近年来持续加大科技投入，数智化转型进入关键期，建设数据驱动的智能营销能力已成为金融机构抢占机遇、赢得竞争的重要抓手。

1. 营销场景线上化，全渠道营销趋势凸显

随着移动设备广泛普及、消费互联网发展愈发成熟，客户的行为习惯和偏好正在发生改变，叠加疫情因素，投资者的信息获取、交易方式等行为都快速地向线上场景迁移，加速了金融服务线上化进程。线上用户规模增长明显，营销场景的线上化逐渐普遍。

伴随营销平台与媒介触点的发展，金融机构在原有营销渠道基础上，纷纷布局自媒体、短视频、互动广告等富媒体平台，并通过 App、微信、企业微信、短信等多种方式触达用户，全渠道营销成为金融机构的共同选择。

图 15-1　金融机构营销数智化转型面临的 5 大问题

1. 数据治理方面问题

● 数据源头质量堪忧，各平台数据采集无规范，客户数据冗余。

● 标签数据管理无序，多部门分散管理无统一标准。

2. 客户运营方面问题

● 客户成长路径不清晰，推动客户成长晋级的手段方法不丰富。

● 分层分群运营能力有待挖掘，交叉销售和策略协同有待加强。

3. 产品体验方面问题

● 系统稳定性和流畅度不足，用户体验缺乏有效监测和优化。

● 流程断点环节漏损严重，场景化的金融输出能力不足。

4. 总分联动方面问题

● 一体化营销新工具使用不足，中后台无法统一策略支持前端营销。

● 营销推广见短不见长，线上化营销手段无法适配分行经营。

5. 线上线下联动方面问题

● 联动经营管理缺乏统筹，职能散落，权责缺乏统一，资源难以整合。

● 线上线下资源错配，人力财务管理资源主配线下，而客户行为向线上迁移。

三、泛金融数智化营销解决方案

数智化营销解决方案推动数智化转型，打造上下联动的数智化客户经营体系。其主要的业务架构如图所示：

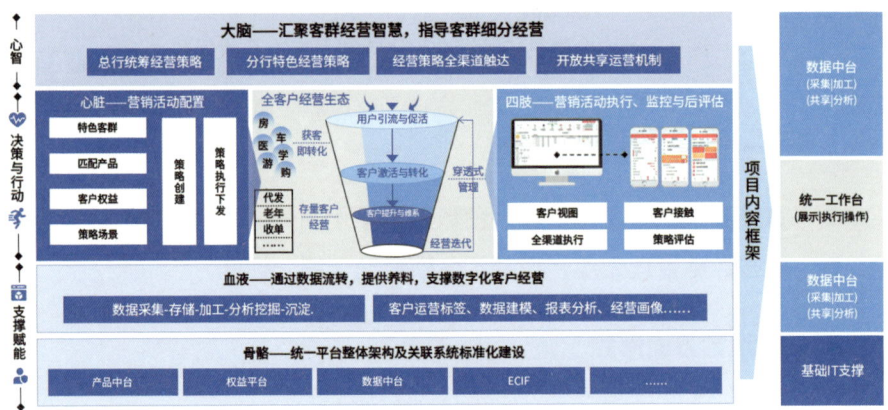

图 15-2　泛金融数智化营销解决方案基本架构

如果将数智化营销平台比作人体，通过构建总行大脑，汇聚客户经营智慧，打造营销决策与行动流程和机制，深化管理，赋能一线，打通金融机构与客户的连接链路，构建敏捷化数智化营销体系。

数字营销领域的建设，对于金融行业，Marketingforce 主要输出以 CDP、SCRM 和智能营销 MA 为核心的三大系统建设解决方案和配套的增值运营服务，可提供完整的一体化解决方案，形成私域流量经营闭环，或以解耦形式，按模块与金融机构现有系统对接。

1. 金融客户数据平台（CDP 系统）

CDP 即客户数据平台，为金融机构提供四个维度的助力，如图所示。

图 15-3　CDP 赋能金融机构系统示意图

（1）整合分散数据，解决数据孤岛

数智化经营有利于客户搭建数据平台，整合多渠道数据。企业通过客户标签体系，能够精准绘制用户画像，识别高价值客户群体。

（2）深化指标体系建设，联动线上线下双渠道

企业可以利用大数据、智能化技术，实时获取用户线上行为数据，建设适应金融行业互联网运营的指标体系。

（3）有效衡量用户体验，提供个性化服务

金融机构通过数据分析，可以优化线上渠道的用户体验，通过线上埋点监测用户行为，企业能够快速定位用户投保转化障碍，完成场景优化。

（4）精准描绘用户画像，实现精细化运营

通过将用户画像与用户生命周期各阶段运营策略相结合，企业能够更有针对性地进行产品运营、活动策划，初步实现"千人千面"的精细化运营。

此外，随系统平台建设，可输出符合金融行业属性的标签建设体系及客户画像分析典型实例。

金融机构对于"以客户为中心"的精细化营销运营需求越来越迫切，在前端，用户的场景化触点越来越丰富，客户数据无法统一整合，很多机构都会成立"全渠道数据"的项目，来满足全渠道客户千人千面化营销的刚性需求。

Marketingforce 根据服务过金融机构的全渠道数据项目需求，总结常见的几种全渠道营销切入方式。以业务的视角，依据数据应用的层次，梳理不同机构客户成功的解决方式。总结全渠道项目中成功的经验以及一些场景细节：

数据的"持续迭代"

最初，客户营销依赖于固定日期和时段的单次营销活动，仅需简单存储和导出用户数据，对数据的准确性和实时性要求不高。但随着个性化和智能化营销模式的普及，除了基本信息外，还需收集用户的关键行为数据，以便基于实时行为、客户属性和消费偏好，在多渠道提供差异化内容。这要求系统具备强大的数据处理能力，从客户交互到业务应用，通过清晰归集和深度分析用户数据，形成客户的"全景金融肖像"，提供更专业的服务。

Marketingforce 为金融机构提供 CDP 客户数据平台产品，整合全触点、动态识别消费者路径、精益化运营，以提升用户价值和业务增长，优化营销策略，深度挖掘客户数据价值。例如，结合银行代发卡和掌银 app 的用户行为，确保营销活动个性化满足客户需求。

银行在制定营销策略时更为谨慎，要求快速积累大量数据，对工具赋能效果有严格要求，期望营销策略更贴合客户需求，不提供长时间试错空间。因此，对数据洞察的要求更高，需要系统管理和整合，同时从业务运营角度提供更好的数据激活。Marketingforce 的产品营销矩阵，均具备业务视角的数据看板和高度个性化的定制能力，为金融机构在客群属性分析的需求上提供基于行业的客户洞察。

以银行为例，掌银 APP 是个非常高频的客户交互场景，大部分的转账、理财认购、信贷申请等金融服务都发生在手机银行上。

对所有产生交易的客户进行分析以后，就可以得出不同渠道大致的客户画像，如图 15-4 所示：高龄客群可能青睐网点面对面接触、中年用户优先考虑电话咨询，而新生代年轻人自助查询办理。了解不同渠道大致的客户特点以后，就可以在涉及精准的营销产品推广时，在不同的客户交互渠道，提供对应的富媒体信息交互以及针对性的产品服务展示。

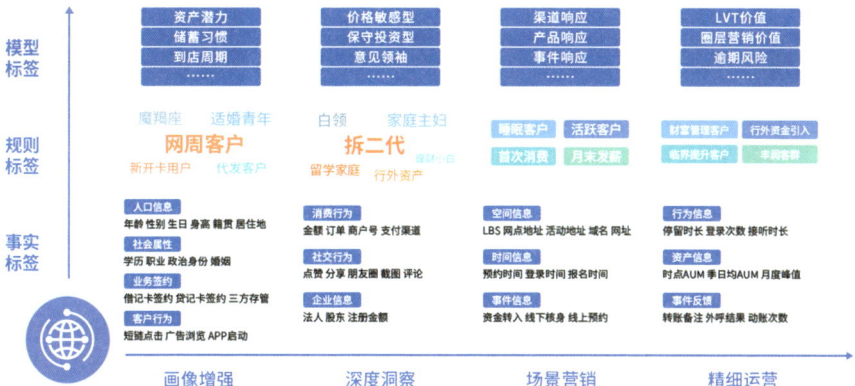

图 15-4　客户画像增强与精细化运营结构图

2. 金融客户运营管理（SCRM 系统）

随着金融市场的开放和竞争的加剧，机构面临着越来越多的竞争对手。为了把握住存量市场，在激烈的市场竞争中脱颖而出，留存更多的客户并持续经营（见图 15-5），是机构开展私域经营的动因，在这个方向上需要 SCRM 做以下几个方面的工作：

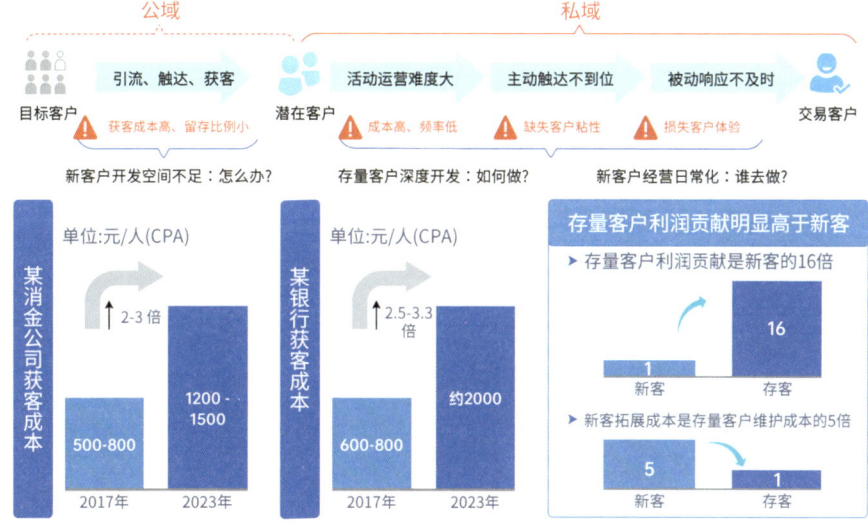

图 15-5　公域私域客户价值对比图

（1）**客户数据整合和分析：**通过 SCRM 系统，银行可以将客户在不同渠道上的数据整合起来，包括社交媒体、手机银行、网银等，从而全面了解客户的行为、偏好和需求。通过对这些数据的分析，银行可以更好地了解客户，提供个性化的产品和服务。

（2）**客户关系管理：**SCRM 系统可以帮助银行建立和维护与客户的良好关系。通过社交媒体等渠道，银行可以与客户进行实时互动，回答客户的问题，解决客户的问题，提供个性化的建议和推荐。通过这种方式，银行可以增强客户的忠诚度，提高客户满意度。

（3）**营销活动管理：**SCRM 系统可以帮助银行进行精准的营销活动。通过对客户数据的分析，银行可以了解客户的需求和偏好，从而有针对性地进行营销活动。银行可以通过社交媒体等渠道发布营销信息，吸引客户的关注和参与。

（4）**社交媒体监控和危机管理：**SCRM 系统可以帮助银行监控社交媒体上的舆情，及时发现和应对可能对银行形象和声誉造成负面影响的事件。银行可以通过 SCRM 系统对社交媒体上的评论和反馈进行分析，及时回应客户的问题和投诉，避免危机的扩大。

Marketingforce 集团为金融业提供的 SCRM 私域经营系统与企业微信深度结合，在营销赋能，客户洞察，流程管理，风险管控四个方面为智能投顾与客户的营销交互提供辅助，如图 15-6 所示。

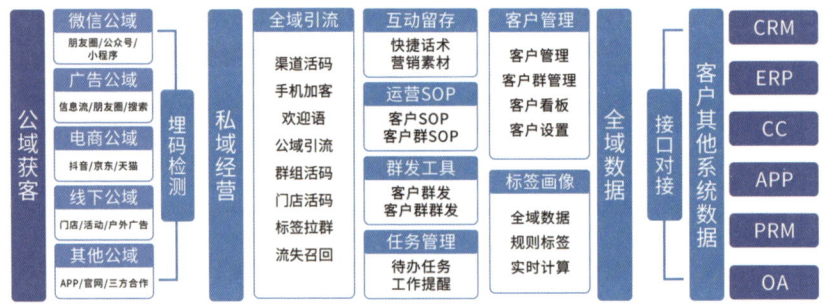

图 15-6　SCRM 私域赋能示意图

（1）营销赋能

互联网式的线上直营在基层缺乏成长土壤和客户基础，客户经理依然是维护重点客户的纽带，企微 SCRM 主要从营销质量保障和营销效率提升两个方面赋能客户经理。

（2）客户洞察

立足以客户为中心的理念，企微 SCRM 可通过客户画像和标签管理工具实现客群的差异化营销和分层经营，为千人一面的经营策略奠定基础。

（3）流程管理

基层客户经理在经营客户的过程中，因个体能力的差异性往往导致客户管理 / 服务质量参差不齐。仅仅通过培训或营销手册给予指导意见难以对服务过程的每个环节进行把控。而借用数智化的流程管理工具对常见业务场景构建标准的业务 SOP 可以最大程度降低因个体化差异带来的影响。

（4）风险管控

企业微信基于会话存档的功能可对客户经理聊天内容进行监控或预警，帮助机构预示风险，提前介入降低潜在风险造成的影响。

3. 金融行业智能营销（MA）

智能营销（MA）包含多种用户触点及增长策略能力建设，机构可以根据业务需求面向不同客群采取最合适的运营动作，灵活创建与管理运营活动，实现从活动创建、活动策略设计、活动审批、活动执行到活动结果反馈的完整业务流程闭环，帮助运营人员做好存量用户的运营，如图 15-7 所示。

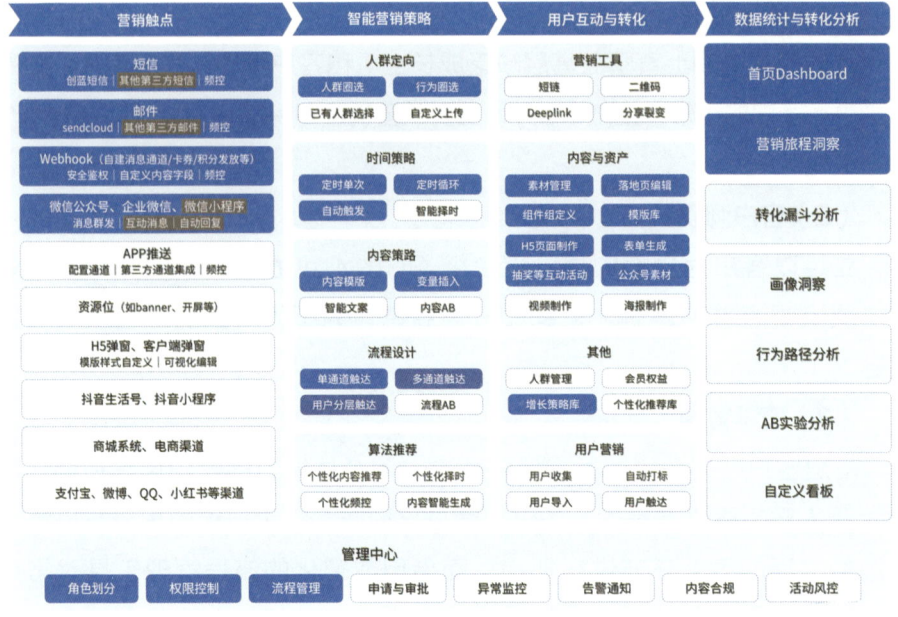

图 15-7　智能营销策略与用户转化分析图

作为数智化营销的关键环节，基于智能营销的营销自动化在金融领域的应用主要分为两个板块：

（1）客户的持续经营

即通过线上营销的工具化赋能，对 C 端流量进行"影响力"的持续孵化。包括品牌形象的建立、对客户的持续投教、各种营销活动的精准触达、客户行为 / 偏好的持续追踪等，并依托于数据分析工具，保障经营动作的精准和高效。在此场景中，营销自动化系统的价值是"降本增效"，连同各业务模块及数据中台，自动完成客户交互、线索培育、客户跟进等节点的任务执行，并根据客户反馈和系统间数据指引进行持续性的交互。

（2）客户价值的提升

在金融领域，对于客户服务还有个较为重要的维度是人与人的交互，即客户经理与 C 端特别是成熟客户间的交互。因此客户经理也是线上营销中非常重要的一环，基于企业微信平台与营销自动化系统的联动，在客户经理与客户的线上沟通中，从待办任务、C 端互动、群经营等场景中进行人员的赋能，也是 MA 在金融线上营销中占比较大的应用，以此来深度挖掘客户价值，实现关键经营指标如资产管理规模的提升。

四、泛金融数智化转型案例

案例一：某商业银行构建数智化营销中台，实现客户全生命周期运营

在当前数智化转型的浪潮之下，该银行基于自身优势，持续开展基于数据驱动的客户经营与财富管理转型工作，提升行业竞争力。其现状和核心思路为：

（1）夯实客户基础，深入推进数智化客户经营。

个人 CRM 系统初具规模，已建立 8 大类 3400 个标签，构建六大类重点客群模型，模型实战运用取得良好效果。总行引领开展积分活动，推动吸引行外资金，提升客户活跃度，数智化营销取得初步成效。

（2）打造数智化批量引流及客群深耕体系，启动生态获客。

启动批量引流一把手工程，开展公私联动批量引流营销活动。打造零售板块专属科技团队，成立总分支行的数智化作战团队，敏捷支撑零售业务快速发展。以车、房、医及智慧社区为首批生态建设切入点，打造高效灵活的数智化生态圈。

（3）建设有特色的财富管理银行，定位于家庭财富管理，推进数智化转型。

当前正在推动财富客户标准服务流程和考核督导机制，规划建设财富综合平台。财富管理业务在广度、深度和速度三个维度进行数智化转型整体布局。

（4）推进综合金融服务模式有效落地，探索"行业 + 客户"专业化经营模式。

"3-3-1-1"战略扎实推进，对公 CRM 已完成上线，全面衡量对公客户价值，后期通过功能优化迭代，持续推动对公客户生命周期管理，数智化赋能客户经理。探索产业营销数据模型，基于产业数智化场景，实现对公客户精细化、专业化管理。

通过 Marketingforce 搭建数智化客户经营平台，快速实现当前行业领先的全客户经营目标，建立全客户经营的闭环体系，实现数智化驱动的获客、活客与价值提升。

通过搭建数智化经营管理平台，整合内外部资源，对接数字生态圈、ECIF 等平台，共享全量客户信息，建立具备客群经营、产品匹配、营销管理、效能评价能力的精准营销协同体系。本项目实现了如下目标：

（1）基于"一个客户一个视图"，建立企业级渠道数据采集和数据授权机制，丰富客户类指标，建设企业级关系图谱，实现企业级客户洞察。

（2）设计"2+8+N"类客群经营看板，解决企业级客群共性和个性经营分析需求，通过协同专区，支持协同联动经营项目。

（3）完善产品基本信息和营销信息，支持订单推送、跟踪管理，建立统一产品目录更新维护机制。

（4）构建基于构建以经营目标驱动的客户权益体系，实现权益运营和闭环管理。

（5）设计多维度网格状的策略图谱，通过营销中台，支持全渠道触达和活动监控与评估，重构 PC 端和移动端全岗位工作台，强化一线人员营销执行力。

（6）升级管理驾驶舱，支持业绩下发、过程跟踪与结果展示。

（7）架构全面升级，将烟囱状的单体式应用架构转变为微服务架构。

案例二：某商业银行构建权益平台，驱动客户价值成长

该商业银行对于零售业务，从分层出发，细化客户成长阶梯，以增值服务和活动奖励双引擎驱动客户价值成长。该行采用等级匹配的增值服务和阶段性活动奖励。

（1）等级匹配的增值服务。

适用范围：原则上覆盖客户成长体系中的各层级客户。

亮点 1：客户成长牵引力

公开等级规则和各层级客户尊享的增值服务内容，打通客户自成长路径，激励客户持续提升。

亮点 2：增值服务吸引力

从中高端客户的痛点、痒点出发，打造增值服务的极致单品（或组合），构建对价值客户具有吸引力的增值服务体系。

亮点 3：权益兑换个性化

根据客户在成长体系中的等级位置，定期发放相应的优享值；增值服务内容以优享值标价，客户通过消耗优享值兑换感兴趣的服务内容，优享值不累计，过期作废。

（2）阶段性活动奖励。

适用范围： 适用于客户成长体系中的各层级客户亮点 1：权益资源促活动打造全行通用的能量值，为总分支层级开展营销活动、实现阶段性经营目标提供权益资源抓手。

亮点 2：奖励规则灵活配

支持总分支层级各营销活动发起方自定义权益达标规则，兼顾客户 AUM 和 MAU 的提升，响应活动且达标的，可获得能量值奖励。

亮点 3：投入产出可量化

能量值实行全行统一定价，按用量分摊成本，配套活动后评估机制，可针对权益资源开展投入产出分析。

同时，推动权益在手机银行 APP、华彩生活 APP、微信公众号的对客展示，和权益变更的多渠道提示推送。该项目的架构搭建如图 15-8 所示。

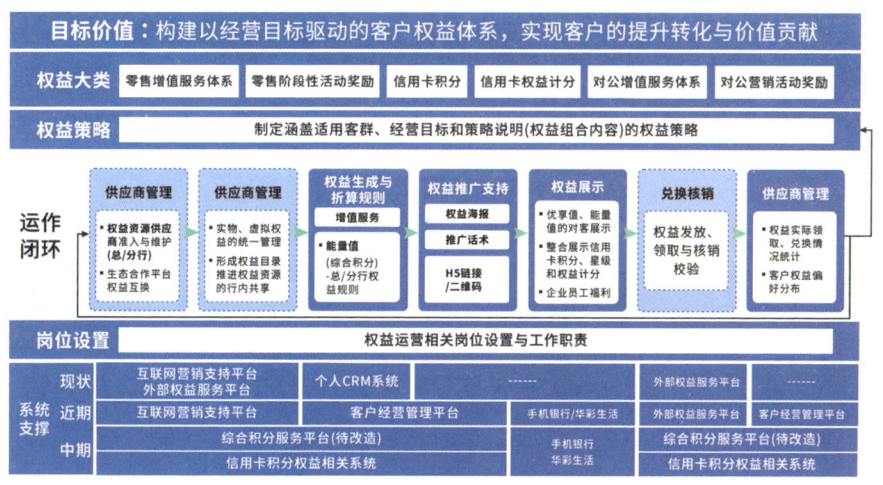

图 15-8　某银行权益平台示意图

案例三：某商业银行采取用户分群针对性触达，实现基金产品定投运营闭环

某商业银行在设计基金产品定投的活动中，借助用户的行为数据，感知客户的行为逻辑，利用客户属性和业务标签等维度对用户进行分群，并对不同的客户群制定对应的营销策略，实现运营管理闭环。

首先通过 Marketingforce 的全域标签，帮助该银行圈选出未参与定投的新客户以及参与过定投但出现终止和定期缴款失败的客户，根据收集到客户的不同行为习惯选择不同的触达策略，比如根据不同的常用浏览页面决定选取不同的广告栏位页面，根据关注基金产品的不同决定选取推送不同的产品，对于未表现出倾向的客户选取热门点击排名靠前的产品等。选取适合的策略目标作为转化标准和数据统计口径，反映活动的实际效果。

在营销过程中，通过进行不同的 A/B 测试，如对不同渠道的客户、开户距今天数分布不同的客户对应展示不同的话术和落地页，收集客户互动和反馈。实时活动数据的监控面板为策略调整节约了大量的时间成本，从而完成短时间窗口内的迭代优化。

该项目的架构搭建如图 15-9 所示。

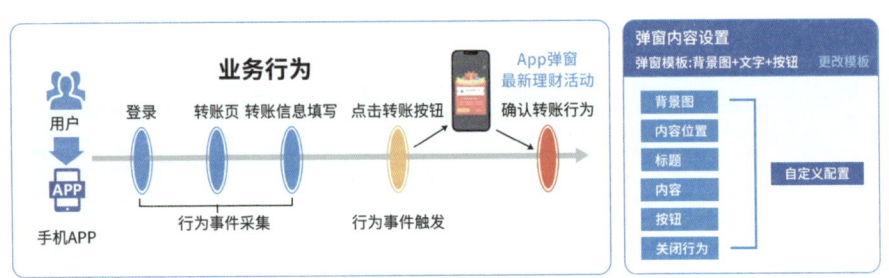

图 15-9　某银行数智化转型示意图

案例四：某证券公司线上线下协同推动两融业务运营

随着行业的信用交易制度日益完善、股市规模扩大、两融标的扩容，未来两融市场存在巨大的提升空间。融资融券业务不仅能为经纪业务提供稳定收入，更能满足客户多样化的投资需求，丰富客户投资组合，基于此两融业务逐渐成为券商在财富管理领域中差异化的竞争重点。由于客户在全市场中只能开通一次融资融券权限，如何及时洞察分析资产达标的潜在客群，通过行为特征筛选高意向客群，如何寻找开通权限的转化点，成为各证券公司争取客户的关键。

某证券公司利用 Marketingforce 数据分析工具，进行目标客户群体的画像分析和行为刻画，筛选客群并制定精细化的营销策略，包括制定提醒话术、服务方式、触达时点等，通过线上触达完成投资者教育和开通提醒的干预。

与此同时，总部通过营销平台将对应客群、运营策略、相关物料等内容，及时传递给一线投顾人员，方便员工进行持续的推进，通过 1V1 的客户沟通和服务，实现两融业务开通人数的增长。

第 16 章
高科技制造与服务企业的数智化转型方案

一、当下制造业数智化转型面临的主要挑战

二、数智化转型的具体目标拆解

三、数智化转型方案及实施步骤

四、高科技制造企业数智化转型案例

一、当下制造业数智化转型面临的主要挑战

制造业的数字化转型旨在帮助企业适应快速变化的市场环境，增强其竞争力和生命力。然而，在这一过程中，企业面临着诸多挑战，这些挑战阻碍了它们实现全面的数字化转型。以下是几个主要问题：

1. 跨界合作障碍：企业在尝试进行数字化转型时，往往难以跨越内部部门、不同专业领域以及企业之间的界限。这种跨界合作对于释放企业的全部潜力至关重要，但现实中的组织结构和文化差异使得跨界的协作变得复杂而缓慢。在产业链层面，需要供应链上下游的企业协同工作，以形成一个更加高效的价值网络。

2. 战略规划不足：许多企业在开始数字化旅程之前，并没有制定出清晰

的战略蓝图或实施路径。缺乏整体性的计划会导致企业对未来的方向感到迷茫，无法准确评估自身现有的数字化水平与目标之间的差距。此外，即使某些环节进行了改革，但如果其他相关部分未能同步跟进，整个转型过程的效果也会大打折扣。

3. 创新能力薄弱： 创新是推动经济发展的关键动力之一。对于正在进行数字化转型的企业来说，这意味着必须开发新的商业模式和技术应用来取代旧有的体系。但是，这通常会遇到诸如人力资源、技术能力等方面的限制。此外，如何有效地整合现有系统并促进新技术的应用也是一个重要课题。

随着行业从传统的以产品为中心转向更注重客户体验和服务的新模式，制造企业需要从根本上改变其运营方式。这种转变不仅要求改进产品质量和生产效率，还要加强与客户的互动，提供个性化服务。因此，企业正逐渐将焦点从单纯的产品销售转移到建立长期关系上，通过增强用户体验来提高客户忠诚度。

在此背景下，以下几点成为了数字化转型的关键方面：

数字化管理： 利用数据分析工具优化业务流程，提高决策质量，同时确保能够快速响应市场需求的变化。

平台化设计： 借助云计算等先进技术，构建开放式的研发平台，加速新产品的开发周期，并降低试验成本。

个性化定制： 通过互联网收集用户反馈信息，为客户提供量身定做的解决方案，满足日益增长的个性化需求。

网络化协同： 打破传统线性供应链模式，采用分布式协作机制，促进资源的有效配置和信息共享。

智能化制造： 引入智能设备和自动化系统，提高生产线的灵活性和反应速度，减少人为错误。

服务化延伸： 基于产品使用数据提供额外的服务支持，如远程维护等，从而开拓新的收入来源。

成功实现高科技行业客户数智化转型，需要企业具备全局视野，积极应对各种内外部挑战，并持续探索适合自身特点的发展道路。同时应积极响应市场变化，启动全面的数智化转型战略，通过技术创新与管理升级，提升企业竞争力，实现可持续发展。

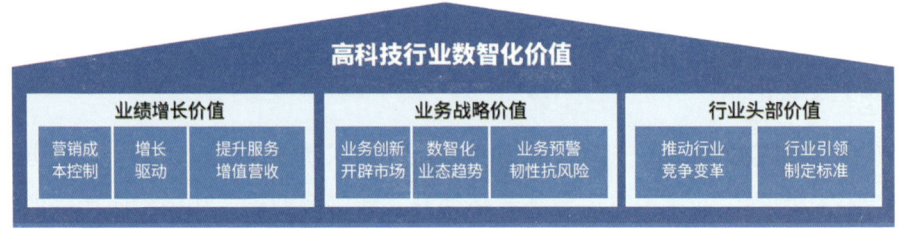

图 16-1　高科技行业数智化价值图

　　纵观高科技制造与服务产业链的特征，数智化转型的解决方案必须面向业务发展、面向未来的竞争市场、面向新技术带来的市场竞争格局。

二、数智化转型的具体目标拆解

　　为了保持竞争力并实现可持续发展，企业必须通过数字化和智能化转型来优化其运营模式、提升产品质量和服务水平。以下将详细探讨 B2B 高科技制造业在数智化转型过程中的具体目标，并分析这些目标如何帮助企业实现长期成功。

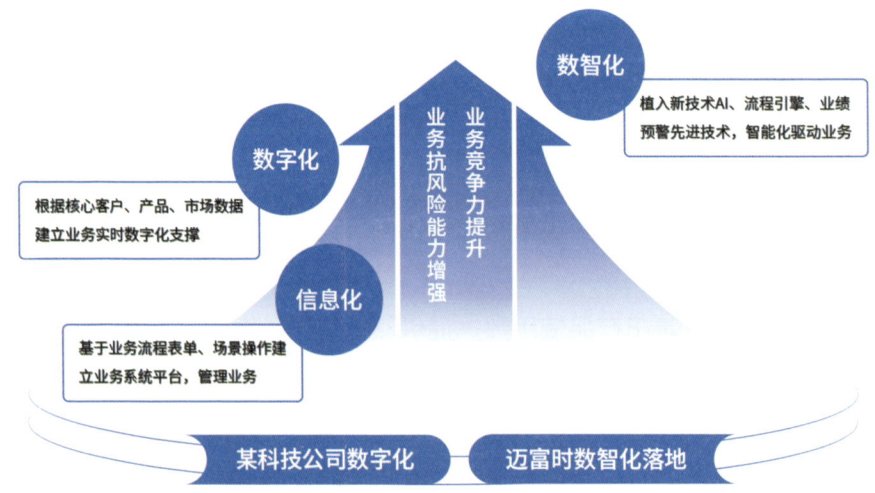

图 16-2　某科技公司数智化转型路径示例

1. 提高生产效率与降低成本

（1）自动化与智能化生产

通过引入先进的自动化设备和智能生产线，实现生产过程的高度自动化，减少人工干预，提高生产速度和一致性。以此显著降低生产成本，缩短产品上市时间，同时减少人为错误，提高产品质量。

（2）数据驱动的生产优化

利用大数据分析和人工智能技术，对生产数据进行实时监控和分析，发现生产瓶颈，优化生产流程。以此通过持续的数据分析和优化，逐步提升生产效率，减少资源浪费，增强企业的市场响应能力。

2. 增强创新能力与产品开发

（1）快速原型设计与测试

借助 3D 打印、虚拟仿真等技术，加速新产品的设计和测试过程，缩短从概念到市场的周期。以此更快地推出创新产品，满足市场不断变化的需求，保持企业在行业中的领先地位。

（2）开放式创新平台

建立开放式的研发合作平台，与供应商、客户及科研机构共同开发新技术和新产品。以此促进跨领域的知识交流与合作，激发更多的创新灵感，推动企业持续创新。

3. 提升供应链管理与协同效率

（1）透明化的供应链管理

通过物联网和区块链技术，实现供应链各环节的透明化管理，确保信息的真实性和完整性。以此提高供应链的可见性，减少库存积压，降低物流成本，增强供应链的灵活性和响应速度。

（2）跨部门与跨企业的协同工作

利用云计算和协同软件工具，实现不同部门和企业之间的高效沟通与协作。以此加快决策过程，提高项目执行效率，确保整个供应链能够快速适应市场需求的变化。

4. 优化客户服务与体验

（1）定制化服务与解决方案

基于大数据分析，提供个性化的产品和服务，满足客户的特定需求。以此增强客户满意度和忠诚度，提高市场份额，为企业带来更高的利润。

（2）智能售后服务系统

建立基于 AI 的智能客服系统，提供 24/7 的技术支持和服务，及时解决客户问题。以此提升客户体验，减少售后维护成本，增加客户黏性，为企业赢得良好的口碑。

5. 强化数据分析与决策支持

（1）数据驱动的决策制定

构建全面的数据采集和分析体系，为管理层提供准确的数据支持，辅助科学决策。以此提高决策的准确性和效率，减少决策风险，使企业能够在复杂多变的市场环境中保持竞争优势。

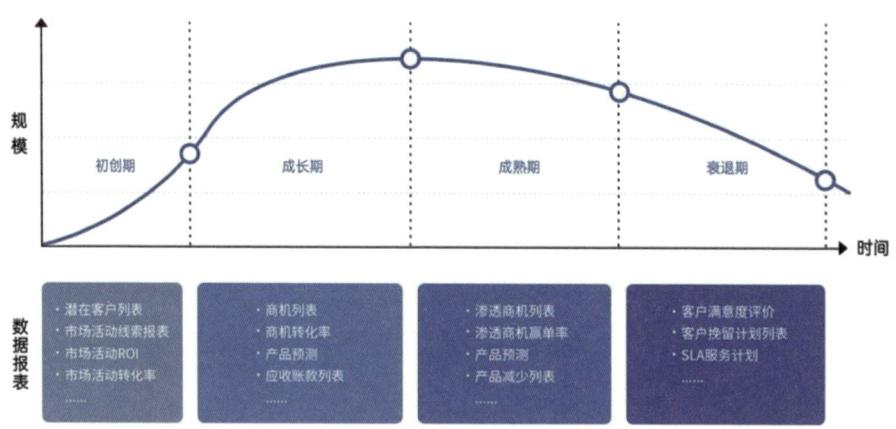

图 16-3　可视化数据辅助的业务决策

（2）预测性分析与风险管理

利用预测性分析模型，识别潜在的风险因素，提前制定应对策略。以此有效预防和控制风险，保障企业的稳定运营和发展。

6. 培养数字化人才与文化

（1）数字化技能培训

定期组织员工参加数字化技能培训，提升员工的数字素养和技术能力。以此打造一支具备数字化技能的人才队伍，支撑企业的数智化转型。

（2）企业文化变革

倡导开放、创新的企业文化，鼓励员工积极参与数字化转型过程。以此形成全员参与的良好氛围，促进企业文化的转型升级，为数智化转型奠定坚实基础。

B2B 高科技制造业的数智化转型是一个系统工程，需要企业在多个方面进行深入改革和创新。通过上述具体目标的实施，企业不仅能够提升自身的运营效率和市场竞争力，还能更好地适应未来的市场变化，实现可持续发展。在这个过程中，企业领导者的远见卓识和全体员工的共同努力是成功的关键。

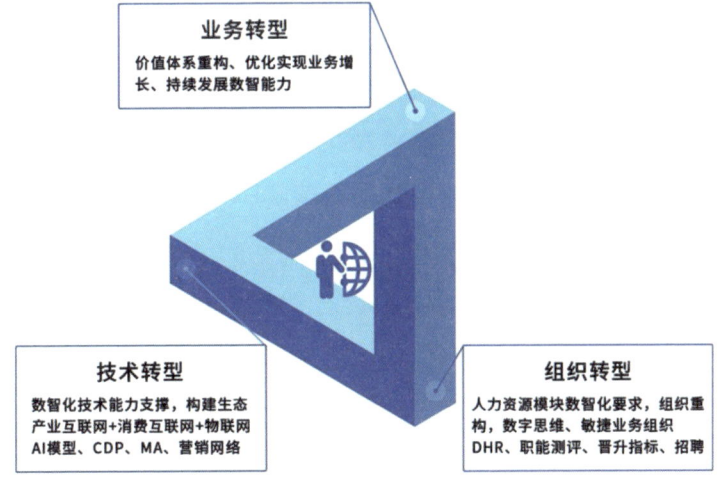

图 16-4　企业转型三角关系图

三、数智化转型方案及实施步骤

高科技制造与服务企业的数智化转型是一个复杂而系统的过程，需要企业从战略高度进行规划和实施。

首先，确立数智化转型的愿景、目标和战略定位，确保转型方向与企业长期发展战略相契合。设定可量化的阶段性目标，如提高生产效率、降低运营成本、增强市场竞争力等。

项目自立项到落地运营需要管理者高度关注，高层领导应深度参与并亲自推动数智化转型，确保转型工作得到足够的关注和支持。设立专门的转型领导小组或办公室，负责统筹协调转型工作。根据数智化转型的需要，调整企业组织架构，建立适应数字化时代的管理体系。

在项目实施过程中，必须加强数据治理，确保数据的准确性、完整性和安全性。建立数据管理体系，实现数据的全生命周期管理。

在服务领域需要依托平台实现对产品售后使用环节的数据打通，探索基于产品使用行为大数据的分析和产品增值服务等新型业务模式。实现从"产品"到"产品 + 服务"的转变，增强企业的市场竞争力。

通过中长期的定期对数智化转型的效果进行评估和反馈，及时发现和解决问题。建立科学的评估指标体系，确保评估结果的客观性和准确性。持续优化业务迭代诉求，根据评估结果和企业发展需求持续优化数智化转型策略和实施计划。同时，在数智化平台及产品的应用过程中，应鼓励实际使用的员工提出创新建议和改进意见，推动企业的持续改进和迭代升级。

1. 数智化营销体系建设

数据驱动营销：利用大数据分析技术，对 KA 客户群行为、市场趋势和竞争对手进行分析，实现精准营销。

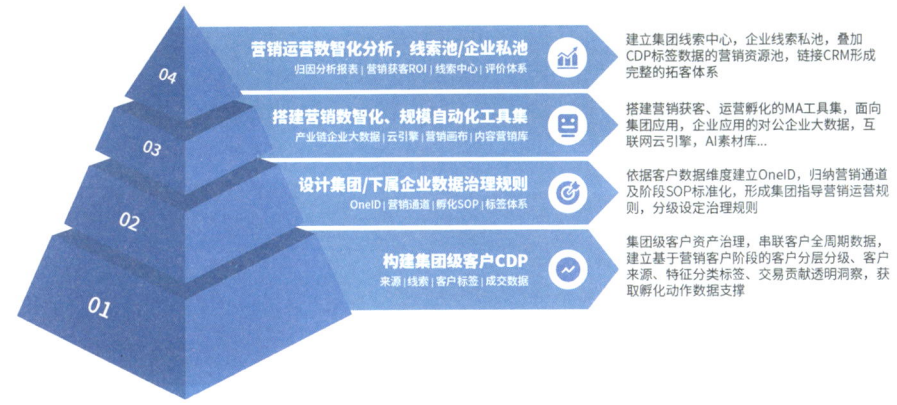

图 16-5　高科技制造企业客户数据平台构建

社交媒体营销： 在微博、微信、抖音等社交媒体平台上开展品牌传播和营销活动，提高品牌知名度和曝光率。

内容营销： 通过创作和分享有价值的内容（如博客、视频、图片等），吸引潜在客户并促进转化。

电子商务营销： 利用电子商务平台（如天猫、京东等及产业互联网平台）开展产品销售和客户关系管理，拓展线上销售渠道。

2. 客户关系管理系统（CRM）升级

客户资产集成化管理： 整合线上线下客户数据，形成统一的客户视图，便于企业进行精准营销和客户服务。

销售过程管控： 通过 CRM 系统对销售过程进行全流程管控，提高销售效率和转化率。

客户服务优化： 利用 CRM 系统提供客户服务支持，提升服务响应速度和质量，增强客户满意度。

3. 营销服务管理平台构建

全球化营销服务管理平台： 针对跨国企业，构建全球化营销服务管理平台，实现全球客户数据资产的统一化管理和业务协同。

图 16-7 Marketingforce 数智化营销平台数据报告图

云计算与大数据： 利用云计算技术灵活配置资源，实现生产数据的实时监控和分析；利用大数据技术挖掘有用信息，优化生产和管理决策。

物联网（IoT）： 实现设备间实时通信和数据共享，提高生产效率和产品质量。

人工智能（AI）： 通过机器学习、自然语言处理等技术提供智能化支持和预测分析，优化产品设计、生产规划和质量检测等环节。

四、高科技制造企业数智化转型案例

案例：某知名 LED 智能交互显示企业

1）客户背景

该公司是中国智能交互显示行业的知名品牌之一，产品广泛应用于商用、集成和教育等多个领域。尽管在国内市场上享有良好的口碑，但由于两大品牌的强劲表现，公司一度忽视了销售管理和系统的建设。随着海外业务在美国、印度和欧洲的扩展，公司管理层逐渐认识到使用 CRM 等管理工具带来的显著效益，决定在国内市场引入一套全面的客户关系管理解决方案。

2）客户现状及痛点

销售管理薄弱：国内市场上，两大品牌的良好销售表现使得公司对销售管理和系统的重视程度不足。

海外经验借鉴：公司在海外市场的成功经验，尤其是在美国、印度和欧洲使用的不同品牌的 CRM 产品，让国内管理层看到了管理工具带来的显著效益。

组织管理需求：公司希望实现与客户的紧密连接，提升跨组织协同效率，将目标逐层分解并落实到一线，通过数据驱动流程，确保责任明确、激励到位。

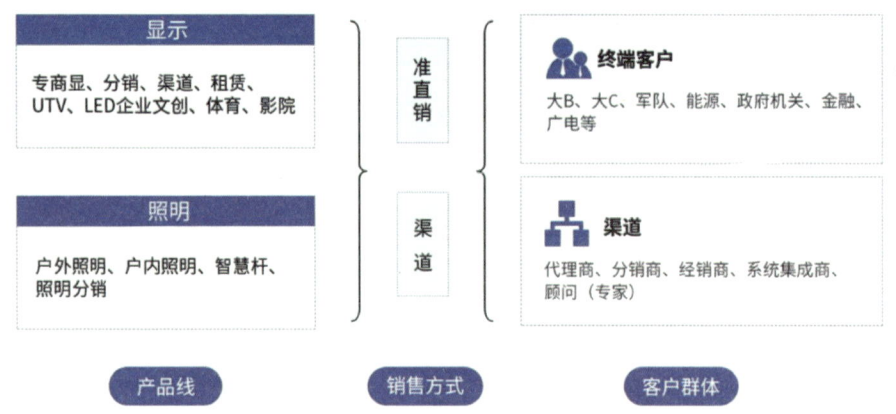

图 16-8　该企业销售管理现状

3）项目目标

连接客户：建立与客户的紧密联系，提升客户体验和满意度。

跨组织协同：实现跨部门、跨业务单元的高效协同，打破信息孤岛。

目标分解：将公司目标逐层分解到各业务单元（BG）和业务部门（BU），确保目标落实到一线。

责任到一线：明确各级人员的责任，确保任务执行到位。

激励机制：通过数据驱动的绩效考核，实现公平、透明的激励机制。

数据驱动：利用数据分析优化流程，提升决策的科学性和准确性。

4）解决方案

为了实现上述目标，公司采用了 Marketingforce 提供的综合解决方案，具体包括以下几个方面：

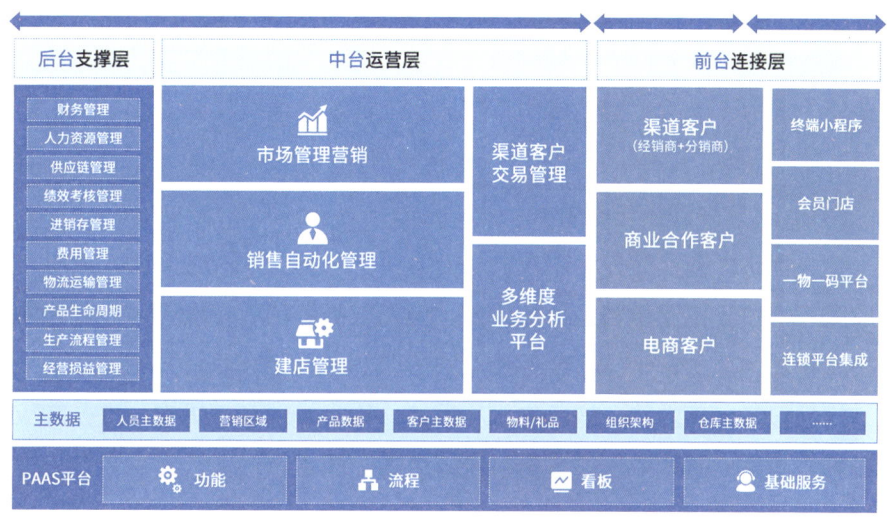

图 16-9　LED 智能交互显示企业解决方案架构

Step1. 多 BG（商用、集成、教育）LTC 业务管理平台

统一平台： 在 Marketingforce 上搭建一个统一的平台，支持商用、集成和教育等多个业务领域的 LTC（Lead to Cash）全流程管理。这不仅简化了操作流程，还提升了各部门之间的协作效率。

流程标准化： CRM 实现从线索获取、商机跟进、订单处理到售后服务的全流程标准化管理。通过标准化流程，公司能够更好地跟踪每一个环节，确保工作的高效推进。

数据集成： Marketingforce 为企业整合来自不同渠道的数据，形成 360 度客户视图，提供全面的客户洞察。这样，销售人员可以更准确地了解客户需求，提供更加个性化的服务。

Step2. 集团管控与垂直管理

集团管控： 在集团层面进行统一管控，确保各 BG、BU 的战略目标一致。通过统一的管控，公司能够更好地协调资源，推动整体战略的实施。

垂直管理： CRM 系统提供了灵活的权限管理机制，确保不同角色的员工只能访问其所需的客户数据和信息，保护敏感信息的同时，确保数据的安全性和合规性。系统支持目标管理功能，可以将公司目标逐层分解到各个部门和个人，并通过绩效考核模块进行跟踪和评估，确保目标的落实。

权限管理： 在 CRM 系统中可以设置灵活的权限管理机制，确保数据安全和操作合规。通过权限管理，公司能够保护敏感信息，同时确保员工能够访问所需的数据。

Step3. 客户连接与服务

客户互动： 通过标签等方式洞察描绘客户的需求，同时 CRM 系统中的客户服务模块支持工单管理、知识库、自助服务等功能，提升客户服务质量和响应速度。通过统一的服务平台，客户可以获得一致的服务体验。

售后服务： 建立统一的客户服务系统，集中处理客户诉求，提升响应速度和服务质量。通过统一的服务系统，公司能够更快地响应客户需求，提高客户满意度。

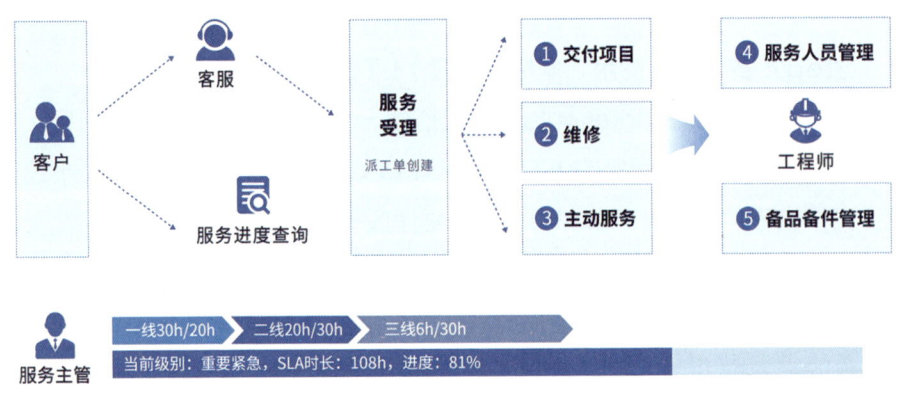

图 16-10　该公司售后服务管理路径

满意度调研： 定期进行在线和现场的客户满意度调研，收集反馈并持续改进。通过持续的反馈和改进，公司能够不断优化服务，提升客户体验。

Step4. 跨组织协同

协作平台： 利用企业微信等工具，实现跨部门、跨业务单元的高效沟通与协作。通过这些工具，员工可以实时交流，共享信息，提高工作效率。

项目管理： CRM 系统中的项目管理模块支持项目的可视化管理，确保项目进度透明化。团队可以通过 CRM 系统跟踪项目进展，及时发现和解决问题。

资源共享： 通过企微微盘等工具，实现企业内部资源的共享和高效利用。资源共享不仅提高了工作效率，还减少了重复工作，节省了时间和成本。

Step5. 数据驱动与分析

数据分析： 利用大数据分析工具，对销售数据、客户行为数据等进行深入分析，生成报告和趋势预测。数据分析帮助公司更好地理解市场动态和客户需求，制定更有针对性的策略。

在这其中，CRM 系统提供了强大的数据分析和报表功能，帮助管理层深入了解销售业绩、客户行为、市场趋势等关键指标。通过可视化的报表，管理层可以快速做出基于数据的决策。

绩效考核： 基于数据分析结果，进行科学的绩效考核，确保激励机制的公平性和透明性。通过数据驱动的绩效考核，公司能够更公正地评估员工的表现，激发员工的积极性。

CRM 系统中的绩效考核模块支持基于数据分析的绩效评估，确保激励机制的公平性和透明性。员工可以通过系统查看自己的绩效情况，明确改进方向。

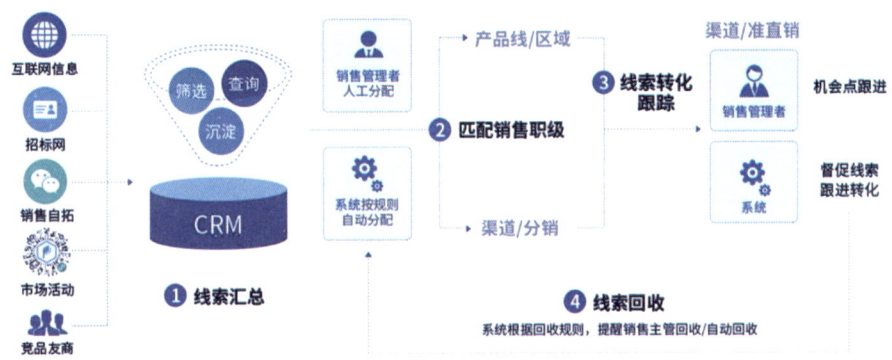

图 16-11　绩效考评体系的部分指标路径

流程优化： CRM 系统中的流程优化工具支持基于数据分析的流程改进，帮助公司识别瓶颈和低效环节，持续优化业务流程。根据数据分析结果，不断优化业务流程，提升整体运营效率。通过持续的流程优化，公司能够不断提高工作效率，降低成本。

5）实施效果

提升客户体验： 通过多渠道互动和服务，提升了客户体验和满意度。客户感受到公司的关怀和专业，增强了品牌忠诚度。

增强协同效率： 实现了跨部门、跨业务单元的高效协同，打破了信息孤岛。团队之间的沟通更加顺畅，工作效率显著提升。

明确责任与激励： 明确了各级人员的责任，并通过数据驱动的绩效考核，提升了员工的积极性和责任感。员工清楚自己的职责，更有动力去完成任务。

优化决策： 基于数据驱动的分析，优化了业务流程和决策，提高了整体运营效率。数据为决策提供了有力支持，使公司能够更加科学地制定策略。

市场竞争力提升： 通过精准的市场洞察和客户经营分析，提升了公司的市场竞争力，推动了业务增长。公司在市场上的表现更加稳健，赢得了更多客户的信任和支持。

通过采用 Marketingforce 提供的综合解决方案，并将 CRM 产品融入其中，该公司成功实现了 L2C 流程的落地，提升了销售和服务管理的效率。通过市场活动小程序和门店小程序，公司与 C 端客户建立了更紧密的联系，提升了客户体验。

同时，通过数据驱动的管理和分析，公司能够更好地了解运营状况，优化决策，推动业务持续增长。CRM 等数智化产品不仅是一个工具，更是公司实现数字化转型的重要伙伴，助力企业在激烈的市场竞争中脱颖而出。

第四部分

数智化转型的评估、趋势与未来

第 17 章　企业数据资产化

第 18 章　归因透视：数智化转型的评估模型

第 19 章　未来可期：新质生产力与数智化增长

第 17 章
企业数据资产化

一、国家层面的数据战略

二、数据要素市场化三部曲

三、企业数据资产化路径三步走

数字经济的繁荣和企业转型推动了数据成为核心资产。数据在企业战略和运营中的作用日益凸显。但数据不等同于资产，如何转化数据资源为资产，最大化数据价值，是当前热门议题。本章探讨数据资产化。

数据是数字经济时代的新生产要素，是推动发展的核心引擎，对各行各业的数智化转型至关重要，也是国家战略性资源。

数据资产化涉及将数据资源转化为可交易商品。这对国家而言，可促进数字经济发展；对企业，则能释放数据价值，助力数智化转型，增强竞争力。

一、国家层面的数据战略

关于数据资产化的概念，存在不同的定义。根据国家标准《信息技术 大数据 数据资产价值评估（征求意见稿）》的定义，数据资产是指以数据为载体和表现形式，能够进行计量，并且能够为组织带来直接或间接经济利益的数据资源。而按照《数据资产评估指导意见》的定义，数据资产则是指特定主体合法拥有或控制的，能够进行货币计量，并且能够带来直接或间接经济利益的数据资源。

1. 数据二十条

2022 年 12 月，《中共中央 国务院关于构建数据基础制度更好发挥数据要素作用的意见》（以下简称"数据二十条"）对外发布，从数据产权、流通交易、收益分配、安全治理四个方面构建了数据基础制度：

（1）创新性地建立数据产权"三权分置制度框架，即淡化所有权、强调使用权，聚焦数据使用权流通权，构建中国特色的数据产权制度体系；

（2）建立合规高效、场内外结合的数据要素流通和交易制度，从规则、市场、生态、跨境等四个方面构建适应中国制度优势的数据要素市场体系；

（3）建立体现效率、促进公平的数据要素收益分配制度，健全数据要素由市场评价贡献、按贡献决定报酬机制，更好发挥政府在数据要素收益分配中的引导调节作用，同时防止资本在数据领域无序扩张形成市场垄断带来的各类风险挑战；

（4）建立安全可控、弹性包容的数据要素治理制度，构建政府、企业、社会多方协同的治理模式。

2.《数据资产评估指导意见》

2023 年 9 月，中国资产评估协会在财政部指导下发布《数据资产评估指导意见》，规范数据资产评估行为，指出数据资产评估方法包括收益法、成本法和市场法三种基本方法及其衍生方法。

3. 国家数据局

2023 年 10 月国家数据局正式挂牌成立，负责协调推进数据基础制度建设，统筹数据资源整合共享和开发利用，统筹推进数字中国、数字经济、数字社会规划和建设等，既体现了对数据资源的战略性管理和规范化利用的需求，也体现了国家层面对数字经济发展和数据治理的重视，随后各地方数据局相继成立。

4.《数据要素 X 三年行动计划（2024—2026）》

2023 年 12 月，国家数据局等 17 部门联合印发《数据要素 X 三年行动计划（2024—2026）》旨在充分发挥数据要素乘数效应，赋能经济社会发展。行动计划强调坚持需求牵引、注重实效，试点先行、重点突破，有效市场、有为政府，开放融合、安全有序等 4 方面基本原则，明确了到 2026 年底的工作目标。行动计划选取工业制造、现代农业、商贸流通、交通运输、金融服务、科技创新、文化旅游、医疗健康、应急管理、气象服务、城市治理、绿色低碳等 12 个行业和领域，推动发挥数据要素乘数效应，释放数据要素价值。

5.《企业数据资源相关会计处理暂行规定》

2024 年 1 月 1 日，财政部会计司正式发布《企业数据资源相关会计处理暂行规定》（以下简称"《暂行规定》"）正式施行。该《暂行规定》围绕数据资源是否可以确认为资产、可能确认的资产类别以及相关确认和计量等问题进行了规范，且兼顾信息需求、成本效益和商业秘密保护原则，引入强制和自愿披露结合的方式，引导企业根据自身情况进行披露，以全面地反映数据资源对企业财务状况、经营成果等的影响。

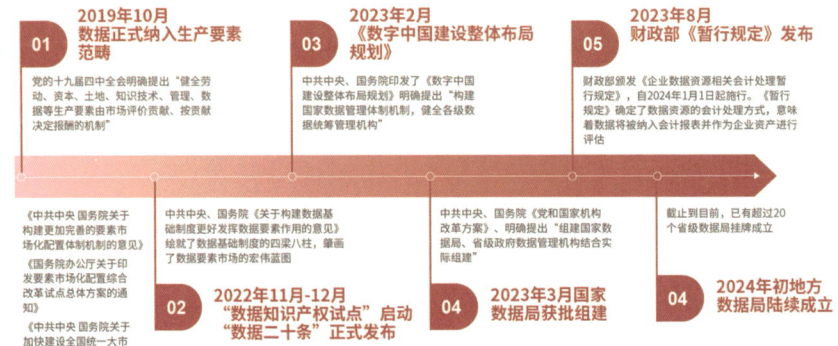

图 17-1 数据管理办法发展图

二、数据要素市场化三部曲

为了充分挖掘和发挥数据要素的潜在价值，构建一个高效、有序的数据要素市场显得尤为重要。数据要素市场与数据资产化之间存在着紧密的联系，二者相辅相成，不可分割。数据要素市场不仅是数据资产化的重要出口，更是推动数字经济深化发展的关键所在，具有深远的战略意义。

具体来说，数据要素可以划分为四种不同的进阶形态，这些形态从低阶到高阶依次为原始数据、脱敏数据、模型化数据以及人工智能化数据。其中，原始数据和脱敏数据属于原生数据的范畴，它们主要是通过数据集或数据接口等途径进行流通的数据资源。这类承载原生数据流通的市场，我们可以称之为"一级市场"。而模型化数据和人工智能化数据则属于衍生数据的范畴，它们是基于原生数据开发出来的数据产品和服务。承载着累衍生数据流通的市场，我们可以称之为"二级市场"。

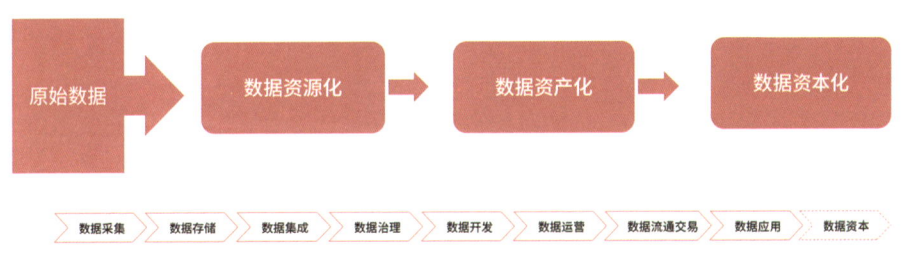

图 17-2　数据资本化流程图

数据要素的最终价值实现，可以分为三个阶段：资源化、资产化与资本化。首先，在资源化阶段，原始数据通过采集、清洗、加工、归集等手段，被转化为高质量的数据资源，这些数据资源具有可采、可见、互通、可信的特点，具备了潜在的商业价值。

接着，在资产化阶段，这些数据资源通过确权、登记、评估、定价、入表等一系列环节，被转化为具有流通性的资产。

最后，在资本化阶段，数据作为一种资本要素，直接参与到企业的融资和价值创造过程中，将数据资产转化为能够产生收益和增值的资本。这一过

1. 数据资源化

数据资源化是指企业将直接或间接获取、采集到的原始数据进行筛选、清洗、加工、处理、归集和储存，并转化为有组织、易于访问和分析的格式，从而形成数据资源的过程，这是数据资产化之路的第一步。现实中很多企业的数据是杂乱的、碎片化、这些数据如果没有经过加工，是无法为企业直接创造价值的。

在这个阶段企业的核心工作是做好数据战略规划，盘点数据资源，建立数据治理体系。具体而言，企业需要建立采集数据体系，将大量杂乱、无序、分散、孤立的"原料"数据，如客户数据、运营数据、生产数据等，进行数据治理，使数据变得规范、有序和清晰。

2. 资源产品化

数据产品可以理解为是数据资源、数据算法模型和服务终端的合集。

图 17-4　资源产品化

数据资源产品化是数据持有方根据需求加工数据，形成服务内外部用户的产品或服务。这过程类似炼油，原油需经过复杂处理才能转化为不同用途的化工产品，实现最大价值。数据产品化是数据资产增值的关键。

数据产品可以大致分为以下几类：

（1）数据集

数据集顾名思义就是结构化、有序化的数据集合、通常以数据包的形式出现。这些数据在做了必要的脱敏、隐私保护的合规处理后，可以和外部客户进行交易。数据集是数据产品的底座，为企业后续的数据价值挖掘和实现奠定了基础。

（2）数据模型类产品

数据模型模拟现实世界数据特征，通过数据分析和算法训练，能智能执行识别、预测、分类、推荐等功能。例如，定价模型助于调整产品价格，销售预测模型助于预判销售增长，潜客转化模型助于提升转化率，用户流失预测模型助于发现流失风险。数据模型作为高阶数据产品，对决策有重要帮助。

（3）数据可视化产品

数据可视化产品是以图表的形式把数据直观地呈现出来，常见的有业绩达成、成本结构、销售趋势等。

（4）数据报表类产品

数据报表类产品比可视化产品更有分析深度，可视化只是把数据呈现出来，但不会指出数据哪里有问题，而报表类产品可以帮你分析哪里出了问题。比如经营分析报告，会告诉你哪些经验指标变好了，哪些变差了，如果某些指标变差，经营者就可以分析原因，及时采取措施来改善。

（5）数据应用类产品

数据应用类产品是指对数据产品的界面化输出。比如，把产品用 SaaS 化的方式部署到平台上，开设账号给用户。当然也可以做私有化部署。这类数据应用类产品操作便捷，用户体验感比较好，在消费零售行业中的销售趋势预测、补货预测等场景中的应用已经很广泛。

3. 产品价值化

产品价值化涉及数据产品的流通和交易，确保数据产品能持续为内外部使用者提供决策支持，实现数据价值。此过程包括确权、估值、入表和交易等步骤，旨在明确数据产品的权属和价值，并将其转化为具有金融属性的数据资产，为持有人提供保值、增值和资金融通服务。实现这一目标需要制定数据资产化战略、建立管理体系，并进行有效的数据资产经营和管理。

（1）数据合规

对拟入表的数据资源及数据产品进行合规性评估，以防范法律风险，该项工作由第三方专业合规机构来执行。

图 17-5　数据合规示意图

（2）数据权属确认

目前可以在政府制定的数据资源持有权、数据加工使用权和数据产品经营权"三权分置"的数据产权制度框架下进行操作。

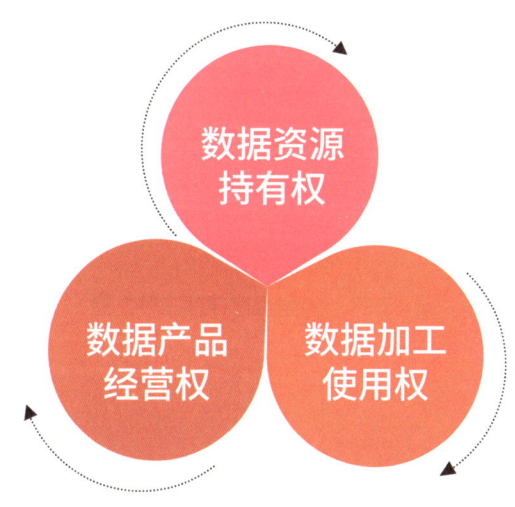

图 17-6　数据"三权分置"示意图

"三权分立"制度区分了数据使用的不同阶段和用途，明确了各阶段权利人及其权利范围。数据资源持有权涉及原始拥有者对数据的控制；数据加工使用权允许处理和分析数据以创造价值；数据产品经营权则涉及将加工后的数据用于商业活动，如销售数据产品或提供数据服务。这一制度既保护了数据原始拥有者的权益，又推动了数据的合理利用和流通，为数据资本化提供了法律支持。

（3）数据资产评估

数据资产评估是数据资产化的重要前提，由第三方资产评估机构完成。当前数据资产评估方法有成本法、收益法和市场法三种。

目前，数据资产价值主要通过成本法体现，但仅凭成本无法准确反映其真实价值。为了在金融市场上获得认可，数据资产需要第三方专业机构的估值作为参考，以确保价值评估的准确性和客观性。数据资产评估的基础是数据质量评估，关注的关键因素包括成本、场景、市场和质量。

图 17-7　数据资产评估三种方法

第18章

归因透视：数智化转型的评估模型

一、全渠道营销体系建设

二、经营指标体系

三、预测判断体系建设

随着企业数字化转型的持续推进，如何评估数智化转型的成果和效果，成为企业普遍关注的问题。数字化转型以"营销"为始，营销力增长评估模型是一种数字化转型评估的方法和工具，旨在帮助企业了解自身数智化转型的现状，识别发展瓶颈和优化路径，从全渠道体系、经营指标体系、预测判断体系及组织体系等维度采用定性与定量相结合的方式开展评估工作。

一、全渠道营销体系建设

在这个互联网场景日新月异的时代，企业在不同的渠道开展业务，并在各个渠道中做好平衡，才能最大限度地提高企业的收益。

全渠道营销体系是一种多渠道、多触点的整合营销模式，是对传统渠道与线上渠道的有机整合，它通过对用户的全渠道感知，满足用户在不同时间、不同地点对商品和服务的需求。

全渠道营销体系要能够做到与企业自身的商业模式、客户体验、技术手段以及业务流程相结合，为用户提供个性化的服务。

1. 全渠道营销运营管理

全渠道营销体系，是基于企业自身的商业模式、客户体验、技术手段以及业务流程，从企业自身的需求出发，结合企业的产品特点和市场情况，将线上线下相融合，在各个渠道上建立与消费者实时互动的营销管理系统。

它能够将企业从被动销售转化为主动销售，提升客户体验感，优化内部管理流程，实现全面高效、一致、实时同步的客户服务。全渠道营销体系可以帮助企业将所有客户数据整合到一起，建立完整客户图谱，分析用户行为，并进行精准营销。

2. 全渠道用户生命周期管理

全渠道用户 CLV 生命周期管理，是通过分析企业全渠道的数据，建立一套用户的全生命周期管理模型，从而实现用户的精细化运营。

企业可以通过全渠道用户生命周期管理来挖掘不同客户在各个阶段的价值，同时能够分析出客户与企业之间的互动行为。通过客户数据的分析，可以为每个客户进行画像，了解他们在各个阶段的需求和喜好，然后再为不同人群制定不同内容的营销策略。

比如对于新客而言，可以采用入会红包进行注册转化；对于随机订单用户而言，则可以采用周期性权益进行长期维护；对于忠实高频客户而言，则可以采用客户体验地图等方式来进行营销。

3. 全渠道数据分析

全渠道数据分析覆盖不同用户交互终端的数据集成。无论消费者或客户在线下门店、线上电商、新媒体电商或企业自媒体上发生的交互及交易等

Action 信息，则可实时转化为数据，通过后台实时采集数据；这样的全渠道数据图谱对于了解消费者喜好、偏好、消费倾向、价值等级等将带来全面支撑，从而帮助企业为差异化客群制定有效的营销策略。

4. 全渠道营销技术支撑

企业要实现体系建设目标，需有强大的技术基础。例如，Marketingforce 全渠道会员平台利用多渠道数据接口、电商会员通道、积分小程序等数字化工具，实现不同渠道间数据实时共享，提升消费者体验一致性，并增强企业全渠道商业架构的管理能力。

二、经营指标体系

企业的战略、营销和运营决策是影响商业增长的关键因素。因此，有必要了解商业增长的驱动因素及其影响。商业增长驱动因素是由多个相互关联的指标组成的集合。每个指标都有自己的定义和权重，以衡量该指标对企业增长的影响程度。

由于大多数企业都将重点放在营销上，因此此处选择了两个最重要的指标来构建本章中讨论的商业增长驱动因素指标集，并使用两个常用方法来确定其权重：

德尔菲法（Delphi Method）

德尔菲法是一种确定性比较分析方法，该方法使用专家对每个决策问题提出建议或意见来解决不确定性问题，从而降低风险，减少决策失误。

成分分析（Analytic Hierarchy Process，AHP）

层次分析法是一种定性与定量相结合的决策方法，它把定性问题定量化。首先明确问题的影响程度，然后用定量方法确定各影响因素之间相对重要性水平，并通过比较各因素对问题影响程度进行排序。

例如：公司销售人员在不同市场上获取了一定数量客户后所获得的销售数量；市场营销支出占公司总成本比例；公司产品种类和价格多样性以及产

品在市场上表现如何；客户满意度如何；员工敬业度如何……

这些指标是可以衡量和预测企业未来发展趋势和发展方向的重要指标。通过这些指标，可以将公司在未来一段时间内能达到怎样一个状态做出预判，并进一步指导公司如何从自身出发提高企业在未来发展中所具备的能力和实力。

结合商业增长驱动因素模型和层次分析法的四个主要指标，并在此基础上进一步确定了各指标权重。在设定权重时要注意：每个主要因素对应两个以上重要的指标，每个指标又有若干因素；这些因素间存在相互依赖关系；这些因素越重要，其权重就越大。

1. 销售增长因子是"系统性变量集合"

如果仔细分析现代化商业体系的结构，实现销售增长的两大权重体系聚焦在"线上电商"及"线下门店"两大板块，不同的商业体系运营策略不同，布局这两大体系的权重各有差异。GMV 销售增长因子树 – 数智化因子价值分析见图 18-1。

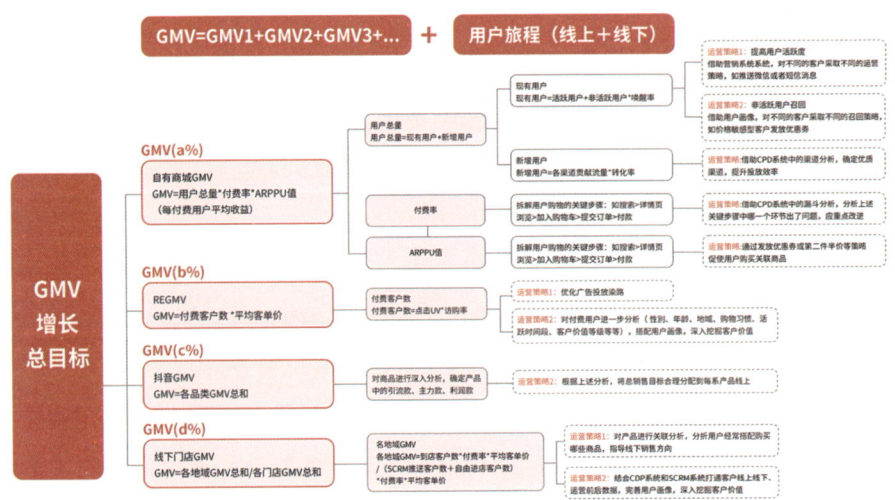

图 18-1　GMV 销售增长因子树 – 数智化因子价值分析

（1）门店销售增长因子的数智化分解（以汽车、大消费等行业特征为例）

门店（直营及经销）是企业商业运营的核心主体之一，也是消费用户群体交互的核心载体。门店销售增长因子涉及客户数据（流量、画像、权益）、商品数据（商品价格、商品生命周期、促销策略）和门店导购数据（专业度、沟通力和服务效率）等核心因素。

● 门店客群流量：门店所在区域的客群流量——日均进店客流数据。

● 门店所处区域的竞品销售情况：竞品区域性销量分布数据。

● 门店客群画像：进店及门店交易用户的自然属性及业务属性数据。

● 门店产品的生命周期指标：门店产品生命周期（导入期、成长期、成熟期、衰退期）及对应的历史销售数据。

● 门店的消费者权益：门店专享的营销活动（用户权益设计）及对应的历史销售数据。

● 门店与线上联动情况：线上导流到线下门店权益核销历史数据。

● 门店导购的业务能力值：导购技巧、沟通能力、服务效率等综合指标历史数据。

2. 电商平台销售增长因子分析（以零售消费行业特征为例）

电商平台（第三方电商及私域电商）是企业获取用户的主要渠道，也是企业提升收入的重要来源。电商平台销售增长因子涉及交易数据（交易金额、订单数量、支付方式）、商品数据（商品数量、商品价格、商品生命周期）和用户数据（新老用户数、用户留存率、用户转化率）等核心因素。

● 历史交易数据：不同电商平台按照时间轴的交易额分布。

● 商品组合数据：不同电商平台不同时期不同商品的销售额权重分布数据。

● 新客户数据：不同电商平台新用户来源、访问频次、停留时间、交易转化周期等数据。

● 老客户数据：各电商平台老客户复购的商品种类、复购率、留存率和购买频次等数据。

● 营销权益数据：电商平台提升下单率的策略（优惠券、满减、返现、秒杀、限时抢购等）与销售额变动的历史对比数据。

3. Marketingforce 增长因子逆向分析

商业增长是企业数智化转型的核心目的，但要达到这个目标，企业需要具备一套系统化的能力，通过数字工具有效地建立"因子"数据收集、清洗、分析、建模的治理方案。

Marketingforce 增长因子逆向分析帮助企业完成"指标下钻经营管理洞察"能力的构建，在全渠道历史数据实时性收集的基础上，通过公共因子提取（原始数据标准化处理）、主成分分析（相似特征变量综合降维）、因子旋转（变量融合）、因子载荷矩阵（变量关系及权重定义）等实现销售增长因子的动态透视和综合治理。

（1）数据收集、清洗及结构化治理

Marketingforce AIData（营销增长平台）的核心构成之一是营销数据中台（CDP），其核心价值是将企业的全链路营销数据进行整合，形成统一的数字资产，其中与销售增长因子相关的原始数据，包括线下门店、私域商城、移动 APP、微信公众号及视频号、第三方电商平台、主流社交媒体平台、直播及短视频平台等综合数据。

营销数据中台（CDP）利用"One-ID"机制整合企业营销环节，实时收集用户在全网、全域、全业务链路的静态与动态数据。在因子分析前，进行数据清洗、ID 认证和身份统一，通过异常值处理及缺失值补充，设计动态实时标签模型，确保因子分析模型能正确提取信息。消费者数据资产全链路管理见图 18-2。

图 18-2 消费者数据资产的全链路沉淀和管理

（2）因子数据分析

通过原始数据治理，Marketingforce AIdata（营销增长平台）可以开始因子分析，首先将相关因子矩阵标准化，然后计算因子得分，最后将因子得分加权求和，得出各因子的最终得分。关于因子分析的具体步骤如下：

- 对原始数据进行标准化处理；
- 计算公因子个数；
- 根据公因子的方差贡献率来确定公因子的重要性；
- 选择合适的旋转方法；
- 对公因子进行命名；
- 根据命名结果确定最优公因子数，并计算出公因子的得分。
- 根据得分情况对各因素进行排序，确定各因素的重要性程度。
- 根据重要程度依次排列各因素在各变量上所占的权重。最后确定主成分个数。
- 计算各个主成分累计贡献率，根据累计贡献率确定主成分个数。
- 计算各主成分得分情况，并确定每个主成分的权重。

因子数据模型 - 多样化建模如图 18-3 所示。

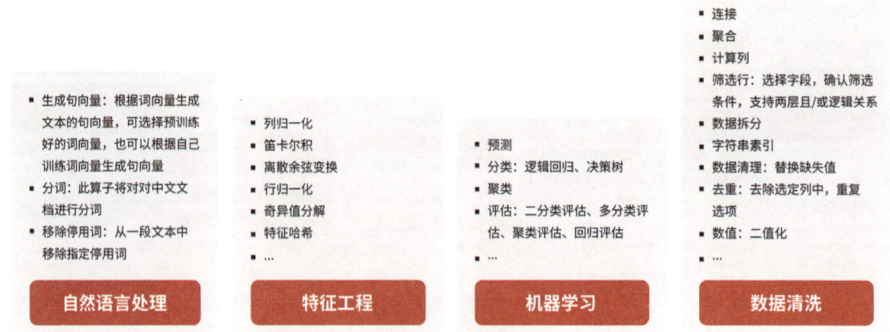

图 18-3　因子数据模型－多样化建模

（3）影响销售增长的因子权重及策略设计

在计算指标权重时，发现门店因子中导购能力对销售增长影响最大，其次是商品数量、价格、客流；电商因子中商品数据影响最小，积分权益、老客户复购及促销策略影响最大，新客转化及 Arpu 值次之。

分析各因子指标后，企业可设计营销方案以促进销售增长。每个因子在 GMV 增长中扮演角色，改变因子数值即影响销售增长额度。因子分析可指导具体营销策略和用户管理方针，执行这些策略将提升整体销售目标的达成效率。

三、预测判断体系建设

在营销数智化的过程中，数据资产管理是一项重要的基础工作，数据资产管理的目的是对企业各个业务系统的数据进行集成、治理、存储、整合和应用；利用数据完成现状可视化是大部分企业都可以做到的，但结合数据治理，来完成经营管理过程中的各类业务预测和业务判断能力的建模能力则是检验数字化成果的重要权重之一。

1. 模型训练

业务预测和模型训练需考虑多因素，包括目标群体、地理位置、客户和产品渠道细分、数据差异及营销策略。算法选择上，可采用支持向量机等机器学习算法，并可能需要正则化方法或交叉验证来优化预测效果和准确率。

2. 模型评估和改进

模型评估后，可用于实际业务。例如，分析全渠道客户数据后，用这些数据验证模型的有效性。企业可利用大范围客户数据库，训练全渠道销售模型，确定最佳销售渠道。企业开发新市场营销策略时，可利用客户数据和行为分析，确定最有效的渠道。

模型评估和优化的核心是参数和权重的精准化。企业经营中，需具备业务知识，从数据中提炼因子，了解因子对预测和判断结果准确性的影响。数字化增长中，提升"预测力"和"判断力"能力指标，是实现"自动化"和"智能化"目标后的核心。

第19章

未来可期：新质生产力与数智化增长

一、新质生产力成为企业数智化增长核心动力

二、新质生产力下的行业营销大模型

三、以客户为中心、长期主义是企业数智化的核心

四、数智化是一种能力，也是一种思维方式

五、从卖产品的方式转变为卖体验的方式

六、企业要拥抱全新商业模式

一、新质生产力成为企业数智化增长核心动力

随着新质生产力的提出以及产业数智化程度不断提升,商业流通、制造业、金融、服务业等行业都在加速数智化转型，对企业全要素生产效率、决策科学性和业务运营能力提升提出更高要求。

全要素生产率也称多要素生产率，是度量经济单元生产效率的重要工具。经济学角度来讲，全要素生产率一般的含义为资源（包括人力、物力、财力）开发利用的效率。从数智化增长的角度来说，生产率与资本、劳动等要素投入都贡献于经济的增长。

在生产制造环节，数据可以帮助企业建立完整的制造和服务过程模型，实现产品全生命周期数据采集、分析与应用。如在制造业中，可以通过对生产、仓储、物流等环节的数据采集、分析和应用，提升生产效率和产品质量，提升企业综合竞争力。

在营销供应链管理中，企业可以利用数据采集与分析技术与上下游合作伙伴之间形成深度连接，将库存分布、质量评价、生产计划等信息进行整合分析。通过对产业链中的数据实时采集和分析，可以提高企业供应链管理的效率，为企业供应链上下游提供更精准的市场信息和预测，支撑企业生产决策。

在产品研发与服务环节，通过对海量用户数据和行为数据的采集及处理分析等技术手段可以使企业更精准地了解消费者的需求和偏好。同时，针对不同人群的数据分析，可以优化产品设计和服务模式。

在决策支持环节，基于海量大数据的智能算法能够使企业对市场趋势进行精准预测并预判市场变化。同时，利用对历史销售数据进行预测等技术手段对未来销售状况进行精准预测，帮助企业规避风险、减少损失。

在运营管理环节中，通过采集经营管理环节各个模块产生的数据并对这些数据进行分析处理可以使企业更准确地把握经营状况并做出决策。

此外，随着大数据、人工智能等新一代信息技术的发展与应用，目前很多行业已经具备了利用大数据技术对新质生产力下商业模式进行优化升级的基础条件。

真正的数智化企业，需要实现全面数据驱动的业务和运营管理，尤其是当企业发展到一定规模后，其营销增长策略也逐步转向通过数智化方式对已有的大规模客群进行唤醒、激活。针对不同行业的大客户在实际经营管理中的痛点问题，Marketingforce 已成功打造了珍客 CDP（Customer Data Platform）客户数据平台、珍客 MAP（Marketing Automation Platform）。

营销自动化平台、珍客 SCRM 私域数智化客户资产增值平台、全渠道商业平台、公域获客平台以及商业云多元综合交易中台等智能化的营销与运营管理系统等，如图 19-1 所示。

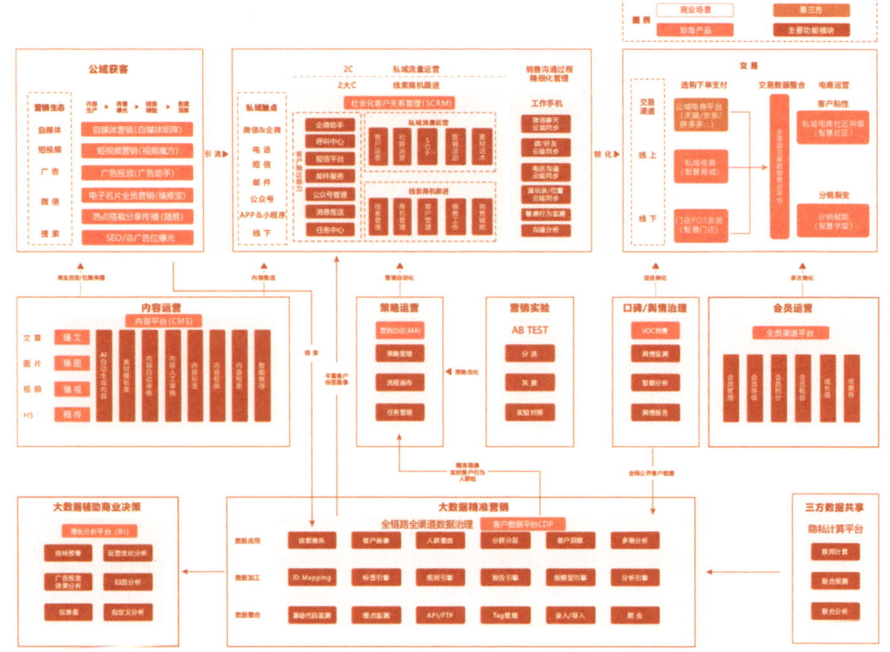

图 19-1　企业数智化所需要的主要系统

二、新质生产力下的行业营销大模型

行业大模型是指针对特定行业或领域进行深度定制和优化的大型语言模型。

行业营销大模型通常基于通用大模型进行进一步的训练和调整，以更好地适应和理解特定行业的语言、知识、数据等特点，从而更有效地执行专业性更强的任务。

与通用大模型相比，行业大模型在特定行业的应用中表现出更高的准确性和效率。

● **专业化：**针对特定行业的知识和特点进行深度定制和优化，以满足该行业的特定需求。

● **高性能：**具备高效的处理能力和计算能力，能够快速处理大规模数据，并提供实时的服务。

● **可扩展性：** 能够根据需求进行快速迭代和升级，支持不同规模的模型和应用场景。

● **安全性：** 保证数据和模型的安全性和隐私保护，符合相关法律法规的要求。

Marketingforce Tforce 行业营销大模型正在打造"超级 Agent"，通过 Tforce Agent 的训练和优化，能够为企业在营销领域提供超强的人机交互体验。

Agent 意为智能体，AI 业界对智能体提出了各种定义。但核心智能体是一种通用问题解决器。从软件工程的角度看来，智能体是一种基于大语言模型的，具备规划思考能力、记忆能力、使用工具函数的能力，能自主完成给定任务的计算机程序。

首先是：规划能力

规划，可以为理解观察和思考。如果用人类来类比，思维模式可能会像下面这样：

我们首先会思考怎么完成这个任务。

然后我们会审视手头上所拥有的资源和数据，以及如何使用这些高效地达成目的。

我们会把任务拆分成子任务。

在执行任务的时候，我们会对执行过程进行反思和完善，吸取教训以完善未来的步骤，执行过程中思考任务何时可以终止，这是人类的规划能力，智能体在营销领域也会拥有这样的思维模式，因此可以通过 LLM 提水工程，为智能体赋予这样的思维模式。

其次是：思维链（Chain of Thoughts,CoT）

思维链已经是一种比较标准的提示技术，能显著提升 LLM 完成复杂任务的效果。当我们对 LLM 这样要求「think step by step」，会发现 LLM 会把问题分解成多个步骤，一步一步思考和解决，能使得输出的结果更加准确。这是一种线性的思维方式。

第三是：反思和完善

智能体在执行任务过程中，通过 LLM 对完成的子任务进行反思，从错误中吸取教训，并完善未来的步骤，提高任务完成的质量。同时反思任务是否已经完成，并终止任务。

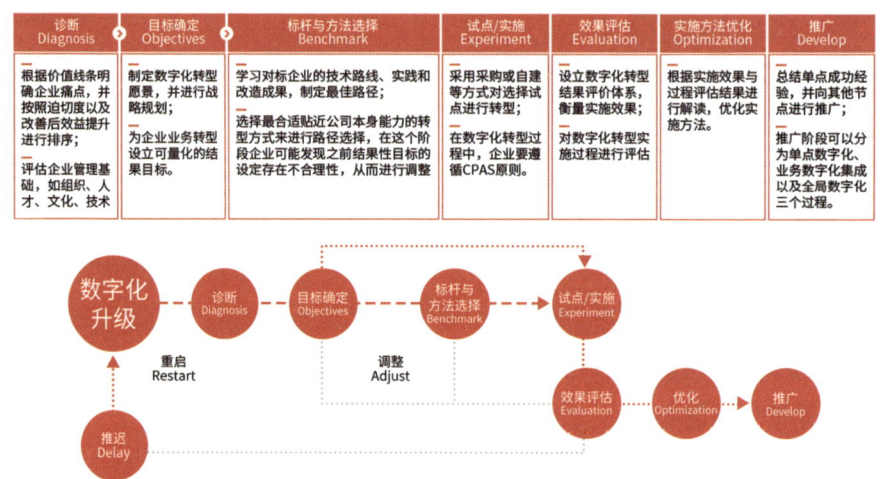

图 19-2　发展新质生产力，提升数字化水平的路

4. 未来五年将会是数智化转型的黄金期

中国企业的数智化转型，正处于一个快速发展时期。而伴随着数智化的快速发展，数智化转型的发展空间也将进一步扩大。

随着 5G 网络、大数据中心、工业互联网等新型基础设施建设的不断推进，加上人工智能、大数据等技术的应用，中国企业的数智化转型将进入快车道，中国企业的数智化能力也将得到更大程度上的提升。在这种情况下，很多企业将会加快推进企业数智化转型，不论是大型集团型企业，还是中小型企业。这些企业更有可能快速推进数智化转型，从而更好地融入市场竞争。

另外一个原因是，中国经济正进一步融入全球经济中，需要通过数智化转型塑造更强的竞争力。目前，我国已经是全球第二大经济体和全球最大的制造业国家。随着中国与世界经济的融合程度加深、中国企业国际化进程不断加快，我国企业在国际市场上的竞争力不断增强。此时，企业未来竞争力的加强很大程度与数智化转型的程度与水平有着密切联系。

三、以客户为中心、长期主义是企业数智化的核心

企业数智化增长的本质是以客户为中心，不断创造价值和提升客户体验，从而赢得市场份额，持续增长。

这就要求企业必须以客户为中心，首先，要明确客户需求，将企业内部各环节的工作重心向客户转移，满足客户需求。其次，要搭建企业的客户服务体系，通过线上线下相结合的方式来为客户提供更好的服务和体验。最后，要建立数智化的沟通机制，及时了解市场需求和用户反馈，从而及时调整企业战略。

企业需要借助数智化转型工具来打通企业内部数据和外部数据，通过建立以"数据 + 技术"为核心的数智化运营体系来支撑多个业务场景的运转。比如，通过数智化系统建设、数智化运营体系搭建等方式将多个业务系统进行打通和集成，为企业提供一站式业务解决方案。

在数智化转型过程中，企业必须借助数据技术来为其构建多个应用场景。而其中最为关键的则是要实现对数据技术的应用，即通过数据技术来实现对企业内部数据和外部数据的整合、加工和分析，从而为企业的各业务环节提供更好的支持。

企业数智化转型需要以客户需求为驱动，引入云架构及平台化的思想，基于分布式计算架构的低代码平台体系、大数据实时数据中台，以及机器学习与训练模型、AI 应用中台，实现双基中台、多元化 SaaS 应用前台打通的技术架构方案，以 All-In-One 一站式营销生态赋能企业数智化转型（如图 19-3 所示）。

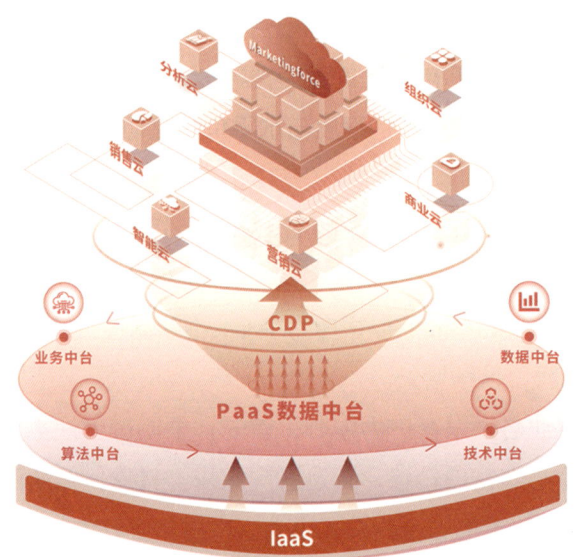

图 19-3　Marketingforce 一站式营销生态赋能企业数智化转型

四、数智化是一种能力，也是一种思维方式

业想要获得持续增长，必须进行数智化转型。在这个过程中，企业需要借助专业的数智化转型咨询服务，来帮助企业正确地认知数智化转型过程中所涉及的各种问题，以及解决这些问题时需要采取什么样的行动。同时，在这个过程中，还需要去构建自己的数智化能力，比如搭建一个全面的数字资产平台、数智化平台等。

因此，企业进行数智化转型并不是为了满足自身业务需求而做的技术开发或升级业务系统而已，它更多的是一种思维方式和能力的培养。只有将数智化思维植入到企业的日常管理中，才能真正实现企业从"数据驱动"向"数据智能"的转型升级。

1. 为什么要选择企业数智化转型咨询？

近年来，随着数字经济的快速发展，企业面临的不确定性和挑战也日益增多。为了应对这些挑战，许多企业都在积极布局数智化转型。但是，企业在数智化转型方面还存在认知不足、人才匮乏、缺乏全局视野等问题。而在咨询服务方面，专业的数智化转型咨询机构则能更好地帮助企业解决上述问题。

因此，越来越多的企业开始选择与专业的数智化转型咨询机构合作，通过数智化转型咨询服务，帮助企业加速进行数智化转型、降低试错成本、提升业务效率。

专业的数智化转型咨询机构通过为企业提供数字战略制定、数字业务发展、数字运营管理和数智化人才培养四个方面的专业服务，帮助企业把握市场趋势，明确客户需求，制定科学的数智化转型方案，并在过程中对落地方案进行监督和管理，最终帮助企业实现持续增长。

2. 企业如何做好数智化转型？

首先，企业在数智化转型的过程中，要清楚地了解自身的业务流程及相关业务数据，明确自身的优势和劣势，然后基于自己的业务诉求以及现有的基础设施搭建数智化转型的框架，也就是先做什么、最后做什么，围绕这些展开具体行动。

其次，在具体实施数智化转型的过程中，企业可以先从几个方面入手：一是打通数据、打通业务流程。传统企业在数据方面与互联网企业存在巨大差异。很多企业仍处于"数据孤岛"阶段，无法实现数据驱动。因此要想真正实现数智化转型必须先解决"数据孤岛"问题。二是技术架构升级。传统企业对 IT 的依赖较强，但随着数智化转型进程的深入发展，需要转变思想观念、升级技术架构和运营模式。

最后，是能力和组织升级。企业要想实现数智化转型必须具备相应的数智化能力和技能，只有这样才能帮助企业解决业务问题、提升组织效率、优化人力资源等问题。

五、从卖产品的方式转变为卖体验的方式

这一转变意味着企业不再仅仅关注产品的销售，而是更加注重通过产品提供的整体体验来吸引和留住客户。

当一个企业建立了自己的数据基础设施后，它就可以更好地将其数据资产与其他企业数据结合起来，并且能够通过这些数据了解客户的需求并为客户提供更好的产品或服务。

这种数据驱动的方法使得企业能够更加精准地定位市场，从而提供更加个性化和满足客户需求的解决方案。

目前，我们已经看到了很多企业在数智化转型中所取得的成绩以及对未来企业数智化增长趋势的预测。企业想要通过数字技术实现自身的快速增长，并获得更多市场份额、提高自身竞争力，就必须树立数智化思维，利用数字化及智能化技术推动企业不断创新、与时俱进。

同时，还要重视数据在数智化转型中的作用，把数据作为一种资源去经营；将数据作为一种资产来管理；通过对数据进行分析来驱动业务发展；通过数智化转型来提升员工工作效率和体验；把业务从卖产品的方式转变为卖体验的方式；利用数智化来驱动员工主动学习、不断创新等。

这种转变不仅改变了企业的运营模式，也改变了客户与企业互动的方式，从而为企业带来了新的增长机会和竞争优势。

六、企业要拥抱全新商业模式

企业如何快速增长，从过去的几个途径：通过新产品、新营销手段等来获得增长；到现在，企业如何快速增长，从过去的几个途径：通过兼并收购或者并购来实现快速增长，到现在企业如何通过数智化转型来实现快速增长。这个过程中，企业需要用"新物种"的思维模式来思考和分析。所谓的"新物种"就是一种全新的商业模式。在这个过程中，企业需要对自己进行透视剖析并完成重新定义，从过去的产品驱动转向以数据、技术和用户为驱

动的增长模式，而数据技术和用户驱动，就是"新物种"的两个关键词。

企业需要更强调对客户需求和用户行为进行洞察。可以说，这是企业实现业务增长的一种重要方式，也是当前很多企业所要思考和解决的问题。

企业数智化转型的背后的关键，即利用人工智能、大数据、云计算、物联网及其他相关技术，充分地科学合理、规范高效地采集、分析及利用数据，进而驱动企业实现业务新增长。

让我们拥抱并积极推进从营销和用户资产治理切入的数智化转型吧！这不仅是新时代企业发展的必然，也是为企业发展注入新思维、新引擎提供的最佳契机。数智化转型可以围绕企业的业务价值及商业价值，最大效能地助力并驱动企业在新经济时代的实效增长。